广西壮族自治区科学技术情报研究所智库丛

U0691294

广西工程机械产业
创新驱动升级对策研究

李 荣 唐青青 胡婷婷 玉 泉 等著

广西科学技术出版社
·南宁·

图书在版编目（CIP）数据

广西工程机械产业创新驱动升级对策研究 / 李荣等

著. -- 南宁：广西科学技术出版社，2024.12.

（广西壮族自治区科学技术情报研究所智库丛书）.

ISBN 978-7-5551-2377-4

Ⅰ. F427.67

中国国家版本馆CIP数据核字第2024LH5521号

GUANGXI GONGCHENG JIXIE CHANYE CHUANGXIN QUDONG SHENGJI DUICE YANJIU

广西工程机械产业创新驱动升级对策研究

李　荣　唐青青　胡婷婷　玉　泉　等著

责任编辑：秦慧聪　　　　　　　　　助理编辑：黄玉洁

责任校对：何荣就　　　　　　　　　装帧设计：黄　洁

责任印制：陆　弟

出 版 人：岑　刚

出版发行：广西科学技术出版社

社　　　址：广西南宁市东葛路 66 号　　　邮政编码：530023

网　　　址：http://www.gxkjs.com

印　　　刷：广西壮族自治区地质印刷厂

开　　　本：787mm × 1092mm　　1/16

字　　　数：256 千字　　　　　　　　印　　　张：14.25

版　　　次：2024 年 12 月第 1 版

印　　　次：2024 年 12 月第 1 次印刷

书　　　号：ISBN 978-7-5551-2377-4

定　　　价：48.00 元

《广西壮族自治区科学技术情报研究所智库丛书》
编委会

内容简介

工程机械作为支撑国民经济的基础性产业，是装备工业的重要组成部分，也是反映国民经济发展水平和趋势的"晴雨表""风向标"。工程机械作为广西制造业的支柱产业，在国内外市场具有较强的竞争力，在广西经济发展中扮演着重要角色。但对标湖南和江苏等地区，广西工程机械产业创新存在诸多不足，严重制约工程机械产业的高质量发展。本书聚焦广西工程机械产业"不进则退""慢进也是退"的创新发展及转型升级的迫切需求，结合创新驱动产业升级等理论，将广西工程机械产业置身于全国乃至全球产业发展的大环境中深度开展创新发展研究。本书先通过专利信息方法分析全球工程机械领域竞争态势情况，再从政策供给、营业收入、产销利润、平台建设、研发投入、技术创新等多个角度融通分析广西工程机械产业创新现状，并总结国内工程机械产业重点省份、头部企业等在产业发展布局、产品结构调整、创新技术迭代、品牌培育建设、产学研用融合等方面的经验，全面剖析广西工程机械产业的发展优势及发展差距，深入挖掘制约广西工程机械产业创新发展的因素。在此基础上，本书构建广西工程机械产业创新驱动升级系统动力学模型（SD模型），并进一步通过参数调控模拟广西工程机械产业创新升级举措，提出广西工程机械产业创新驱动升级的对策建议，为新形势下广西工程机械产业高质量发展提供具有前瞻性、战略性、可操作性的对策参考；分析工程机械新能源化、智能化、数字化和关键核心零部件技术攻关方向，并提出相应的科技攻关行动项目立项方向建议，为相关部门科学决策提供参考。

本书涉及公司全称与简称对照表

全称	简称	全称	简称
徐工集团工程机械股份有限公司	徐工集团	久保田建机（无锡）有限公司	久保田建机
三一重工股份有限公司	三一重工	宝山钢铁股份有限公司	宝钢
中联重科股份有限公司	中联重科	南京钢铁联合有限公司	南钢
山推工程机械股份有限公司	山推股份	涟源钢铁集团有限公司	涟钢
广西柳工机械股份有限公司	柳工股份	山东临工工程机械有限公司	山东临工
山河智能装备股份有限公司	山河智能	雷沃工程机械集团	雷沃工程
日本小松集团	小松集团	山东重工集团有限公司	山东重工
美国卡特彼勒公司	卡特彼勒	广西玉柴机器集团有限公司	玉柴
美国约翰迪尔公司	约翰迪尔	东风柳州汽车有限公司	柳汽
瑞典沃尔沃建筑设备公司	沃尔沃	广西柳州钢铁股份有限公司	柳钢
德国利勃海尔集团	利勃海尔	南宁糖业股份有限公司	南糖
日本日立建机株式会社	日立建机	上汽通用五菱汽车股份有限公司	上汽通用五菱
瑞典山特维克集团	山特维克	广西玉柴机器股份有限公司	玉柴机器
英国杰西博公司	杰西博	上海特略精密数控机床有限公司	上海特略
韩国斗山集团	斗山集团	厦门捷昕精密科技股份有限公司	厦门捷昕
芬兰美卓奥图泰公司	美卓奥图泰	广西玉柴重工有限公司	玉柴重工
美国特雷克斯公司	特雷克斯	柳州欧维姆机械股份有限公司	欧维姆
瑞典安百拓集团	安百拓	宁德时代新能源科技股份有限公司	宁德时代
美国豪士科集团	豪士科	湖南国重智联工程机械研究院有限公司	国重智联
日本住友重机械工业株式会社	住友		
日本多田野株式会社	多田野	广西徐沃工程机械设备有限公司	广西徐沃
日本神户制钢所	神户制钢	广西美斯达集团有限公司	广西美斯达
中国铁建重工集团股份有限公司	铁建重工	广西建工集团建筑机械制造有限责任公司	广西建机
浙江鼎力机械股份有限公司	浙江鼎力		
雷沃重工集团有限公司	雷沃重工	中铁工程装备集团有限公司	中铁工程
厦门厦工机械股份有限公司	厦工机械	潍柴动力股份有限公司	潍柴动力
江苏恒立液压股份有限公司	恒立液压	华为技术有限公司	华为
烟台艾迪精密机械股份有限公司	艾迪精密	德国西门子股份公司	西门子
安徽合力股份有限公司	安徽合力	瑞士阿奇夏米尔集团	阿奇夏米尔
福建泉工股份有限公司	泉工股份	瑞典海克斯康集团	海克斯康
临工重机股份有限公司	临工重机	山东山工机械有限公司	山工机械
三一重机有限公司	三一重机	陕西同力重工股份有限公司	同力重工

注：本书涉及较多公司的名称，为便于读者阅读，将其全称与对应的简称做成表格。

目　录

1 绪论 ·· 1

　　1.1 研究背景 ·· 3

　　1.2 研究意义 ·· 3

　　1.3 研究内容 ·· 4

　　1.4 研究方法与技术路线 ·································· 5

　　1.5 创新之处 ·· 6

2 相关基础理论研究 ·· 8

　　2.1 产业升级理论 ··· 8

　　2.2 系统动力学理论 ······································· 14

3 全球工程机械产业发展特点 ······························ 16

　　3.1 中美日基本保持第一梯队 ····························· 16

　　3.2 企业竞争格局基本保持不变 ·························· 17

　　3.3 电动化成为行业趋势 ·································· 18

　　3.4 需求结构多样化和产品多元化 ······················ 22

　　3.5 国际化发展模式不断创新 ···························· 22

4 全球工程机械领域专利信息分析 ························· 24

　　4.1 全球工程机械专利申请趋势分析 ···················· 24

　　4.2 全球工程机械专利主要目标地分析 ·················· 28

　　4.3 全球工程机械专利主要来源地分析 ·················· 29

　　4.4 全球工程机械专利主要国家和机构布局分析 ········· 30

　　4.5 全球工程机械主要国家简单同族专利情况分析 ······· 31

　　4.6 全球工程机械技术情况分析 ·························· 34

　　4.7 全球工程机械专利主要申请人情况分析 ·············· 35

　　4.8 全球工程机械专利主要来华情况分析 ················ 40

5 国内工程机械产业发展基本情况分析 ·························· 42

  5.1 政策环境情况分析 ·································· 42

  5.2 营业收入规模情况分析 ······························ 46

  5.3 国际贸易情况分析 ·································· 48

  5.4 地域分布情况分析 ·································· 49

  5.5 工程机械领域主要获奖情况分析 ························ 50

  5.6 标准建设情况分析 ·································· 64

6 国内主要工程机械企业创新情况分析 ······················· 66

  6.1 徐工集团工程机械股份有限公司 ······················· 66

  6.2 三一重工股份有限公司 ······························ 71

  6.3 中联重科股份有限公司 ······························ 75

  6.4 山推工程机械股份有限公司 ··························· 80

  6.5 中国铁建重工集团股份有限公司 ······················ 83

  6.6 山河智能装备股份有限公司 ··························· 88

  6.7 浙江鼎力机械股份有限公司 ··························· 92

  6.8 厦门厦工机械股份有限公司 ··························· 96

  6.9 江苏恒立液压股份有限公司 ··························· 99

  6.10 烟台艾迪精密机械股份有限公司 ······················ 103

  6.11 安徽合力股份有限公司 ······························ 107

7 国内先进地区推动工程机械产业发展经验及借鉴 ··············· 111

  7.1 湖南省推动工程机械产业发展经验 ····················· 111

  7.2 江苏省推动工程机械产业发展经验 ····················· 119

  7.3 山东省推动工程机械产业发展经验 ····················· 124

  7.4 国内先进地区推动工程机械产业发展经验及借鉴 ············· 129

8 广西工程机械产业创新情况分析 ························· 131

  8.1 广西工程机械产业政策情况分析 ······················ 131

  8.2 广西工程机械产业营业收入情况分析 ···················· 133

8.3 广西工程机械产业产品销售情况分析 ……………………… 133

8.4 广西工程机械产业利润情况分析 …………………………… 135

8.5 广西工程机械产业重点科研院校情况分析 ………………… 135

8.6 广西工程机械产业创新平台建设情况分析 ………………… 136

8.7 广西工程机械产业研发费用投入情况分析 ………………… 138

8.8 广西工程机械产业研发人员情况分析 ……………………… 139

8.9 广西工程机械产业科研项目立项情况分析 ………………… 140

8.10 广西工程机械领域获奖情况分析 …………………………… 143

8.11 广西工程机械专利申请情况分析 …………………………… 150

9 广西主要工程机械企业创新情况 ……………………………… 156

9.1 广西柳工机械股份有限公司 ………………………………… 156

9.2 广西玉柴重工有限公司 ……………………………………… 160

9.3 广西徐沃工程机械设备有限公司 …………………………… 161

9.4 广西美斯达集团有限公司 …………………………………… 162

9.5 广西建工集团建筑机械制造有限责任公司 ………………… 163

10 广西工程机械产业创新发展存在的问题 …………………… 165

10.1 研发投入不足，创新动能欠缺 ……………………………… 165

10.2 高端平台缺乏，创新载体不足 ……………………………… 166

10.3 专业人才短缺，创新驱动不足 ……………………………… 167

10.4 自主知识产权薄弱，创新潜力不足 ………………………… 168

10.5 获奖价值不高，创新荣誉不足 ……………………………… 169

11 广西工程机械产业创新驱动　升级系统动力学模型构建 …… 170

11.1 建立流位流率系 …………………………………………… 170

11.2 建立流率基本入树模型 …………………………………… 171

11.3 建立总体系统模型 ………………………………………… 178

11.4 建立相关仿真方程 ………………………………………… 178

11.5 模型检验分析 ……………………………………………… 182

11.6　趋势预测分析 ·· 183

11.7　广西工程机械产业不同创新驱动升级方案模拟仿真分析 ········· 186

12　广西工程机械产业创新驱动升级对策 ·························· 193

12.1　强化龙头扶持，提升产业实力 ······························· 193

12.2　完善产业配套，推动协同发展 ······························· 195

12.3　引才育才并举，夯实人才根基 ······························· 196

12.4　加大研发费用投入，激发创新动能 ··························· 198

12.5　集聚创新资源，营造高地环境 ······························· 200

12.6　实施攻关行动，驱动技术突破 ······························· 202

12.7　保护知识产权，激发创新活力 ······························· 203

12.8　推动智改数转，赋能提质增效 ······························· 204

13　工程机械产业关键核心技术攻关方向及广西攻关立项建议 ······· 206

13.1　工程机械产业关键核心技术攻关方向 ······················· 206

13.2　工程机械产业关键核心技术攻关清单梳理 ··················· 209

13.3　广西工程机械产业技术攻关立项方向建议 ··················· 213

参考文献 ·· 215

1 绪论

工程机械是一种广泛应用于土石方施工工程、路面建设与养护、流动式起重装卸作业和各种建筑工程等领域的综合性机械化施工工程所必需的机械装备，具有强大的动力、高效的性能、灵活的操作、多样的功能和可靠的安全性，能够在各种复杂的工作环境中发挥重要作用。我国是全球工程机械产品类别、产品品种较齐全的国家之一，拥有完整的工程机械产业链和强大的工程机械制造能力（图1-1）。我国工程机械行业经过多年的发展，已经形成了一批具有国际竞争力的企业，如徐工集团、三一重工、中联重科、山推股份、柳工股份、山河智能等。这些企业不仅在产品的设计、制造、检测、销售、服务等方面具有较高的水平，还在技术创新、品牌建设、市场开拓、国际合作等方面取得了显著成绩。

我国工程机械产品不仅在国内市场占有较高的份额，还出口到多个国家和地区，为我国的基础设施建设和国际合作做出了重要贡献。例如，徐工集团的产品涵盖土方机械、起重机械、桩工机械、混凝土机械、路面机械等五大支柱产业，以及矿业机械、高空作业平台、环境产业、农业机械、港口机械、救援保障装备等战略性新产业，共有60余家主机、贸易服务和新业态企业。在相关行业榜单中，有起重机械、移动式起重机、水平定向钻3类产品位居全球第一；有随车起重机1类产品位居全球第三；有摊铺机、旋挖钻机、履带起重机等12类主机产品稳居国内行业第一。三一重工主营混凝土机械、挖掘机械、起重机械、筑路机械、桩工机械等全系列产品的研发、生产和销售，在全球拥有近200家销售分公司、2000多个服务中心、近万名技术服务工程师，形成完善的销售和服务网络。此外，三一重工还在印度、美国、德国、巴西等国家投资建设研发和制造基地，实现国际化的生产和运营。柳工股份从单一的装载机产品制造商起步，通过60多年的发展与积淀，已成长为拥有近30条产品生产线的国际化企业。在产品结构上，柳工股份已形成铲土运输机械、挖掘机械、起重机械、高空作业机械、工业车辆、压实机械、路面施工与养护机械、桩工机械、林业机械、矿山机械等十大类别的主机产品。柳工股份在全球拥有5个研发基地、20个制造基地、17个

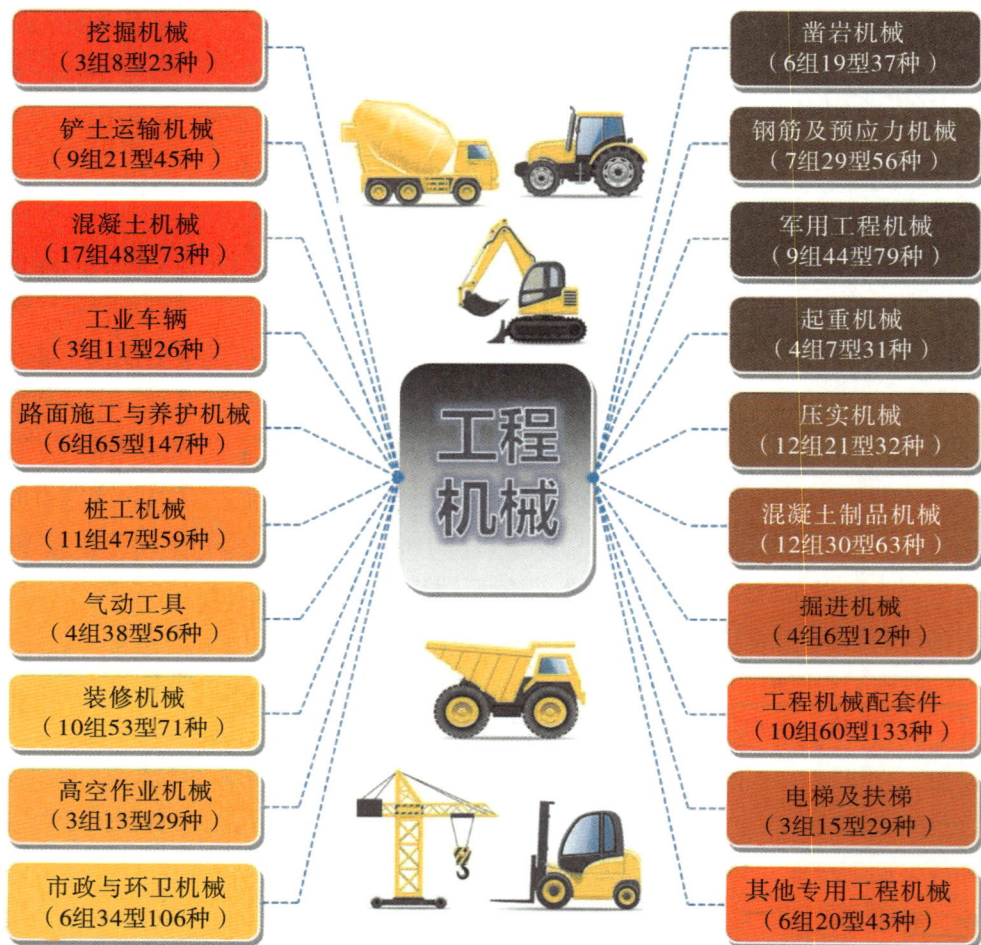

挖掘机械
（3组8型23种）

铲土运输机械
（9组21型45种）

混凝土机械
（17组48型73种）

工业车辆
（3组11型26种）

路面施工与养护机械
（6组65型147种）

桩工机械
（11组47型59种）

气动工具
（4组38型56种）

装修机械
（10组53型71种）

高空作业机械
（3组13型29种）

市政与环卫机械
（6组34型106种）

凿岩机械
（6组19型37种）

钢筋及预应力机械
（7组29型56种）

军用工程机械
（9组44型79种）

起重机械
（4组7型31种）

压实机械
（12组21型32种）

混凝土制品机械
（12组30型63种）

掘进机械
（4组6型12种）

工程机械配套件
（10组60型133种）

电梯及扶梯
（3组15型29种）

其他专用工程机械
（6组20型43种）

工程机械

图 1-1　我国工程机械产品类别

区域配件中心及 16000 余名员工。

　　工程机械作为支撑国民经济的基础性产业，是装备工业的重要组成部分，也是反映国民经济发展水平和趋势的"晴雨表""风向标"。工程机械的需求和供给与国家的基础设施建设、城乡建设、工业化和现代化进程密切相关，工程机械的技术水平和产品质量也与国家的科技创新能力、国际竞争力密切相关。2021年，发展先进工程机械被纳入《中华人民共和国国民经济和社会发展第十四个五年规划和 2035 年远景目标纲要》，这是对工程机械行业的高度重视和期待，也是工程机械行业面临的重大责任和挑战。在新的历史阶段，工程机械行业要坚持以创新为引领，以质量为核心，以效益为目标，以绿色为理念，以服务为支撑，以开放为动力，不断提升工程机械的技术水平和产品质量，满足国内外市场的多元化需求，为全面建成社会主义现代化强国和实现中华民族伟大复兴的中国梦贡献力量。

1.1 研究背景

党的二十大报告对"建设现代化产业体系"作出明确部署，为全面建设社会主义现代化国家进程中的产业发展指明了方向。强桂之基，重在产业。当前，广西最大的短板是产业，最大的弱项是工业，最大的制约是创新能力不足。2021年，习近平总书记在考察调研广西柳工集团有限公司时强调，高质量发展是"十四五"时期我国经济发展的必由之路，装备制造业高质量发展更是重中之重，并强调"高质量发展，创新很重要"。

近年来，广西紧紧围绕创新驱动发展战略，实施一批涉及大型工程机械智能化技术研究及产品开发的科技重大专项项目，加快工程机械产业的转型升级和创新发展，为产业结构优化和高质量发展提供有力支撑。据统计，"十三五"期间，广西工程机械产量占全国的17%，在全国工程机械行业中占有重要地位；柳工股份轮式装载机总体研究成果达到国际领先水平，10款非道路国四（即符合国家第四阶段机动车污染物排放标准）高端发动机等产品达到国际一流水平；广西美斯达成为全球移动式破碎筛分设备制造商十强，展现出广西工程机械产业强大的技术创新能力和市场竞争力。但从总体上看，对标湖南、江苏等地区，广西工程机械产业创新仍存在诸多不足，严重制约工程机械产业高质量发展，亟待加快研究解决，工程机械产业创新驱动升级迫在眉睫。

1.2 研究意义

本研究的实施不仅是解决当前广西工程机械产业创新发展动力不足、后劲乏力的迫切需要，也是深入贯彻落实党中央、国务院和自治区党委、政府对加快建设现代化产业体系决策部署的内在要求。本研究对推动广西工程机械产业创新驱动升级和实现高质量发展，以及推动全区短板产业补链、优势产业延链、传统产业升链、新兴产业建链，加快构建现代化产业体系，加快推进西部制造强区、创新型广西建设具有一定理论与实践意义。

1.2.1　理论意义

国内学者对创新驱动产业升级或运用系统动力学模型分析产业升级的研究颇多，但以广西为研究背景的文献较少，特别是从系统全局观的角度出发，通过系统动力学方法分析广西工程机械产业创新驱动升级的文献还没有。因此，本研究丰富了基于系统动力学模型的产业创新驱动升级对策研究相关方面的文献资料。

1.2.2　实践意义

广西工程机械产业面临着提升发展质量和水平的艰巨任务，而创新是实现产业转型升级最主要的内生力量，影响着产业发展的质量与速度。本研究基于系统动力学方法对广西工程机械产业的创新驱动升级进行分析，有助于读者能更加全面清晰地认识广西工程机械产业创新转型的机理和发展模式，为加快广西工程机械产业的转型升级提供有益参考。

1.3　研究内容

本研究聚焦广西工程机械产业"不进则退""慢进也是退"的创新发展及转型升级紧迫需求，结合创新驱动产业升级等理论，将广西工程机械产业置身于全国乃至全球产业发展的大环境中，深度开展广西工程机械产业创新发展研究。首先，通过专利信息方法分析全球工程机械领域竞争态势情况；其次，从政策供给、营业收入、产销利润、平台建设、研发投入、技术创新等多元角度融通分析广西工程机械产业创新现状，总结国内工程机械产业重点省份、头部企业等在产业发展布局、产品结构调整、创新技术迭代、品牌培育建设、产学研用融合等方面的经验，全面剖析广西工程机械产业的发展优势及发展差距，打破制约广西工程机械产业创新发展的瓶颈；最后，构建广西工程机械产业创新驱动升级系统动力学模型（SD 模型），并通过参数进一步调控模拟广西工程机械产业创新升级举措，提出广西工程机械产业创新驱动升级对策建议，为新形势下广西工程机械产业高质量发展提供具有前瞻性、战略性、可操作性的对策建议，分析工程机械新能源化、智能化、数字化和关键核心零部件技术发展趋势，梳理相应的关键核心技术清单，并提出相应的科技攻关行动项目立项方向建议，为相关部门科学决策提供参考。

1.4 研究方法与技术路线

1.4.1 研究方法

一是文献分析法。第一，检索和整理与产业升级理论、系统动力学理论等有关的期刊、论文、书籍及电子文献，为研究广西工程机械产业创新驱动升级提供理论依据。第二，总结国内工程机械产业重点省份、头部企业等在产业发展布局、产品结构调整、创新技术迭代、品牌培育建设、产学研用融合等方面的经验。第三，分析从相关管理机构等渠道获取的反映广西工程机械产业创新情况的数据资料文献，为研究打下坚实基础。

二是系统科学法。影响广西工程机械产业创新升级的因素有很多，因素之间互相影响、互相关联，是一个非线性、复杂性、多变量的动态复杂系统，借助系统科学的优势，可以站在系统全局的角度对广西工程机械产业转型升级系统进行仿真分析。

三是综合分析法。在充分了解和把握广西工程机械产业创新现状的基础上，运用综合分析法，制定广西工程机械产业创新驱动升级对策措施，并提出相应的科技攻关行动项目立项方向建议。

1.4.2 技术路线

按照"研究现状、提出问题、分析问题、提出对策"的研究思路，采用文献分析法和系统科学法等研究方法制定本书的主要技术路线（图 1–2）。

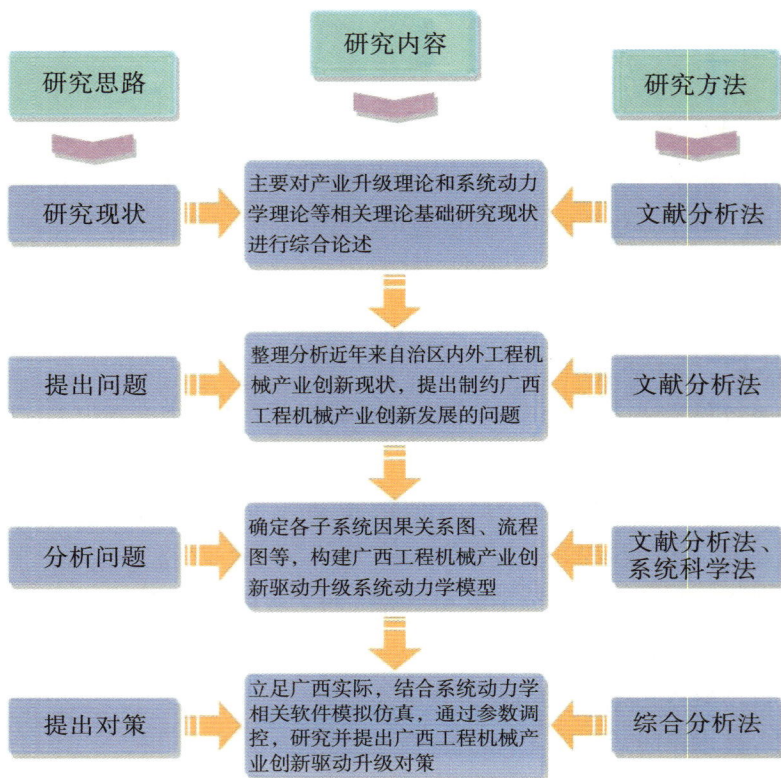

图 1-2　技术路线图

1.5　创新之处

1.5.1　研究视角创新

从全球视野分析工程机械产业的发展特点，统揽分析国内工程机械产业发展政策的演变情况、营收规模的增长情况、国际贸易的变化情况、产业布局的拓展情况、龙头企业的创新动态等，并从产业政策、营业收入、产销利润、创新平台、研发投入、技术创新等多个角度聚焦和分析广西工程机械产业的创新发展情况，为深度剖析广西工程机械产业创新驱动升级的制约问题打下坚实的基础。

1.5.2　研究内容创新

以"系统动力学 +SD 模型""工程机械""创新""广西"等关键词在中国知网、万方等权威数据库进行检索，发现目前对基于系统动力学模型的广西工程机械产业创新驱动升级对策研究的相关文献尚处于空白，因此开展本研究具有内容创新性。

1.5.3　研究方法创新

在工程机械产业研究领域首次借助系统动力学建模分析的研究方法，全面把握广西工程机械产业创新驱动升级的复杂动态关系，从系统全局的角度探讨广西工程机械产业创新转型升级的机理和发展模式，具有较强的创新性。

2 相关基础理论研究

2.1 产业升级理论

关于产业升级，学术界还没有统一的定义。张耀辉将产业升级定义为高附加值产业替代低附加值产业的过程，并指出产业升级需要创新和要素升级作为方向与基础。其衡量的标准是产业整体的附加值是否增加，而不仅仅是产业结构比例的变化。李占国等从价值链与垂直专业化分工的视角，将产业升级定义为企业向高附加值的价值链环节转移，并指出出口的国内附加值率是测度产业升级进程的重点指标。次成晋美认为产业升级是产业结构的改善和素质效率的提高，体现为产业的协调发展、要素的优化组合、技术管理水平和产品质量的提高，并需要科技和市场制度的支持。从以上学者的观点可以看出，产业升级理论是一个复杂而多元的理论体系，涵盖了多个因素和层面，反映了不同的视角和方法。有关产业升级理论的研究有很多，具有代表性的有比较优势理论、全球价值链理论、创新驱动理论等。

2.1.1 比较优势理论

比较优势理论由英国经济学家大卫·李嘉图在 1817 年的著作《政治经济学及赋税原理》中首次提出。该理论是国际经济学中比较重要的理论之一，其解释了不同国家间贸易的产生和发展的经济基础。比较优势理论认为，国际贸易的基础是生产技术的相对差别（而非绝对差别），以及由此产生的相对成本的差别。每个国家都应根据"两利相权取其重，两弊相权取其轻"的原则，集中生产并出口其具有"比较优势"的产品，进口其具有"比较劣势"的产品，从而实现资源的有效配置和利益的最大化。比较优势理论在更普遍的基础上解释了贸易产生的基础和贸易利益，大大发展了亚当·斯密提出的绝对优势理论。

比较优势理论在大卫·李嘉图之后得到了不断发展和完善。20 世纪初，瑞典经济学家伊莱·赫克歇尔和贝托尔·奥林将比较优势理论推广到多要素经济中，创立了资源禀赋理论。资源禀赋理论认为，一个国家在密集使用其相对丰富和廉价要素的产品生产上具有比较优势，因此应专业化生产并出口这类产品，且进口那些密集使用了本国稀缺要素的产品，以获得比较利益。因此，一个国家能生产出价格相对低的产品，就具有比较优势。资源禀赋理论，也被称为赫克歇尔－奥林模型，其解释了不同要素禀赋的国家之间的贸易模式。20世纪中期，美国经济学家保罗·萨缪尔森和罗纳德·琼斯对比较优势理论进行了一般均衡分析，并将其扩展到多国多商品的情形，考虑了贸易对收入分配、福利和生产效率的影响，提出了比较优势理论的现代版本。20世纪末，美国经济学家保罗·克鲁格曼等引入规模经济、产品差异和垄断竞争等概念，建立了新贸易理论，解释了发达国家之间日益增加的产业内贸易现象，也被认为是对比较优势理论的一种扩展和补充。

在中国，许多学者在利用比较优势理论指导产业升级方面开展了大量的研究。例如，杨青龙等认为一个国家或地区的产业比较优势取决于要素结构升级、综合成本总量和结构变化，这将决定其产业升级的方向。新时代下的产业升级发生转变，不再只专注于追求物质利益，而是更加注重综合成本（包括生产、交易、环境和代际）的全面考量。因此，中国需要在市场与政府合作的模式下，推动产业朝新兴产业方向发展，改造或提升传统产业，以实现经济、产业、制度和环境的有机统一，促进可持续发展。刘晓静等认为在东北地区的产业升级中存在路径依赖。"十一五"时期，地区产业遵循比较优势，产业升级的成功率较高，但"十二五"时期开始偏离比较优势，产业升级的成功率下降。同时，比较优势在引领创新方面具有重要性，盲目向高技术产业转型可能导致产业升级中断和陷入产业升级陷阱。因此，建议东北地区在保持比较优势的基础上进行创新型产业升级，以规避风险。邓向荣等通过产品空间视角和全球商品贸易数据可视化了中国的产业升级路径，验证了产业升级与比较优势的关系，其结论是全球产业升级偏离比较优势程度与经济增长呈正相关，生产能力积累是跨越式增长的关键，中国产业升级适度偏离比较优势，传统产业退出障碍影响资源配置效率，制约技术密集型产业创新和升级。因此，建立产业进出机制、加强装备制造业等关键技术研发，成为中国产业转型升级的必然选择。盛朝迅认为比较优势具有高度动态化特征，对产业结构调整产生重要影响。同时，产业结构调整也是实现比较优势、推动经济发展方式转变的关键途径。未来中国能否打破传统比较优势下劳动密集型制造业的局限，取决于是否能够在新一轮产业结构调整中积极培育中间部门，促进资本和技术要素的集聚，创造动态比较优势，最终实现产业结构的优化升级。李晓阳等以我国汽车产业为例，从比较优势和企业能力理论角度分析了依托比较优势的嵌入式升级和以企业能力为核心的内生型升级两条产业升级路径。

2.1.2 全球价值链理论

全球价值链理论是一种分析全球化生产活动的组织、分工、协调和分配的理论框架。这个理论的名称最早由加里·格瑞菲在1994年提出，用来描述跨国公司如何通过外包、离岸生产和战略联盟等方式，将生产过程分散到不同国家和地区，形成一系列相互联系的生产环节，从而实现降低成本、提高效率和扩张市场的目的。全球价值链理论认为，全球化生产活动不仅涉及商品和服务的流动，还涉及知识、技术、资本、劳动力和信息的流动，这些流动构成不同价值添加阶段的链接，从而形成全球价值链。

全球价值链的形成和演变是由不同主体之间的权力关系与治理机制所决定的。这些主体包括跨国公司、政府、非政府组织、行业协会、消费者、工人等。不同主体之间的权力关系和治理机制影响了全球价值链的结构、功能、分工和分配，以及全球价值链对各国和地区的经济、社会和环境的影响。全球价值链的参与者可以通过不同的策略来提高自身在全球价值链中的地位和收益，从而实现产业升级。这些策略包括产品升级、过程升级、功能升级、链式升级。其中，产品升级即生产更高附加值的产品或服务；过程升级即采用更先进的技术或管理方法，提高生产效率和质量；功能升级即从低附加值的生产环节，向高附加值的设计、研发、营销等环节转移；链式升级即从一个价值链跨越到另一个更有利的价值链。

全球价值链理论的发展过程可以分为以下三个阶段：

第一阶段是全球商品链的提出和发展。这一阶段主要由加里·格瑞菲、米格尔·科雷纳多等在20世纪90年代初期推动。他们借鉴系统理论和产业组织理论，分析了全球化生产活动的结构和动力，提出了生产者驱动型和买方驱动型两种基本的全球商品链类型。其中，生产者驱动型的全球商品链主要存在于资本密集型和技术密集型行业，如汽车、航空、电子等行业，由大型跨国公司通过外包和离岸生产的方式，控制和协调全球范围内的生产网络；买方驱动型的全球商品链主要存在于劳动密集型和标准化程度高的行业，如服装制造、玩具制造、家具生产等行业，由大型零售商、品牌商和贸易商通过订单及规范，控制和协调全球范围内的供应商。

第二阶段是全球价值链的提出和发展。这一阶段主要由约翰·汉弗瑞、胡贝尔特·沙密特等在 20 世纪 90 年代末期推动。他们借鉴了交易成本理论和网络理论，分析了全球化生产活动的协调和治理，提出了市场型、模块型、关系型、俘获型和层级型等五种基本的全球价值链治理类型。其中，市场型的全球价值链治理，主要存在于交易成本低、产品标准化高、信息对等的情况下，由市场价格和竞争机制协调全球价值链的参与者；模块型的全球价值链治理主要存在于交易成本中等、产品复杂度高、信息可编码的情况下，由供应商根据买方的规则，提供标准化的组件或服务，实现全球价值链的协调；关系型的全球价值链治理主要存在于交易成本中等、产品复杂度高、信息不可编码的情况下，由买方与供应商之间建立长期的合作关系，通过互惠、互信实现全球价值链的协调；俘获型的全球价值链治理主要存在于交易成本高、产品复杂度高、信息不对等的情况下，由买方对供应商施加严格的控制和监督，通过合约和处罚，实现全球价值链的协调；层级型的全球价值链治理主要存在于交易成本高、产品复杂度高、信息不可编码的情况下，由买方对供应商进行垂直整合，通过内部管理和指令，实现全球价值链的协调。

第三阶段是全球价值链的扩展和深化。这一阶段主要由提姆·斯托奇、奥利弗·梅姆克等在 21 世纪初期推动。他们借鉴了创新系统理论和能力理论，分析了全球化生产活动的创新和升级，提出了产品升级、过程升级、功能升级和链式升级等四种基本的全球价值链升级类型。其中，产品升级是指全球价值链的参与者通过生产更高附加值的产品或服务，提高自身在全球价值链中的地位和收益；过程升级是指全球价值链的参与者通过采用更先进的技术或管理方法，提高生产效率和质量，提高自身在全球价值链中的地位和收益；功能升级是指全球价值链的参与者通过从低附加值的生产环节向高附加值的设计、研发、营销等环节转移，提高自身在全球价值链中的地位和收益；链式升级是指全球价值链的参与者通过一个价值链跨越到另一个更有利的价值链，提高自身在全球价值链中的地位和收益。

全球价值链理论已经成为分析全球化生产活动的一个重要理论框架。在中国，许多学者在利用全球价值链理论指导产业升级方面开展了大量的研究。例如，陈伟宏等研究发现，嵌入全球价值链并非总能优化制造业服务化投入和技术溢出对劳动生产率的影响。在全球价值链中，合理利用不同服务内容投入和促进要素资源重组更为关键。同时，在低端产业向高端产业转变的过程中，要素投入方式也发生了变化。这为产业升级提供了新思路和建议，强调了优化服务投入与技术溢出在全球价值链中的重要性，有助于指导未来产业升级方向。凌永辉等认为，在逆全球化影响下，全球价值链出现了纵向分工缩短和横向分工区域化集聚的趋势，并带来了新型治理结构。他们提出了主动型和被动型治理结构的二元分析框架，揭示了企业在全球价值链不同节点上的不同竞争策略：主动型企业采用多元化经营和非价格竞争，通过发包形式掌控核心关系；被动型企业则专注于价格竞争和接包式外围关系。企业在研发等高附加值环节选择主动型治理，在物流采购等低附加值环节选择被动型治理。赵蓉等研究发现，全球价值链和国内区域融合对中国制造业产业升级有重要影响。中国东部地区从全球分工中获益，中西部地区更多依赖国内融合。此外，区域竞争优势与主导分工环节契合度越高，对产业升级越有利，尤其在高技术领域。改善资源配置和提高技术效率是推动产业升级的关键。王锋正等认为，中国资源型产业朝全球价值链高端发展是必然趋势，而开放式创新水平直接决定其在全球价值链中的提升。他们以2002—2014年中国12个资源型产业为样本，发现全球价值链嵌入对产业升级呈∩形影响。开放式创新是推动产业升级的有效途径，同时在全球价值链嵌入对产业升级影响中发挥正向调节作用。因此，开放式创新和适度全球价值链嵌入同等重要。邓洲等总结了典型后发国家的工业化进程，发现日本、韩国等国家通过有效产业政策和全球价值链融合成功实现产业升级。相比之下，脱离全球价值链的拉美国家未能持续增长。亚洲四小虎（印度尼西亚、泰国、马来西亚、菲律宾）虽然融入了全球价值链，但是由于人才和研发投入不足，未能实现产业升级。中国应借鉴这些经验，提升产业内生动力，坚持对外开放，积极融入全球价值链，通过人才培养、优化产业环境和促进国际合作来提升全球价值链的地位，从而增强全球影响力。

2.1.3　创新驱动理论

创新驱动理论的思想渊源可以追溯到经济学史上的许多经典著作。最早提出"创新"的概念是奥地利经济学家约瑟夫·熊彼特，他在《资本主义、社会主义与民主》一书中将创新定义为"引入一种新商品或一种新质量的商品，或者引入一种新方法或一种新市场，或者开辟一种新原料或半成品来源，或者实施一种新组织"。他认为创新是企业家活动的核心，也是资本主义经济中不断出现破坏性创造和结构性变革的原因。创新理论在美国经济学家迈克尔·波特之后得到了许多经济学家、管理学家的延伸和拓展。他们从不同的角度和层面探讨了创新对产业升级的影响和机制。其中，比较有代表性的有以下方面。

一是技术创新。技术创新是指对产品或流程的技术性改进，如引入新的技术、设备、材料等。技术创新可以提高产业的技术水平和生产力，从而实现产业升级。技术创新理论主要由约瑟夫·熊彼特、理查德·尼尔森等提出。他们认为技术创新是经济发展的主要源泉，通过技术创新可以引发产业结构的变化和进步。

二是制度创新。制度创新是指对产业的制度环境和规则制定进行改革与创新，如完善法律、政策、标准、监管等。制度创新可以提高产业的制度效率和适应性，从而实现产业升级。制度创新理论主要由道格拉斯·诺恩、丹尼尔·罗德里克等提出。他们认为制度创新是经济增长的关键因素，通过制度创新可以促进资源的配置和激励的形成。

三是组织创新。组织创新是指对产业的组织结构和管理模式进行改进、创新，如优化组织设计、加强组织学习、增强组织协作等。组织创新可以提高产业的组织能力和创造力，从而实现产业升级。组织创新理论主要由詹姆斯·马奇、克莱顿·克里斯坦森等提出。他们认为组织创新是应对环境变化和竞争挑战的有效途径，通过组织创新可以实现组织变革。

迈克尔·波特在研究国家竞争力时提出了经济发展四阶段理论，即生产要素驱动阶段、投资驱动阶段、创新驱动阶段和财富驱动阶段。该理论认为，不同阶段有不同的竞争优势和政策选择，而创新驱动阶段是最高级别的阶段，需要依靠持续不断的知识积累和技术进步来保持竞争力。许多经济学家在创新驱动理论的基础上，进一步探讨了创新的来源、机制、影响和条件等问题，形成了一系列的分支理论和模型，如创新系统理论、创新扩散理论、创新网络理论、创新生态理论等。

许多国家和地区都将创新作为经济发展的核心要素与优先领域，制定了一系列的创新政策和措施，以促进创新的产生、扩散和应用，提高经济竞争力和效率。例如，欧盟提出了欧洲 2020 战略，将创新作为实现智能、可持续和包容增长的关键因素；美国提出了美国创新战略，将创新作为保持美国领先地位的核心策略；中国提出了创新驱动发展战略，将创新作为引领发展的第一动力。

创新驱动理论已经成为指导产业升级发展的一个重要理论框架。在中国，许多学者在利用创新驱动理论指导产业升级方面开展了大量的研究。例如，卫玲等提出创新驱动动力机制是科技创新，关键突破是要注重转移与升级结合、低端与高端结合，支撑条件是制度创新。王新红等从创新驱动视角对产业升级能力的影响因素进行了分析，并将其归纳为四大类：物质保障要素是基础环境，关键要素是科技创新，基础要素是产业结构，支撑要素是效益状况。梁双陆等分析了技术创新对资源型产业转型升级的影响机理。对 2005—2016 年中西部 17 个省（自治区、直辖市）数据进行分析发现，技术创新是资源型产业升级的内在驱动力，但政府调节效应因资源型产业发展阶段而异。因此，需要根据资源型产业的发展阶段制定相应的转型升级策略。对于成熟期的资源型产业，应利用政策引导鼓励企业向非资源型产业发展；而对于衰竭期的资源型产业，则需要更加重视创新技术的培育和应用转化。敖明从创新驱动机制的视角分析了传统产业转型升级问题，并从完善创新驱动机制和加强核心技术创新等方面探讨了实现路径。

2.2 系统动力学理论

系统动力学是美国麻省理工学院杰伊·福雷斯特教授在 20 世纪 50 年代开始将工程控制理论应用于管理和社会问题的研究时提出的管理理论。系统动力学可定义为一种研究复杂系统的行为和结构的方法，主要由变量、参数、流量、存量、信息和决策规则等要素构成，强调因果关系、反馈循环、延迟效应等系统内部因素对系统行为的影响，主要包括以下六个维度：一是系统观。系统是由多个相互作用的元素组成的整体，而不能简单地将其分解为孤立的部分。二是动态观。系统是随时间变化的过程，而不是静止的状态。三是反馈观。系统中存在着正反馈和负反馈等机制，决定了系统的增长、稳定、波动等特征。四是循环观。系统中存在着多个相互关联的循环结构，构成了系统的基本模式。五是延迟观。系统中存在着多种形式的延迟效应，导致了系统的滞后等现象。六是非线性观。系统中存在着多种形式的非线性关系，导致了系统的突变、混沌等现象。

系统动力学理论自诞生以来，经历了不断发展和完善的阶段。20 世纪 60 年代，福雷斯特及其同事开始将系统动力学应用于城市规划、世界模型、教育改革等领域，引起了广泛的关注和讨论。20 世纪 70 年代，系统动力学开始在欧洲、日本等地区和国家流行，并产生了多个研究机构和多本研究期刊。20 世纪 80 年代，系统动力学进入了一个成熟期，出现了许多重要的理论贡献和应用案例，如彼得·圣吉的《第五项修炼——学习型组织的艺术与实践》，约翰·D.斯特曼的《商务动态分析方法：对复杂世界的系统思考与建模》等。20 世纪 90 年代以后，系统动力学继续扩展其应用领域和影响范围，涉及环境、能源、健康、创新、战略等多个方面。同时，系统动力学也出现了一些新的分支和方法，如代理人基础的系统动力学、群体模型化等。目前，系统动力学理论依然处于一个活跃和多元的状态，在不同的领域和层次上提供了一种理解与改善复杂系统问题的工具及视角，为决策者和研究者提供了有价值的支撑和启示。在管理科学领域，系统动力学理论为组织管理、战略规划、决策支持、创新管理等提供了有效的分析框架和方法，帮助管理者认识和解决复杂问题，并提高组织的竞争优势和可持续发展能力。在社会科学领域，系统动力学理论为社会问题的研究和干预提供了一个系统的工具及视角，帮助研究者和政策制定者理解与改善社会系统的结构及行为，促进社会的公平、和谐与进步。在工程科学领域，系统动力学理论为工程系统的设计、评估、优化和控制提供了一个动态的模型和方法，帮助工程师和技术人员提高工程系统的性能、效率及安全性。系统动力学已经成为一个成熟而活跃的研究领域，拥有众多的研究者和实践者，以及文献与案例。根据国际系统动力学协会的统计，截至 2020 年底，全球超过 50 个国家和地区有系统动力学相关的组织或活动，有超过 30 种专业期刊或会议出版或收录与系统动力学相关的文章，有超过 20 种专业软件或工具支持系统动力学的建模和仿真。

3 全球工程机械产业发展特点

3.1 中美日基本保持第一梯队

根据英国 KHL 集团发布的全球工程机械制造商五十强排行榜（Yellow Table，根据各大企业上一财政年度的销售额排名）数据，经整理得到了 2018—2022 年全球主要工程机械制造商的总销售额情况。2018—2022 年全球工程机械设备市场销售额整体呈现增长趋势。2020 年，由于新冠疫情的暴发，全球工程机械设备市场受到严重冲击，销售额下降到 1915 亿美元，同比降低 5.5%。2021 年，随着一些国家的疫情限制逐渐解除，全球工程机械设备市场迎来强劲复苏，销售额飙升到 2327 亿美元，同比增长 21.5%，创下历史新高。2022 年，全球工程机械设备市场受到材料价格上涨、人工成本上涨和供应链问题等因素的制约，销售额略有下滑，为 2306 亿美元，同比微降 0.9%（图 3-1）。

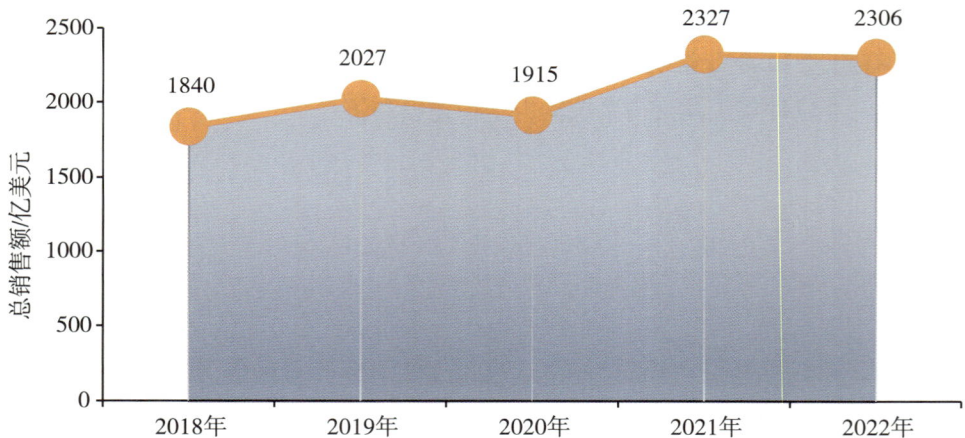

图 3-1 2018—2022 年全球工程机械排名前五十制造商总销售额

从市场份额占比上看，近年来中国、美国和日本三个国家都位列第一梯队，瑞典、德国和韩国位列第二梯队，芬兰、英国和法国等国家位列第三梯队（图 3-2）。从全球各地区来看，2022 年北美和欧洲工程机械市场份额占比均有不同程度的提升。而亚洲市场份额占比下降，从 2021 年的 50.2% 降至 44.8%，下降 5.4 个百分点。从国别来看，2022 年全球各国市场份额排名前三的国家分别是美国（占 26.8%）、日本（占 20.9%）、中国（占 18.2%），这三个国家在全球工程机械市场份额总和已经达到了 65.9%。其中，中国和日本市场份额分别同比下滑 6 个百分点、0.3 个百分点，美国则提高 3.9 个百分点。中国工程机械行业在经历了 2019 年、2020 年连续两年的高增长后，于 2021 年、2022 年下滑明显，并且于 2022 年丢掉了"全球工程机械市场份额最大国家"的头衔，在全球工程机械市场份额国家排名中位列第三。

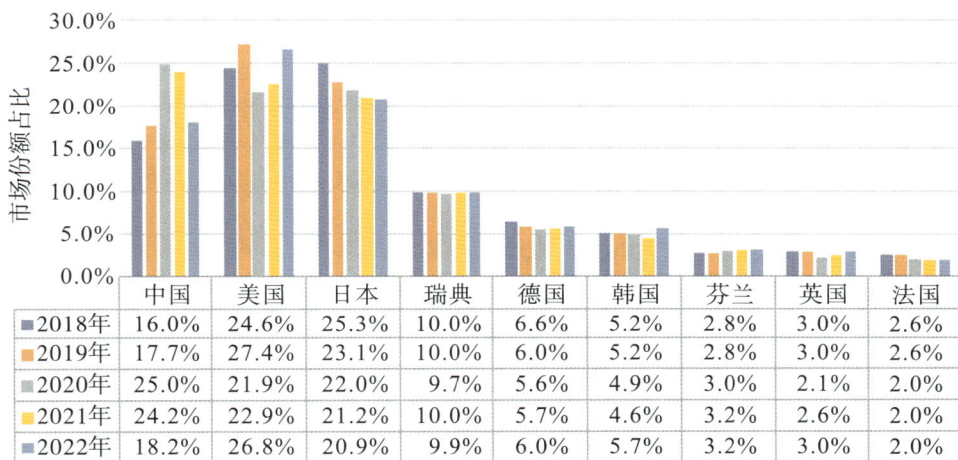

	中国	美国	日本	瑞典	德国	韩国	芬兰	英国	法国
2018年	16.0%	24.6%	25.3%	10.0%	6.6%	5.2%	2.8%	3.0%	2.6%
2019年	17.7%	27.4%	23.1%	10.0%	6.0%	5.2%	2.8%	3.0%	2.6%
2020年	25.0%	21.9%	22.0%	9.7%	5.6%	4.9%	3.0%	2.1%	2.0%
2021年	24.2%	22.9%	21.2%	10.0%	5.7%	4.6%	3.2%	2.6%	2.0%
2022年	18.2%	26.8%	20.9%	9.9%	6.0%	5.7%	3.2%	3.0%	2.0%

图 3-2　2018—2022 年全球主要国家工程机械市场份额占比情况

3.2　企业竞争格局基本保持不变

根据 Yellow Table 数据整理得到 2018—2022 年全球工程机械 CR3、CR5、CR10、CR15 情况（CR 即 concentration rate，在市场分析中指"集中度"，CR3 指市场中前三大企业的市场份额之和，以此类推）（图 3-3）。五年 CR3 基本保持在 30% 以上、CR5 基本保持在 40% 以上，CR10 基本保持在 60% 以上，CR15 基本保持在 70% 以上，反映了全球工程机械行业市场集中度较高。

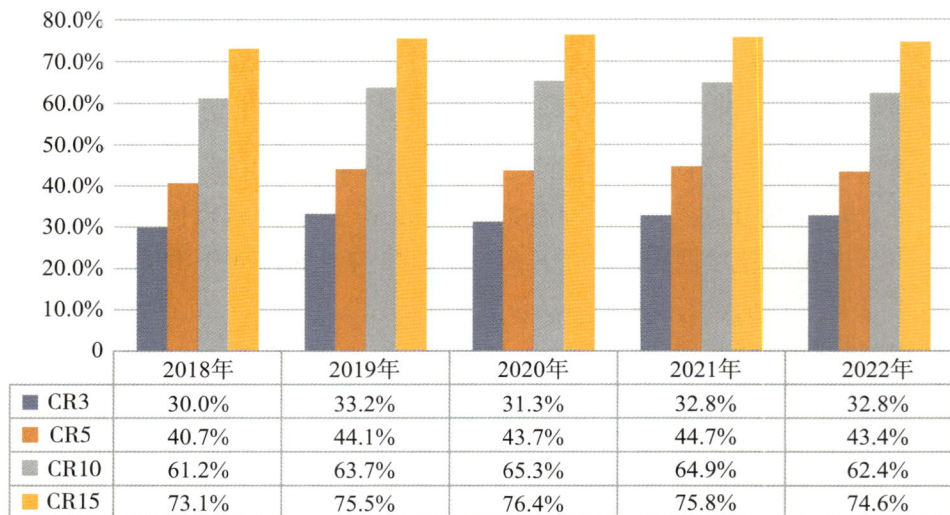

	2018年	2019年	2020年	2021年	2022年
CR3	30.0%	33.2%	31.3%	32.8%	32.8%
CR5	40.7%	44.1%	43.7%	44.7%	43.4%
CR10	61.2%	63.7%	65.3%	64.9%	62.4%
CR15	73.1%	75.5%	76.4%	75.8%	74.6%

图 3-3 2018—2022 年全球工程机械 CR3、CR5、CR10、CR15 情况

2022 年，工程机械行业前 15 家企业市场份额总和为 74.6%。美国的卡特彼勒 2022 年销售额为 375.38 亿美元，市场占比最高，达到 16.3%。其次是日本的小松集团，销售额为 246.48 亿美元，占比 10.7%。中国只有 3 家企业上榜，其中徐工集团以 134.07 亿美元的销售额蝉联全球第三。约翰迪尔成功收购维特根集团，超越三一重工，排名第四；而中联重科则从 2021 年的第七位跌至第十二位，排名跌出前十。总体上，全球工程机械制造头部企业竞争格局变化不大，基本由卡特彼勒、小松集团、徐工集团、约翰迪尔、三一重工、沃尔沃、利勃海尔、日立建机、山特维克、杰西博、斗山集团、中联重科、美卓奥图泰等行业巨头占据榜单前列（表 3-1）。

3.3 电动化成为行业趋势

工程机械作为能源消耗大户和碳排放大户，使用新能源产品可以有效降低碳排放。在气候变化和要求二氧化碳减排的大背景下，发展绿色节能低碳的新能源工程机械成为新的发展趋势。整体而言，电动化工程机械凭借更高的环保性能和更低的全生命周期成本，未来发展趋势向好。据 GIR（global info research）调研数据显示，预计 2028 年全球工程机械电动化收入将达到 114.9 亿美元。从各区域市场来看，欧美等对环保要求更高的发达地区（国家）市场对电动工程机械有

表3-1 2018—2022年全球工程机械十五强企业

排名	2018年 公司	2018年 市场占有率	2019年 公司	2019年 市场占有率	2020年 公司	2020年 市场占有率	2021年 公司	2021年 市场占有率	2022年 公司	2022年 市场占有率
1	卡特彼勒	12.6%	卡特彼勒	16.2%	卡特彼勒	13.0%	卡特彼勒	13.9%	卡特彼勒	16.3%
2	小松集团	11.9%	小松集团	11.5%	小松集团	10.4%	小松集团	11.0%	小松集团	10.7%
3	约翰迪尔	5.5%	约翰迪尔	5.5%	徐工集团	7.9%	徐工集团	7.9%	徐工集团	5.8%
4	日立建机	5.5%	徐工集团	5.5%	三一重工	7.5%	三一重工	7.0%	约翰迪尔	5.4%
5	沃尔沃	5.2%	三一重工	5.4%	约翰迪尔	4.9%	约翰迪尔	4.9%	三一重工	5.2%
6	徐工集团	4.8%	沃尔沃	4.6%	沃尔沃	4.7%	沃尔沃	4.7%	沃尔沃	4.3%
7	三一重工	4.6%	日立建机	4.4%	中联重科	4.6%	中联重科	4.5%	利勃海尔	4.3%
8	利勃海尔	4.4%	利勃海尔	4.2%	日立建机	4.5%	利勃海尔	4.1%	日立建机	4.0%
9	斗山集团	3.7%	斗山集团	3.3%	利勃海尔	4.1%	日立建机	3.8%	山特维克	3.4%
10	杰西博	3.0%	中联重科	3.1%	斗山集团	3.7%	山特维克	3.1%	杰西博	3.0%
11	特雷克斯	2.8%	山特维克	2.9%	山特维克	3.0%	杰西博	2.6%	斗山集团	2.9%
12	山特维克	2.5%	杰西博	2.7%	美卓奥图泰	2.3%	美卓奥图泰	2.3%	中联重科	2.7%
13	中联重科	2.3%	特雷克斯	2.1%	杰西博	2.1%	安百拓	2.3%	美卓奥图泰	2.4%
14	安百拓	2.3%	安百拓	2.1%	安百拓	2.0%	斗山集团	2.0%	安百拓	2.3%
15	美卓奥图泰	2.0%	豪士科	2.0%	柳工股份	1.7%	柳工股份	1.7%	特雷克斯	1.9%

着更显著的需求。例如，在欧洲，为降低建筑活动对环境的影响，许多国家已经开始为存量设备的升级换代提供经济支持政策。因此，卡特彼勒、小松集团、利勃海尔、徐工集团和中联重科等国内外工程机械企业巨头纷纷布局电动化工程机械（表 3-2）。

表 3-2　2018 年来全球工程机械企业巨头电动化工程机械布局情况

公司	年份	基本情况
卡特彼勒	2018	研发纯电动装载机 R1300 并投入使用
	2019	推出 300.9D、302.7D、323F 三款纯电动挖掘机和 Cat 906M 电动装载机
	2021	先后与加拿大矿业公司 NMG 和澳大利亚必和必拓（BHP）达成协议，共同开发零排放大型矿用卡车及相关设备和服务，打造"零排放"矿山
	2022	收购 Tangent，增加新能源服务业务
	2023	投资 Lithos Energy 电池公司，加快公司电气化产品组合的发展
小松集团	2021	与重型电动运输领域的领先创新者 Proterra 公司签署电池系统的供应合作协议，以便公司中小型液压挖掘机实现电动化
	2022	宣布与康明斯合作，推进使用氢燃料电池的零排放采矿运输卡车的开发
	2023	收购美国电池解决方案公司 American Battery Solutions（ABS），以推动公司工业电气化进程
利勃海尔	2019	研发 100% 完全电驱动 210 吨挖掘机 R9200E，以及采用利勃海尔电驱动系统创新技术的电动轮矿用卡车 T236
	2023	交付香港首台不插电版电动履带式起重机 LR 1160.1（160 吨），也是利勃海尔在亚洲市场的第一台由电池驱动的履带式起重机
沃尔沃	2022	致力于在 2040 年实现全价值链温室气体零排放，并完成向 100% 非化石燃料转型
	2023	宣布将收购 Proterra 电池业务
日立建机	2022	经验证的全球第一台 EX8000E-6 超大型电驱动液压挖掘机在内蒙古矿区投入使用
	2023	推出 ZX85-6EB 新能源液压挖掘机（电池式）
徐工集团	2022	新能源产品营业收入 42.7 亿元，收入连续翻倍增长
	2023	与比亚迪共同注资 10 亿元人民币，成立徐州徐工弗迪电池科技有限公司
	2023	新能源产品营业收入占总营业收入的 10% 左右，下一步目标是 2027 年新能源产品占总营业收入的 25%，2030 年新能源产品占总营业收入的 35%

续表

公司	年份	基本情况
三一重工	2021	9月，成立从事新能源电池设备研发、制造及销售的三一技术装备有限公司；10月，与宁德时代合作，共同攻关电动搅拌车
	2022	2月，与宁德时代合作建造全国首条电动重卡干线；8月，成立新公司"三一锂能源"，直接进入锂电池和储能领域；年底，电动化产品销售额突破27亿元人民币，增速超200%，销量超3500台，开发完成79款电动工程机械产品，上市67款，电动搅拌车、电动自卸车、电动起重机销售市场占有率均居行业第一
	2023	3月，先后成立三一锂能（山东）新能源技术有限公司、三一锂能（烟台）新能源有限公司
中联重科	2022	10月，注资5亿元人民币成立新能源公司，在锂电、电驱、氢能、整机等领域多维度原创出新，全面打通新能源三条技术链，"族群化"发展持续引领工程机械新能源化
	2023	已累计下线100多款新能源产品，产品类别覆盖混凝土泵车、混凝土搅拌车、汽车起重机、高空作业平台、挖掘机、矿卡、叉车等
柳工股份	2022	与宁德时代官宣签署十年战略合作框架协议，围绕工程机械行业，从产品研发、行业标准、市场推广及售后服务等方面进行全产品线、全价值链、全球范围业务合作与拓展，加速工程机械行业电动化转型
	2023	持续研发推出包括电动装载机在内的一系列土方机械、矿车、工业车辆、起重设备等电动化产品，其中电动装载机销量近年来一直遥遥领先于行业，目前市场占有率超过50%

在相关政策的推动下，中国工程机械迈向新能源的进程也在不断加速。2021年，国务院发布的《2030年前碳达峰行动方案》明确指出，到2025年，非化石能源消费比重在20%左右。2023年11月30日，国务院印发的《空气质量持续改善行动计划》强调，要提升货车、非道路移动机械、船舶油箱中柴油抽测频次，加强移动源环境监管能力建设，在国家重点区域省份建设重型柴油车和非道路移动机械远程在线监控平台，强化非道路移动源综合治理，到2025年基本消除非道路移动机械、船舶及重点区域铁路机车"冒黑烟"现象；将加快推进物流园区、机场、港口码头等工况作业机械的新能源更新改造，大大推进工程机械电动化进程。另外，根据中国工程机械工业协会对装载机主要制造企业统计，2023年1—11月共销售电动装载机3079台，其中11月销售543台，同比增长432%，

这已经是连续三个月以来以超过 4 倍的同比增速增长。

3.4 需求结构多样化和产品多元化

随着全球经济的发展和基础设施的建设，工程机械行业面临着不同地区和客户的多样化需求，这要求工程机械企业不断创新产品，提高产品质量和性能，拓展产品线，形成多品类、多规格、多动力的产品组合，以适应不同的工程项目和工作环境。卡特彼勒、日立建机、沃尔沃、小松集团、徐工集团、三一重工、中联重科和柳工股份等企业为了适应不同需求，经过一段时间的发展后基本形成了从挖掘机械、装载机械、压路机械、起重机械、混凝土机械到桩工机械、矿山机械、环卫机械等多个品类的产品组合。这些产品不仅涵盖了大型、中型、小型的产品规格，也涵盖了不同的动力类型，如柴油、电动、混合动力等。

小型工程机械具有体积小、重量轻、机动性强、操作简单、维护方便等优点，适用于城市建设、园林绿化、农村改造、市政工程、水利工程等领域。随着城市化的加速，建筑施工、市政工程等领域对小型工程机械的需求量也在不断增加。为了抓住这一市场机遇，卡特彼勒、日立建机、沃尔沃、小松集团、徐工集团、三一重工、中联重科和柳工股份等全球重要工程机械企业纷纷推出了各种适应不同工况和环境的小型工程机械产品，丰富了市场供给，满足了客户的多样化需求。据统计，2019 年，卡特彼勒、日立建机和小松集团三家公司在全球小型挖掘机市场的份额分别为 26.7%、15.4% 和 12.1%。2019 年，我国小型挖掘机销量接近 20 万台，同比增长超过 10%。预测未来几年小型挖掘机市场规模还将持续扩大。

3.5 国际化发展模式不断创新

工程机械行业是一个全球化的行业，国际市场的需求和竞争对行业的发展有着重要影响。当前，世界地缘政治冲突、产业链安全、通胀预期等因素给全球贸易和经济带来诸多不确定性与风险。工程机械行业的国际化发展模式随着世界形势的变化不断创新和调整，包括提高海外研发和制造能力，提升本土化服务水平，建立全球化的供应链和配套体系等。

3.5.1 提高海外研发和制造能力

随着全球工程机械市场日益多元化和差异化，工程机械企业需要根据不同地区的客户需求和环境条件，开发和生产适应性强、性能优异、品质可靠的产品。因此，工程机械企业纷纷在海外建立研发中心和制造基地，以提高产品的竞争力和市场占有率。例如，徐工集团在德国、巴西、美国、印度等国家设立了研发中心，建设了 10 多个大型制造基地和 KD（散装件）工厂。中联重科在德国、美国、印度等国家建立了制造基地，生产混凝土机械、起重机械、环卫机械等。中联重科积极实施国际化战略，不仅在海外设立研发中心、营销网络和生产基地，还积极参与国际标准制定、国际技术交流与合作，不断提升自身在国际市场的知名度和影响力。三一重工在印度、美国、德国、巴西等国家投资建设了研发和制造基地，实现了国际化的生产和运营。

3.5.2　提升本土化服务水平

工程机械产品的使用与维护需要专业的技术支持和售后服务，这对工程机械企业的本土化服务能力提出了更高要求。工程机械企业需要在海外市场建立完善的销售网络和服务体系，提供及时、高效、专业的服务，增强客户的信任和满意度。例如，小松集团开启 global（全球化）、groupwide（集团化）和 growth（成长）的"3G"战略业务发展模式，定位为全球技术公司，以日本、美国及欧洲为主要三角重点框架，并在新兴工业体如中国、印度、俄罗斯等国家实现新一轮增长点。截至 2022 年，小松集团拥有 213 家子公司、76 个工程机械及车辆生产基地、54 个工程机械销售网点，业务范围覆盖全球 99% 的国家和地区。三一重工在全球拥有近 200 家销售分公司、2000 多个服务中心、近万名技术服务工程师，形成了完善的销售和服务网络。

3.5.3　建立全球化的供应链和配套体系

工程机械产品的生产需要依赖多个上游和下游的配套企业，如液压件、发动机、轮胎制造等。工程机械企业需要建立全球化的供应链和配套体系，以保证产品的质量、成本和交付。同时，工程机械企业也需要与供应商和配套企业进行深度合作，共同开发和优化产品，提高产品的附加值。例如，卡特彼勒与其全球供应商建立了紧密的合作关系，通过共享信息、降低成本、提高效率、改进质量等方式，实现了供应链的优化和协同；沃尔沃与其全球配套企业共同开发了一系列高效、节能、环保产品。

4　全球工程机械领域专利信息分析

本章以 IncoPat 专利数据库为数据来源，检索了全球 1914 年至 2023 年 11 月公开的涉及工程机械领域的专利数据，经对检索结果进行去噪、清洗等处理，以最终确定的 68819 件专利数据样本为分析对象，对全球工程机械领域进行专利信息统计分析，旨在更好地了解全球工程机械领域专利布局情况和技术水平。

4.1　全球工程机械专利申请趋势分析

4.1.1　总体趋势分析

根据全球工程机械专利申请趋势，可将全球工程机械的专利申请情况分为萌芽阶段、发展阶段、成熟阶段、调整阶段和复苏阶段等 5 个阶段（图 4-1）。

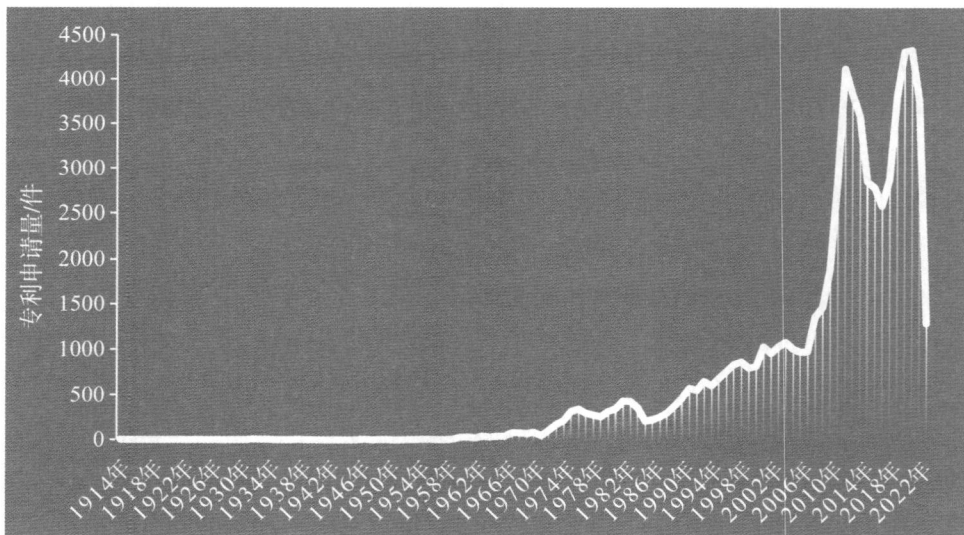

图 4-1　全球工程机械专利申请总体趋势

一是萌芽阶段（1914—1959 年）。该阶段全球工程机械领域专利申请量非常少，平均每年只有 1.8 件。这说明该阶段的全球工程机械领域技术还处于起步和探索的萌芽阶段，没有形成规模和影响力。该阶段美国的相关公司申请较为活跃，如 1914 年 9 月，美国的 Bauer Clarence 公司申请了专利号为 US00862006 的 ditch and sewer digger（沟渠和下水道挖掘机）工程机械专利。

二是发展阶段（1960—1985 年）。该阶段全球工程机械领域专利申请量开始显著增加，从每年 32 件增长到每年 217 件，增长了 5.8 倍，平均每年有 132.3 件专利申请，表明这一阶段因受到工业化和城市化的推动，全球工程机械领域技术进入了快速发展阶段。

三是成熟阶段（1986—2012 年）。该阶段全球工程机械领域专利申请量继续增加，从每年 232 件增长到每年 4120 件，增长了 16.8 倍，平均每年有 777.4 件专利申请，表明该阶段全球工程机械领域技术有了较高的成熟度和稳定性。

四是调整阶段（2013—2018 年）。该阶段全球工程机械领域专利申请量从 3824 件降低到 2882 件，下降了 24.6%，平均每年下降了 5.4%，表明全球工程机械领域的技术创新遇到了一些挑战和困难，可能受到了市场需求的饱和、环境保护的限制以及技术更新缓慢等因素的影响，需要进行一些调整和优化。

五是复苏阶段（2019 年至 2023 年 11 月）。该阶段全球工程机械领域专利申请量重新回升，2019—2021 年从 3810 件增长到 4336 件，增长了 13.8%，平均每年有 4156 件专利申请，表明该阶段全球工程机械领域技术可能受到新型基础设施、数字化转型、绿色发展等新的需求和机遇的刺激，为适应市场需求的变化，突破了技术瓶颈，开始恢复和增长，出现了一些新的技术和产品。由于专利文献公开相对于专利申请的滞后性，2022—2023 年的专利数据不完整，但也可以预计这段时期的专利申请量将呈现快速增长趋势。

4.1.2　主要国家申请趋势分析

一是中国工程机械专利申请趋势分析。总体来看，中国工程机械专利申请量从 1986—2023 年经历了三个阶段，分别是缓慢增长阶段、快速增长阶段和调整恢复阶段。这反映了中国工程机械领域的技术创新在不同的历史时期面临不同的机遇和挑战（图 4-2）。

第一阶段（1986—2000 年）：该阶段中国的专利申请量总共为 177 件，平均每年为 11.8 件，最多为 35 件（2000 年），最少为 0 件（1989 年）。该阶段的专利申请量较少，波动幅度也较小，平均每年增长约 25%。这反映了该阶段中国工程机械领域的创新水平和专利意识还比较落后和淡薄。

第二阶段（2001—2012 年）：该阶段中国的专利申请量总共为 6997 件，平均

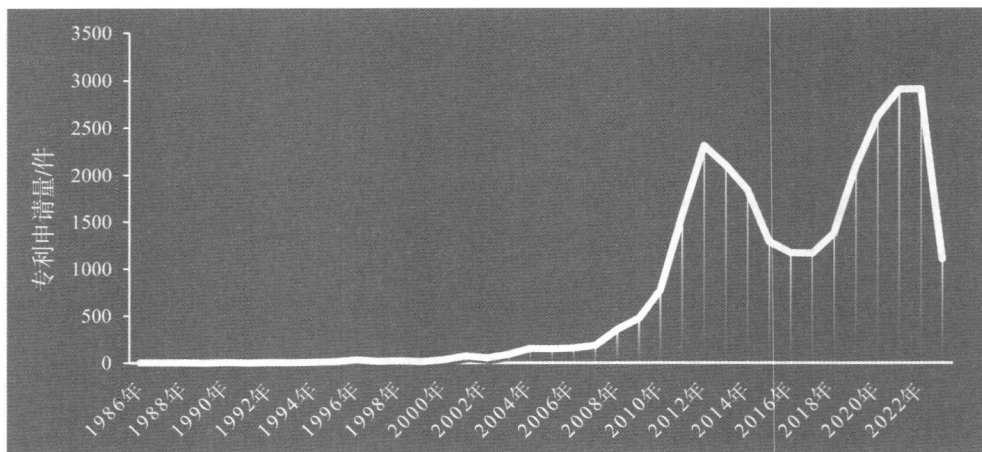

图 4-2　中国工程机械专利申请趋势

每年为 583.1 件，最多为 2313 件（2012 年），最少为 54 件（2002 年）。这一阶段的专利申请量呈现出快速增长的趋势，平均每年增长约 70%，说明中国工程机械领域的技术创新受到国家政策和市场需求的强烈推动，进入高速发展的时期。

第三阶段（2013 年至 2023 年 11 月）：该阶段中国的专利申请量总共为 17451 件，平均每年为 1939 件，最多为 2905 件（2022 年），最少为 1165 件（2017 年）。这一阶段的专利申请量呈现出先下降后上升的趋势。2013—2017 年，由于中国工程机械行业遇到了市场调整和技术瓶颈，中国工程机械专利申请量逐年下降，其后由于该行业实现了一些技术突破和转型升级，2018 年之后专利申请量有所回升。

二是日本工程机械专利申请趋势分析。日本工程机械专利申请量从 1972—2023 年经历了三个阶段（图 4-3），分别是爆发式增长阶段、平稳增长阶段和持续下降阶段。

第一阶段（1972—1982 年）：该阶段日本的专利申请量从 1972 年的 1 件增长到 1982 年的 360 件，呈现出爆发式的增长趋势。这与日本经济的高速增长期相吻合。在这一阶段，日本工程机械行业得到政府的大力支持，加大了对技术研发和创新投入的力度，形成了一批具有国际竞争力的企业，如小松集团、日立建机、住友等。

第二阶段（1983—2001 年）：该阶段日本的专利申请量从 1983 年的 351 件增长到 2001 年的 588 件，增长了 67.5%，呈现出平稳的增长趋势。这一阶段日本

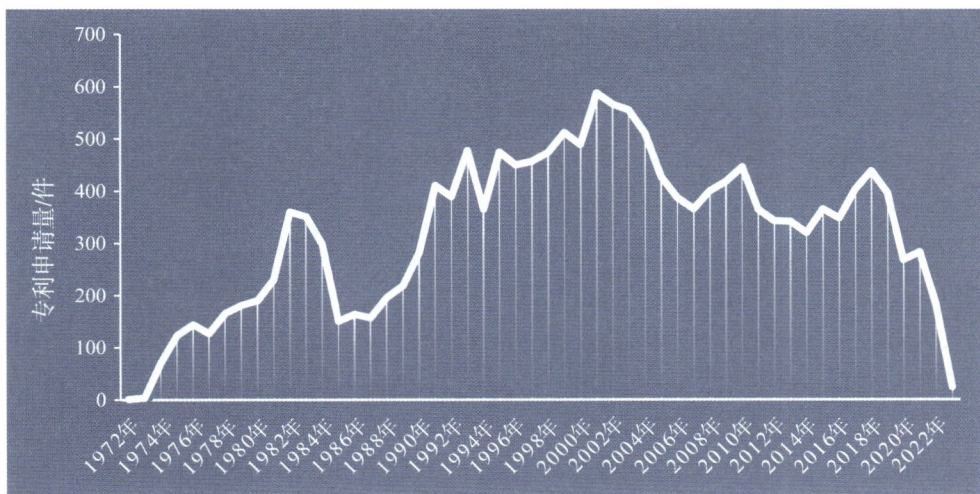

图 4-3　日本工程机械专利申请趋势

的专利申请量在 1991 年和 1999 年出现了两次高峰，分别为 411 件和 512 件，这可能与日本经济的波动和工程机械行业的调整有关。1991 年，日本经济泡沫的破裂导致了房地产和金融业的崩溃，工程机械需求大幅下降。为了适应市场的变化，日本工程机械企业加强了技术创新，开发了更节能、环保、智能的产品，提高了专利申请的质量和数量。1999 年，日本经济开始复苏，工程机械需求有所回升。同时，日本政府出台了一系列促进知识产权保护和利用的政策措施，鼓励企业加大专利申请的力度。

第三阶段（2002 年至 2023 年 11 月）：该阶段日本的专利申请量总体呈现下降的趋势。在这一阶段，日本经济受到了全球金融危机、日本大地震、新冠疫情等多重冲击，工程机械需求持续低迷。同时，日本工程机械企业面临着来自中国、韩国等国家的强势竞争，市场份额不断流失，专利申请的积极性和创造性也大大降低。

三是美国工程机械专利申请趋势分析。美国工程机械专利申请量从 1914—2023 年经历了四个阶段（图 4-4），分别是萌芽阶段、第一次发展阶段、第二次发展阶段和第三次发展阶段。

萌芽阶段（1914—1959 年）：这一阶段美国工程机械专利申请数量整体较少，申请数量最多的 1932 年仅有 9 件。这反映出这一阶段美国工程机械行业技术创新水平较低，产业规模较小，也反映出美国工程机械行业起步较早。

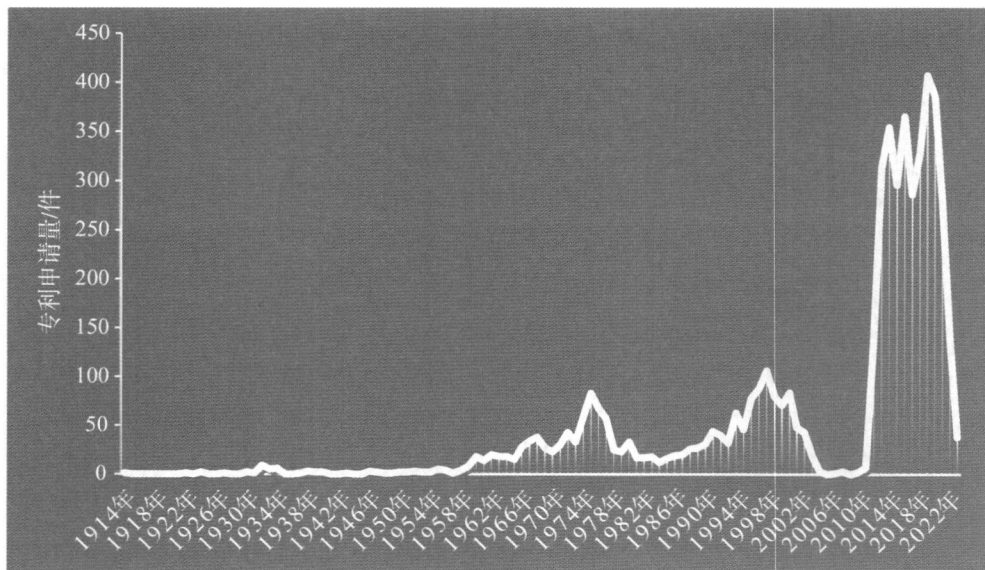

图 4-4　美国工程机械领域专利申请趋势

第一次发展阶段（1960—1984 年）：从 1960 年开始，美国工程机械专利申请数量出现一定程度的增长。这一阶段每年新增的专利数量在 12 ～ 83 件，平均水平明显高于上一阶段。这标志着美国工程机械产业技术创新进入第一次发展阶段。

第二次发展阶段（1985—2011 年）：1985 年之后，美国工程机械专利申请量进入高位运行的阶段。这一阶段每年专利数量在十几件至近百件之间，反映出美国产业技术的持续积累。

第三次发展阶段（2012 年至 2023 年 11 月）：进入 21 世纪第二个 10 年后，美国工程机械产业技术创新进入高速增长阶段，专利申请量大幅度提升，全部年份均超过 100 件，最高达 407 件。这标志着美国工程机械产业在这一阶段技术水平快速提高，核心竞争力持续增强。

4.2　全球工程机械专利主要目标地分析

专利公开地区反映了专利权保护的区域，某领域地区专利公开数量越多，越能反映该区域是该领域的热门市场，或是重要的潜在市场和产业基地。从图 4-5 中可以看出，中国是全球工程机械领域最主要的技术创新目标地，其专利数量达到 27087 件，占全球总量的 39.36%，远超过其他国家或地区。这说明中国在工程机械技术的创新和发展方面具有强大的实力与优势。日本是全球工程机械领域第二大专利公开国，专利数量为 16660 件，占全球总量的 24.21%。这说明日本在工程机械技术的创新和发展方面也具有较高的水平与竞争力，是工程机械产品的重要市场和产业基地。美国是全球工程机械领域的专利公开第三大国，专利数量为 5172 件，占全球总量的 7.52%。世界知识产权组织（world intellectual property organization，WIPO）和欧洲专利局（European patent office，EPO）是专利布局全球的重要机构，专利数量分别为 4279 件和 4054 件，分别占全球总量的 6.22% 和 5.89%。这反映了各国通过 WIPO 和 EPO 布局工程机械技术的重视程度与合作意愿。

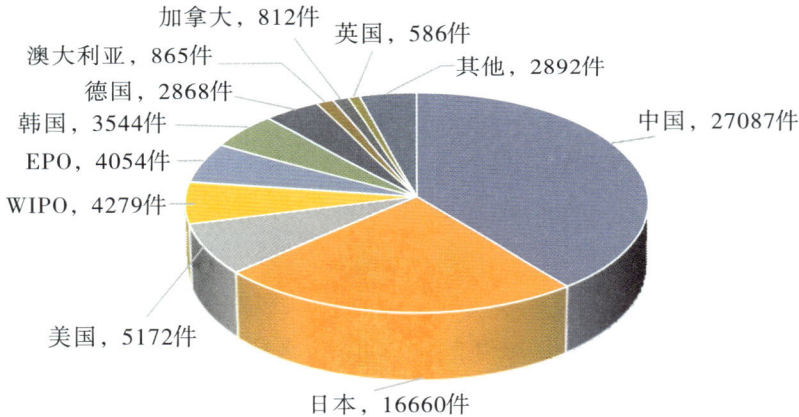

图 4-5 全球工程机械专利主要目标地分布情况

4.3 全球工程机械专利主要来源地分析

在全球工程机械领域，日本和中国是主要的技术来源国，专利数量分别为 27084 件和 23767 件，两国专利数量合计的占全部专利的 73.45%（图 4-6）。这显示出日本和中国在工程机械领域技术创新方面处于领先地位。在两国之后的是美国，其专利数量为 5690 件，美国在工程机械领域也有很强的技术创新实力。

中国，23767件

日本，27084件

美国，5690件

德国，3335件

瑞典，3321件

韩国，2670件

奥地利，779件

其他，1061件

瑞士，410件

英国，455件

法国，660件

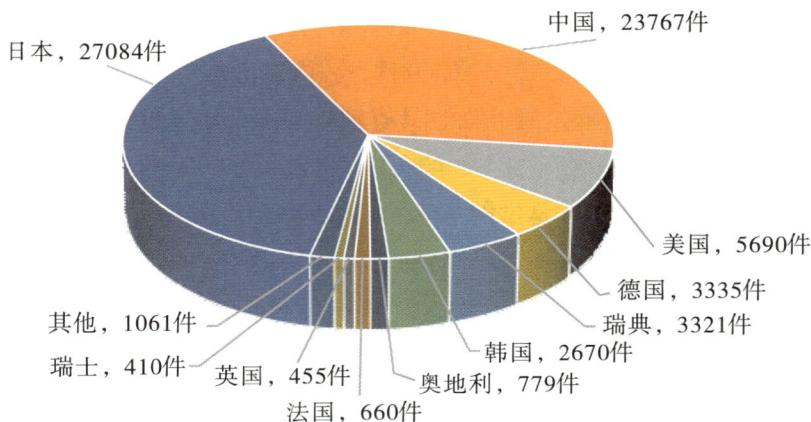

图4-6　全球工程机械专利主要来源地分布情况

4.4　全球工程机械专利主要国家和机构布局分析

从技术流出国角度分析，日本是全球工程机械专利的最大流出国，专利流出数量总和为10736件，远高于其他国家和机构，说明日本在工程机械领域拥有较强的技术创新能力和较大的竞争优势，也说明日本对海外专利布局的重视。其次是美国，其专利流出数量总和为3098件，流向对象主要集中在中国、德国等国家，表明美国在工程机械领域也有较高的技术水平，同时也注重保护自己的专利权益。瑞典的专利流出数量总和为2234件，居第三位，流向对象主要集中在WIPO、EPO、韩国等国家和机构，说明瑞典在工程机械领域有较为突出的技术特色和优势，且利用国际组织扩大自己的专利影响力。

从技术流向国（组织）角度分析，中国是全球工程机械专利的最大流向国，专利流入数量总和为3626件，远高于其他国家和机构，说明中国是全球最大的工程机械市场，吸引了各国的专利申请人。其次是WIPO，其专利流入数量总和为2637件，主要来自日本、瑞典、韩国等国家。EPO的专利流入数量总和为2183件，居第三位，主要来自日本、瑞典、德国等国家，说明这些国家重视欧洲市场的潜力。

从专利流向数量角度分析，日本和中国之间的专利流向数量最多，达到2143件，占全球工程机械专利流向数量的11.9%，说明日本和中国在工程机械领域有着密切的技术合作与竞争关系。而日本和WIPO之间的专利流向数量为2209件，占全球工程机械专利流向数量的12.3%。日本和美国之间的专利流向数量也较多，达 2120 件，占全球工程机械专利流向数量的 11.8%，说明日本和美国在工程机械领域也有着密切的技术交流与激烈竞争关系，全球工程机械专利主要国家和机构非本土专利流向情况如图 4-7 所示。

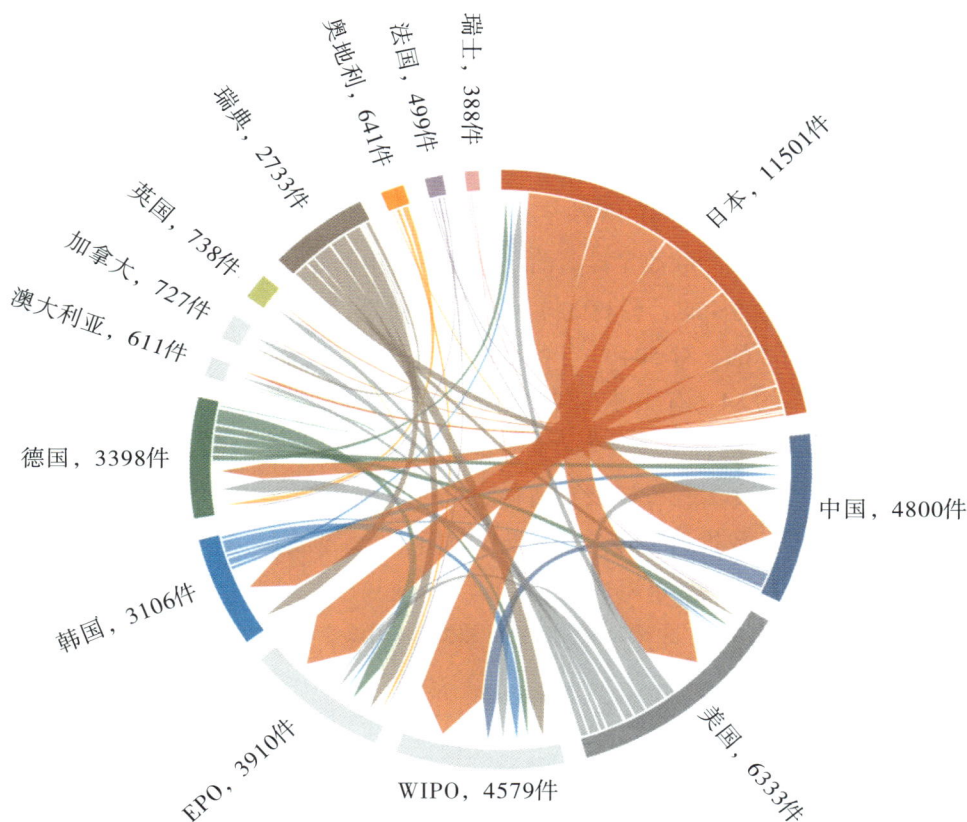

图 4-7　全球工程机械专利主要国家和机构非本土专利流向情况

4.5　全球工程机械主要国家简单同族专利情况分析

专利族是指至少有一个优先权相同的，在不同国家或地区以及地区间专利组织多次申请、多次公布或批准的内容相同或基本相同的一组专利文献。简单同族专利是指在同一个专利族中，专利族成员以共同的一个或几个专利申请为优先权。在一定程度上，专利的简单同族专利数量多，可以反映出该专利的技术价值和市场潜力较高，意味着专利权人对该专利技术的创新性、实用性和经济价值有信心，并且希望在更广阔的范围内保护自己的专利权利。

日本的专利简单同族数量排名前五的情况：简单同族数量为2的，有6744件专利；简单同族数量为10的，有1807件专利；简单同族数量为11的，有1490件专利；简单同族数量为12的，有1613件专利；简单同族数量为8的，有1264件专利。简单同族数量最多的43，有16件专利。

中国的专利简单同族数量排名前五的情况：简单同族数量为2的，有4467件专利；简单同族数量为3的，有464件专利；简单同族数量为4的，有102件专利；简单同族数量为5的，有73件专利；简单同族数量为7的，有71件专利。简单同族数量最多的31，有19件专利。

美国的专利简单同族数量排名前5情况：简单同族数量为2的，有638件专利；简单同族数量为4的，有602件专利；简单同族数量为3的，有553件专利；简单同族数量为5的，有504件专利；简单同族数量为6的，有391件专利。简单同族数量最多的84，有1件专利。

从以上情况可以看出，日本在简单同族专利数量和对应的专利数量上都遥遥领先，显示出其在工程机械领域具有较大的技术优势和较强的市场竞争力。中国在简单同族专利数量为2的专利数量仅次于日本，但是随着简单同族数量的增加，相应的专利数量迅速下降（表4-1）。

表4-1　全球工程机械主要国家简单同族专利分布情况

单位：件

数量	日本	中国	美国	德国	瑞典	韩国	奥地利	法国	英国	瑞士
2	6744	4467	638	255	230	843	83	22	20	24
3	901	464	553	192	59	81	76	28	19	25
4	692	102	602	204	59	100	64	41	13	17
5	817	73	504	334	142	131	58	56	19	37
6	1017	56	391	263	176	89	69	69	38	46
7	1134	71	388	250	227	154	45	70	36	43
8	1264	26	318	306	250	106	32	47	35	79
9	1233	15	314	161	211	102	35	51	21	39
10	1807	34	247	146	175	190	41	21	24	30
11	1490	28	193	172	180	115	31	28	16	4
12	1613	6	158	85	223	67	9	21	28	5
13	581	1	131	107	129	22	4	49	17	1

续表

数量	日本	中国	美国	德国	瑞典	韩国	奥地利	法国	英国	瑞士
14	281	14	94	86	127	11	18	31	23	1
15	119	1	84	78	133			31	22	12
16	104	19	50	19	152	5	38	11	20	
17	26		23	49	128	3	6	7	14	2
18	12	2	24	45	107		7	3	1	1
19	23		21	17	39		15	6	2	
20	35		20	23	40		2	6	6	
21	6		9	21	26				10	3
22	6		8	6	26		1		1	
23	10			10					4	1
24	22		13	11	19					
25			2	15	2					
26	2	1	12	13	6				9	
27	8		1	1	15					
28		1			1					
29	3	2		8						
30		1								
31	5	19	2		3				4	
32	10				2					
33					18				2	
34			10		1					
35					3					
36					10					
39									9	
42			2							
43	16									
45					12					
84			1							

4.6 全球工程机械技术情况分析

4.6.1 全球工程机械专利主要 IPC 分类号分析

全球工程机械领域的专利技术主要集中在 E02F 和 B66C 两个国际专利分类法（IPC）分类号上，分别有 22020 件和 11983 件，合计占总专利数量的 63.47%。排名第三的是 F15B，有 5478 件专利，占总专利数量的 10.22%（表 4-2）。

表 4-2　全球工程机械专利主要 IPC 分类号情况

单位：件

IPC 分类号（小类）	专利数量
E02F（挖掘；疏浚）	22020
B66C（起重机；用于起重机、绞盘、绞车或滑车的载荷吊挂元件或装置）	11983
F15B（一般流体工作系统；流体压力执行机构如伺服马达；不包含在其他类目中的流体压力系统的零部件）	5478
B62D（机动车；挂车）	3069
B02C（一般破碎、研磨或粉碎；碾磨谷物）	2412
E01C（道路、体育场或类似工程的修建或其铺面；修建与修复用的机械和附属工具）	2174
B60K（车辆动力装置或传动装置的布置或安装；两个以上不同的原动机的布置或安装；辅助驱动装置；车辆用仪表或仪表板；与车辆动力装置的冷却、进气、排气或燃料供给结合的布置）	2137
F16H（传动装置）	1587
E21D（竖井；隧道；平硐）	1485
B60R（不包含在其他类目中的车辆、车辆配件或车辆部件）	1227

4.6.2 全球工程机械专利主要国家 IPC 分类号分析

中国在 E02F 和 B66C 这两个技术领域的专利数量分别为 7177 件和 6429 件，并在其他技术领域有着一定的布局。日本在 E02F 技术领域的专利数量最多，为 10548 件，显示出日本在这个技术领域具有较强的研发实力和创新能力；其在 B66C、F15B、B62D、B60K 和 E21D 这五个技术领域的专利数量也比较突出，专利数量分别为 3863 件、1945 件、1231 件、1231 件和 1275 件，其中前三种位居全球第二，后两种位居全球第一。美国在 E02F 技术领域的专利数量为 1846 件，位居全球第三，其在 F15B 和 E01C 这两个技术领域的专利数量也比较多（表 4-3）。

表 4-3　全球工程机械专利主要国家 IPC 分类号情况

单位：件

IPC 分类号	中国	日本	美国	韩国	德国	瑞典	奥地利	法国	瑞士	英国
E02F	7177	10548	1846	1543	366	743	91	88	127	113
B66C	6429	3863	253	173	957	132	181	153	45	15
F15B	2746	1945	419	328	90	206	29	20	29	15
B62D	1321	1231	377	88	74	80	44	16	35	26
B02C	1243	777	86	1	5	220	2	3	6	34
E01C	1539	146	416	3	28	50		1	21	5
B60K	713	1231	160	105	33	74	27	8	23	24
F16H	960	417	146	41	28	40	11	5	4	12
E21D	168	1275	6	1	10	9	3			1
B60R	416	656	99	85	28	50	8	7	12	3

4.7　全球工程机械专利主要申请人情况分析

4.7.1　全球工程机械专利排名前十申请人排名分析

全球工程机械领域专利量排名前十的申请人共拥有 36866 件专利（图 4-8），约占全球工程机械专利总量的 43.51%。其中，日立建机以 8526 件排名第一，小

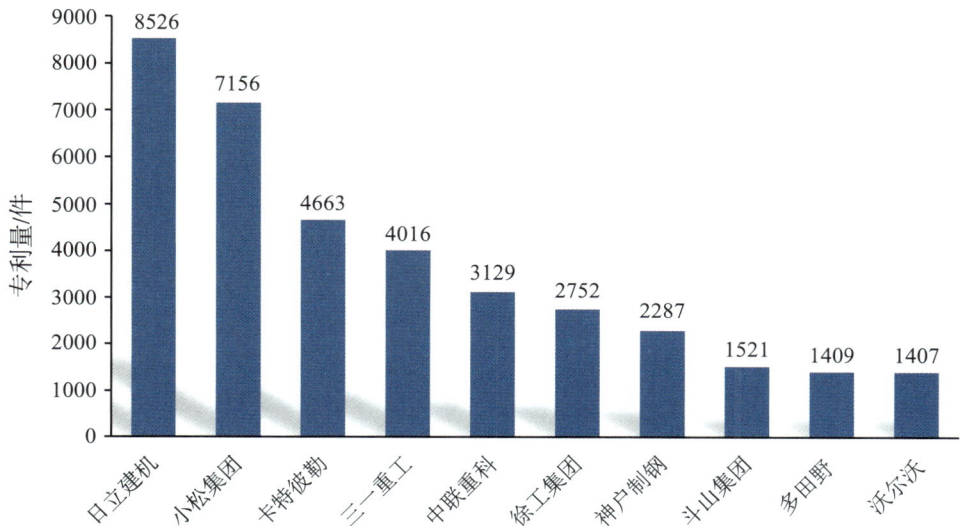

图 4-8　全球工程机械领域专利排名前十申请人专利申请量

松集团以 7156 件排名第二，排名第三的卡特彼勒有 4663 件专利。在 10 个申请人中，有 5 个来自日本、3 个来自中国、1 个来自美国、1 个来自瑞典。日本申请人的专利数量最多，达 20899 件，占 10 个申请人专利总量的 56.69%。中国申请人的专利数量次之，为 9897 件，占 26.85%。美国申请人的专利数量为 4663 件，占 12.65%。

4.7.2　全球工程机械专利排名前十申请人申请趋势分析

在全球工程机械领域申请专利排名前十的申请人中，卡特彼勒于 1924 年开始申请专利，在 2021 年专利申请量最多，达 245 件；小松集团于 1967 年开始申请专利，在 2012 年专利申请量最多，达 423 件；日立建机于 1972 年开始申请专利，在 2012 年专利申请量最多，达 421 件；三一重工于 2000 年开始申请专利，在 2013 年专利申请量最多，达 759 件；中联重科于 2002 年开始申请专利，在 2013 年专利申请量最多，达 566 件；斗山集团于 1993 年开始申请专利，在 2014 年专利申请量最多，达 148 件；徐工集团于 2004 年开始申请专利，在 2013 年专利申请量最多，达 292 件；神户制钢于 1992 年开始申请专利，在 2012 年专利申请量最多，达 152 件；多田野于 1983 年开始申请专利，在 2019 年专利申请量最多，达 181 件；而沃尔沃最晚，于 1995 年开始申请专利，在 2010 年专利申请量最多，达 170 件（图 4-9）。美国、日本企业较早开始申请专利，中国本土企业加入较晚但增长迅速。

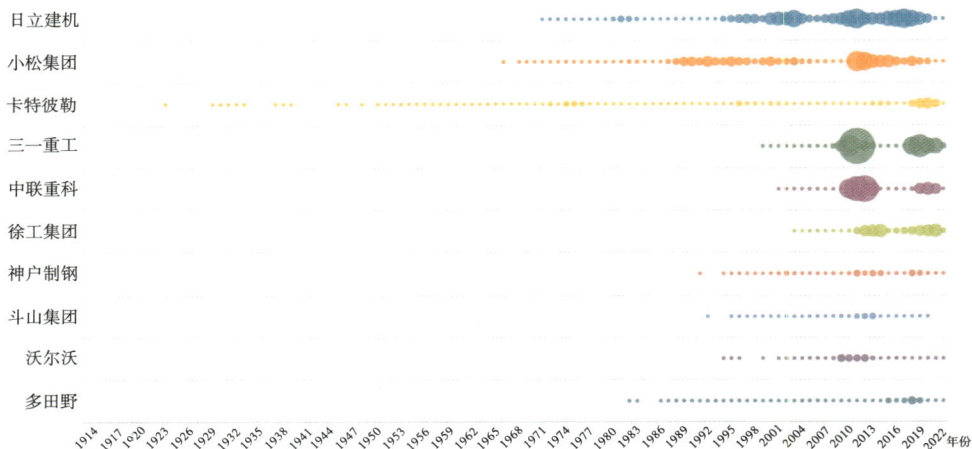

图 4-9　全球工程机械专利排名前十申请人申请趋势情况

4.7.3　全球工程机械专利排名前十申请人专利价值度分析

专利价值度以数字 1 ～ 10 为量度，数字越高，价值度越大。现以专利价值度所对应的专利数量进行排名。日立建机专利价值度排在前三的情况：专利价值度为 10 的，有 2508 件专利；专利价值度为 9 的，有 1341 件专利；专利价值度为 6 的，有 1184 件专利。小松集团专利价值度排在前三的情况：专利价值度为 10 的，有 1902 件专利；专利价值度为 9 的，有 1033 件专利；专利价值度为 5 的，有 937 件专利。卡特彼勒专利价值度排在前三的情况：专利价值度为 8 的，有 1013 件专利；专利价值度为 9 的，有 822 件专利；专利价值度为 10 的，有 790 件专利。三一重工专利价值度排在前三的情况：专利价值度为 7 的，有 881 件专利；专利价值度为 8 的，有 822 件专利；专利价值度为 9 的，有 711 件专利。中联重科专利价值度排在前三的情况：专利价值度为 9 的，有 921 件专利；专利价值度为 7 的，有 653 件专利；专利价值度为 8 的，有 511 件专利。徐工集团专利价值度排在前三的情况：专利价值度为 7 的，有 704 件专利；专利价值度为 9 的，有 682 件专利；专利价值度为 8 的，有 448 件专利（表 4-4 ）。

表 4-4　全球工程机械专利排名前十申请人专利价值度情况

单位：件

申请人	1	2	3	4	5	6	7	8	9	10
日立建机	27	135	342	387	745	1184	891	960	1341	2508
小松集团	43	279	398	260	937	933	660	714	1033	1902
卡特彼勒	13	67	154	116	287	636	766	1013	822	790
三一重工		132	115	280	495	434	881	822	711	146
中联重科		91	61	239	245	235	653	511	921	173
徐工集团		58	45	192	307	283	704	448	682	33
神户制钢		5	28	85	104	183	257	321	475	827
斗山集团		24	67	104	114	162	147	133	350	420
沃尔沃		3	18	72	89	94	189	232	264	449
多田野		25	46	158	231	242	115	159	223	210

4.7.4　全球工程机械专利排名前十申请人专利同族数量分析

日立建机的专利简单同族数量排名前五的情况：简单同族数量为 2 的，有 2246 件专利；简单同族数量为 12 的，有 992 件专利；简单同族数量为 10 的，有 667 件专利；简单同族数量为 11 的，有 663 件专利；简单同族数量为 9 的，有 328 件专利。日立建机简单同族数量最多的 19，有 16 件专利。小松集团的专利简单同族数量排名前五的情况：简单同族数量为 2 的，有 1069 件专利；简单同族数量为 10 的，有 610 件专利；简单同族数量为 11 的，有 531 件专利；简单同族数量为 7 的，有 465 件专利；简单同族数量为 8 的，有 364 件专利。小松集团简单同族数量最多的 30，有 4 件专利。卡特彼勒的专利简单同族数量排名前五的情况：简单同族数量为 2 的，有 665 件专利；简单同族数量为 3 的，有 490 件专利；简单同族数量为 4 的，有 474 件专利；简单同族数量为 5 的，有 400 件专利；简单同族数量为 7 的，有 271 件专利。卡特彼勒简单同族数量最多的 84，有 1 件专利。三一重工的专利简单同族数量排名前五的情况：简单同族数量为 2 的，有 1032 件专利；简单同族数量为 3 的，有 161 件专利；简单同族数量为 10 的，有 24 件专利；简单同族数量为 7 的，有 20 件专利；简单同族数量为 16 的，有 19 件专利。三一重工简单同族数量最多的 16，有 19 件专利。中联重科的专利简单同族数量排名前 5 情况：简单同族数量为 2 的，有 987 件专利；简单同族数量为 3 的，有 178 件专利；简单同族数量为 7 的，有 10 件专利；简单同族数量为 6 的，有 9 件专利；简单同族数量为 4 的，有 6 件专利。徐工集团的专利简单同族数量排名前五的情况：简单同族数量为 2 的，有 457 件专利；简单同族数量为 3 和 5 的，有 10 件专利；简单同族数量为 4 的，有 7 件专利；简单同族数量为 7 的，有 4 件专利；简单同族数量为 8 的，有 3 件专利（表 4-5）。

表 4-5　全球工程机械专利排名前十申请人专利同族数量情况

单位：件

简单同族数量	日立建机	小松集团	卡特彼勒	三一重工	中联重科	徐工集团	神户制钢	斗山集团	沃尔沃	多田野
2	2246	1069	665	1032	987	457	441	532	83	404
10	667	610	138	24			281	140	95	87
8	245	364	220	1		3	284	58	178	87
3	156	323	490	161	178	10	53	42	29	47
7	252	465	271	20	10	4	132	99	165	33
11	663	531	100	15	4		86	72	84	39
6	232	341	255	5	9	4	171	59	118	39
12	992	318	77	6			88	12	116	42

续表

简单同族数量	日立建机	小松集团	卡特彼勒	三一重工	中联重科	徐工集团	神户制钢	斗山集团	沃尔沃	多田野
9	328	400	174	4	1		216	51	118	77
5	131	259	400	11	3	10	111	69	92	44
4	64	260	474	18	6	7	86	64	41	32
13	348	152	77				16	16	32	5
14	132	83	52	7			17	10	1	
15	54	41	25	1			3		4	
16	30	47	6	19			5		4	
17	7	15	19						2	
18		9	4						5	
19	16	6	2							
20		11	2							
21			2							
24		19								
22			7							
31		5								
23		10								
25			1							
43		15								
32		10								
34									1	
36									9	
30		4								
35									5	
84			1							

4.7.5　全球工程机械专利排名前十申请人权利要求数量分析

　　每件专利的权利要求书的权利要求项数，在宏观上表明该专利所要求保护的范围，权利要求项数越多，保护范围越大，在一定意义上说明该专利的质量更高。日立建机每件专利的权利要求书的权利要求项数基本位于 3～10 项区间，权利要求项数最多（41 项及以上）的专利有 1 件。小松集团的每件专利的权利要求书的权利要求项数基本位于 3 ～ 15 项区间，权利要求项数最多（41 项及以上）的专利有 8 件。卡特彼勒的每件专利的权利要求书的权利要求项数基本位于 3 ～ 20 项区间，权利要求项数最多（41 项及以上）的专利有 41 件。三一重工的每件专利的权利要求书的权利要求项数基本位于 6 ～ 10 项区间，权利要求项数最多（31 ～ 40 项）的专利有 3 件。中联重科的每件专利的权利要求书的权利要求项数基本位于 6 ～ 15 项区间，权利要求项数最多（41 项及以上）的专利有 2 件。徐工集团的每件专利的权利要求书的权利要求项数基本位于 3 ～ 10 项区间，权利要求项数最多（41 项及以上）的专利有 1 件（表 4-6）。

表 4-6　全球工程机械专利排名前十申请人每件专利的权利要求项数情况

单位：件

申请人	1 项	2 项	3 ～ 5 项	6 ～ 10 项	11 ～ 15 项	16 ～ 20 项	21 ～ 30 项	31 ～ 40 项	41 项及以上
日立建机	762	675	3818	2390	404	111	62	26	1
小松集团	923	590	1903	2175	772	362	84	13	8
卡特彼勒	172	198	688	1299	646	930	195	37	41
三一重工	54	64	282	3236	287	54	21	3	
中联重科	39	33	85	2010	738	161	55	3	2
徐工集团	181	108	577	1597	183	86	13	2	1
神户制钢	37	127	766	969	213	61	37	1	
斗山集团	64	137	500	485	219	99	5	1	
沃尔沃	49	101	365	356	218	143	85	21	11
多田野	187	155	554	420	71	12	1		

4.8　全球工程机械专利主要来华情况分析

了解其他国家在中国的专利布局策略，对规划中国技术研究方向、制定产业发展策略具有重要参考价值。

来华国家在中国申请的工程机械领域专利总计 4122 件。其中，日本来华专利申请量最多，有 2143 件，占全部来华专利申请量的 51.99%；排名第二的是美国，有 657 件，占比为 15.94%；排名第三的是瑞典，有 470 件，占比为 11.40%；排名第四的是德国，有 296 件，占比为 7.18%；排名第五的是韩国，有 260 件，占比为 6.31%。这五个国家来华专利申请量共计达到 3826 件，占比为 92.82%，说明这五个国家在工程机械领域对中国市场有较高的关注度和期望值（图 4-10）。

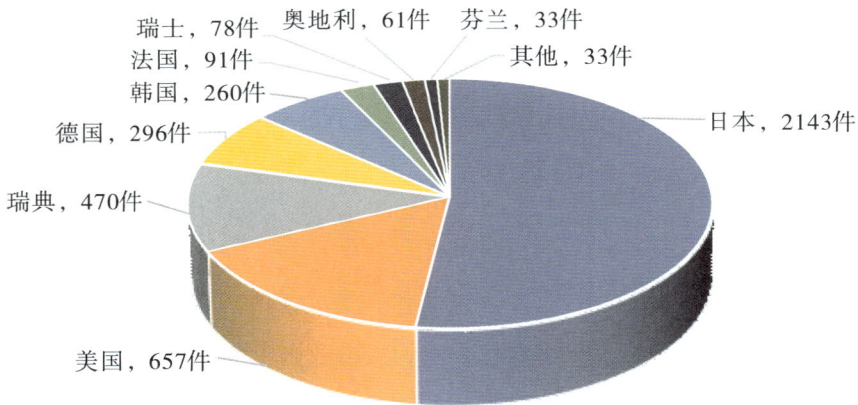

图 4-10 主要来华国家专利分布情况

在中国申请专利数量最多的公司是日立建机，共申请了 738 件专利；其次是小松集团，申请了 624 件；排名第三的是卡特彼勒，申请了 520 件（图 4-11）。

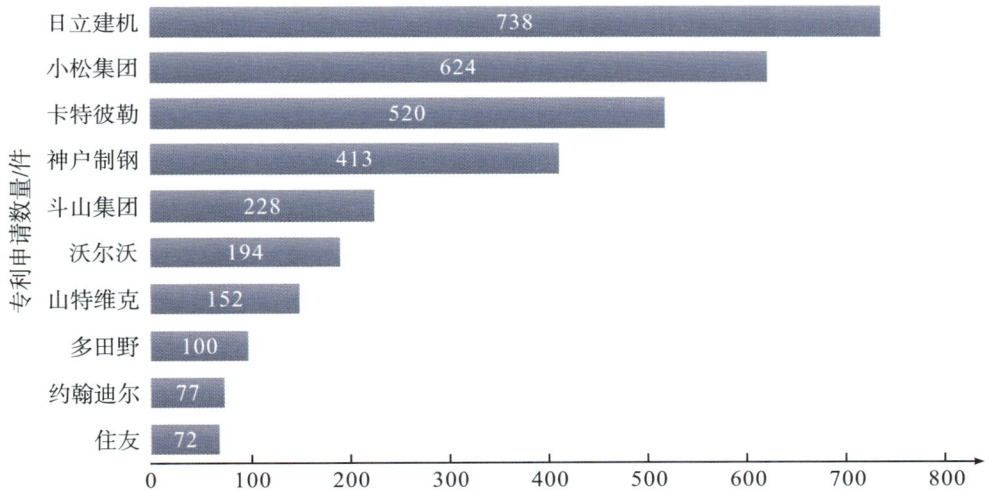

图 4-11 主要来华企业专利申请情况

5　国内工程机械产业发展基本情况分析

5.1　政策环境情况分析

为了促进我国工程机械产业稳定发展，提升我国工程机械产业基础能力和产业链水平，国务院、工业和信息化部等连续出台了多个政策文件，如《中国制造2025》《关于巩固回升向好趋势加力振作工业经济的通知》《机械行业稳增长工作方案（2023—2024年）》等。这些政策文件针对工程机械绿色转型升级和提高工程机械智能化、绿色低碳等方面，提出了一系列的措施和目标，如加大财政支持力度，推动智能制造关键技术攻关和推广应用，加强质量品牌建设，推进重点区域协调发展，加快推进装备数字化发展，落实碳达峰碳中和部署要求，推动制造业绿色低碳转型等（表5-1）。

表 5-1　国家层面部分工程机械政策

年份	政策文件名称	部门	相关内容
2013	加快推进传感器及智能化仪器仪表产业发展行动计划	工业和信息化部等四部门	按照"机电仪一体化"的思路，在工程机械、海洋工程、智能装备等高端装备制造业，开展应用示范，提高高端装备的智能化、自动化、国产化水平
2015	关于印发《中国制造2025》的通知	国务院	统筹布局和推动智能工程机械等产品研发、产业化。实施工业产品质量提升行动计划，针对工程机械、关键原材料、基础零部件、电子元器件等重点行业，组织攻克一批长期困扰产品质量提升的关键共性质量技术，促进工程机械、轻工、纺织等产业向价值链高端发展
2017	全国国土规划纲要（2016—2030年）	国务院	促进中部地区重点发展工程机械、重型矿山装备等，推动长江中游、晋中、皖江等地区产业优化升级，形成具有区域竞争优势的装备制造业生产基地

续表

年份	政策文件名称	部门	相关内容
2017	关于开展质量提升行动的指导意见	中共中央、国务院	推行绿色制造，推广清洁高效生产工艺，降低产品制造能耗、物耗和水耗，提升终端用能产品能效、水效。加快提升工程机械、特种设备等中国装备的质量竞争力
2018	关于全面加强生态环境保护坚决打好污染防治攻坚战的意见	中共中央、国务院	重点区域提前实施机动车国六排放标准，严格实施船舶和非道路移动机械大气排放标准。鼓励淘汰老旧船舶、工程机械和农业机械
2020	关于推进对外贸易创新发展的实施意见	国务院办公厅	在通信、电力、工程机械、轨道交通等领域，以市场为导向，培育一批具有较强创新能力和国际竞争力的龙头企业。积极推动工程机械等装备类大型成套设备开拓国际市场
2021	关于印发2030年前碳达峰行动方案的通知	国务院	促进工程机械等再制造产业高质量发展。加强资源再生产品和再制造产品推广应用
2022	关于巩固回升向好趋势加力振作工业经济的通知	工业和信息化部等三部门	实施重大技术装备创新发展工程，做优做强工程机械等产业创新发展
2023	机械行业稳增长工作方案（2023—2024年）	工业和信息化部等七部门	引导企业加强新能源工程机械用电池、电机、电控等关键核心零部件攻关和规模应用。研究开展新能源工程机械应用试点和推广支持政策，探索老旧工程机械退出机制，支持有条件的地区率先推行工程机械备案管理和退出机制

　　在国家层面出台政策的同时，湖南、山东、福建等地也纷纷出台了相应政策文件（表5-2），以促进工程机械产业在"十四五"期间的发展。例如，湖南省提出，到2025年，要建成国际一流的工程机械研发和"智造"中心，提升工程机械的创新能力和竞争力；山东省要求，打造国内领先、国际著名的工程机械制造标杆，推动工程机械的高质量发展和转型升级；福建省安排资金支持新能源工程机械等产业发展，加快工程机械的绿色化和智能化进程；陕西省提出，重点突破动力换挡变速箱设计制造技术等关键技术，加快开发液压系统、传动系统等关键零部件，提高工程机械的性能和可靠性。

表 5-2　地方层面部分工程机械政策

年份	地区	政策文件名称	相关内容
2022	湖南	湖南省工程机械产业"十四五"发展规划	到 2025 年，将湖南建成国际一流的工程机械研发中心和"智造"中心，全国最大的工程机械制造产业高地，全国功能最强的工程机械产业服务中心，集群规模稳居全国首位。到 2035 年，全面建成核心技术引领产业变革方向、全球资源交汇集聚、产业规模全球领先的世界级工程机械产业集群
2022	福建	福建省促进工业经济平稳增长行动方案	安排 2022 年度"电动福建"建设专项资金 3.6 亿元，支持新能源工程机械等产业发展，力争 2022 年推广应用新能源汽车 9 万辆标准车
2022	云南	云南省"十四五"制造业高质量发展规划	重点发展盾构机等工程机械，基于自动控制技术的矿山机械成套设备，大型煤、磷、盐和石油化工装备及泵阀，建材设备等。在工程机械领域，重点利用我省城市轨道交通、高速公路和铁路、水利工程等"五网"建设项目的实施，推动大型盾构机"云南制造"持续加速
2021	河南	河南省"十四五"制造业高质量发展规划和现代服务业发展规划	规范再制造市场秩序，推进工程机械等再制造关键工艺与技术研发，推动静脉产业园建设
2021	天津	天津市加快发展外贸新业态新模式的若干措施	进一步夯实本市在航空、船舶、海工平台、工程机械、通信设备保税维修再制造领域的先发优势，扩大本市综合保税区内企业的维修再制造业务范围
2021	江西	江西省"十四五"制造业高质量发展规划	做大做强电线电缆、变电设备、电瓷、电机等细分领域优势产业，发展矿山机械、工程机械、农业机械、特种设备、新型船舶，打造特色装备制造业产业链
2021、2022	甘肃	甘肃省"十四五"制造业发展规划和甘肃省"十四五"工业互联网发展规划	大力促进融资租赁公司的创建与发展，加强与汽车租赁等实物租赁公司的合作。支持装备制造、工程机械、现代农业、石油化工等重点产业发展

续表

年份	地区	政策文件名称	相关内容
2021	山东	山东省"十四五"战略性新兴产业发展规划	加快石油工程装备技术创新，重点发展超深井钻探、压裂设备、大型压缩机等，加快非常规油气开采等技术研发和产业化进程，打造东营、烟台石油装备制造基地。推动工程机械产业资源整合，加快发展推土机、装载机、液压挖掘机、道路机械等，支持济宁、临沂建设高端工程机械产业基地，打造国内领先、国际著名的工程机械制造标杆
2021	陕西	陕西省"十四五"制造业高质量发展规划	工程机械领域，重点突破动力换挡变速箱设计制造技术等关键技术，加快开发液压系统、传动系统等关键零部件
2021	广西	广西大众创业万众创新"十四五"规划	推广应用工程机械虚拟仿真、工业物联网和大数据应用、云计算、工程机械绿色制造技术、工程机械节能降噪技术、工程机械智能化技术等，促进高速、高效加工在关键零部件制造中的应用，促进产品升级换代
2021	内蒙古	内蒙古自治区国民经济和社会发展第十四个五年规划和2035年远景目标纲要	推进矿用自卸车、推土机、重型汽车等交通运输设备和采掘、装载等工程机械数字化、智能化改造，提升关键零部件国产化水平，促进运输设备和工程机械产品提档升级

2021年7月8日，由工业和信息化部装备工业一司委托中国工程机械工业协会编制的《工程机械行业"十四五"发展规划》在河北唐山正式发布。该规划针对"十四五"时期的新形势和新要求，提出了以下目标和措施：以创新驱动发展战略为核心，加快科技创新，推动工程机械产业现代化。全面提升产业基础能力，打造高端工程机械产品和品牌。全面推行绿色发展，构建工程机械绿色制造体系，实现节能减排。加快"互联网＋"与工程机械产业的融合，推进行业数字化发展，提高智能化水平。为了实现这些目标，工程机械行业将在新的历史起点上，实施新型高技术工程机械创新先导工程、工程机械智能制造推进工程和工程机械产业链强基发展工程等六大产业化创新工程（图5-1），重点布局智能化、数字化、电动化工程机械领域的创新项目。

新型高技术工程机械创新先导工程

◆ **高端智能工程机械创新工程**

利用工业互联网、人工智能和区块链等新技术，推动智能化工程机械产品的研发和推广应用。在环境动态多信息感知、5G 高速传输遥控操作、自主决策技术和人机交互作业数据控制等方面加大研发力度和率先突破技术难点的应用

◆ **电动工程机械先导工程**

攻克一批电动工程机械关键技术：整车电池热管理控制技术、电池管理安全技术，应用复杂工况动力匹配控制技术，实现功率匹配自动优化控制。研制一批电动工程机械关键零部件，包括高效动力电池组、集成控制器、大功率充电桩和高容量充电单元等。突破整车电动化控制技术

六大产业化创新工程

工程机械检测、试验与评价数字化平台建设工程

◆ 加快进行试验装备的数字化智能化改造与升级
◆ 建立主机试验、检测和系统分析平台
◆ 建设工程机械整机及电子零部件电磁兼容实验室
◆ 建设综合试验场可以开展整机性能对标试验、合规试验、验证试验、定型试验、可靠性试验、群作业智能控制试验等

工程机械产业链强基发展工程

◆ 核心基础零部件方面："十四五"期间，要实现核心基础零部件自给率达 90%
◆ 产业基础技术及基础软件方面："十四五"末，一批国产工程机械控制系统及元件性能与可靠性通过工业化严格考核，各类工程机械实现控制器、人机界面、传感器与电控执行元件自主可控，国产化率为 30%～50%

工程机械智能制造推进工程

融合 5G 互联网技术和数字化管理、数字化设计、信息技术、通信技术、传感技术、新材料应用、新工艺等技术，提升生产的智能化水平，实现从需求、设计、生产、交付的全周期的数字化和信息沟通，实现在规模化流水线上的个性化定制，以信息流自动化带动产品个性化，创新工程机械工业新范式，实现差异化竞争

工程机械工业互联网应用平台建设工程

"十四五"期间，工程机械行业工业互联网平台体系初步建成，形成跨品牌、跨机种、跨领域的超级客户平台和智能施工平台，建成一批支撑企业数字化、网络化、智能化转型的企业级平台。开发面向特定使用领域和应用场景的工业 App，利用具备边缘计算能力的智能车载终端和可穿戴智能终端，初步实现人工智能、智能专家库系统和知识图谱的人－机对话，机－机互联，机－工况互通，智能制造、智能服务和智能施工的高效协同与应用闭环

工程机械产品可靠性提升工程

全面评估各方面因素的影响，建立产品质量可靠性评价体系，准确把握工程机械产品技术质量状态，研究国际先进对标产品的质量可靠性水平，规划产品的更新换代进程和创新技术、设计制造技术，健全完整的整机及零部件可靠性验证手段和评价体系，建立多样本整机可靠性评价和产品一致性评价体系

图 5-1 《工程机械行业"十四五"发展规划》六大产业化创新工程

5.2　营业收入规模情况分析

　　根据中国工程机械工业协会对中国工程机械行业主要企业年报统计数据，整理得到近五年中国工程机械全行业营业收入情况（图 5-2）。近五年来，中国工程机械制造行业营业收入规模基本逐年攀升，2021 年全行业实现营业收入 9065亿元，同比增长 16.95%，实现了"十四五"开局之年开门红，为"十四五"稳定发展奠定了基础，成为装备制造业中发展局面较好的行业之一。2022 年，全行业实现营业收入 8490 亿元，同比下降 6.34%。

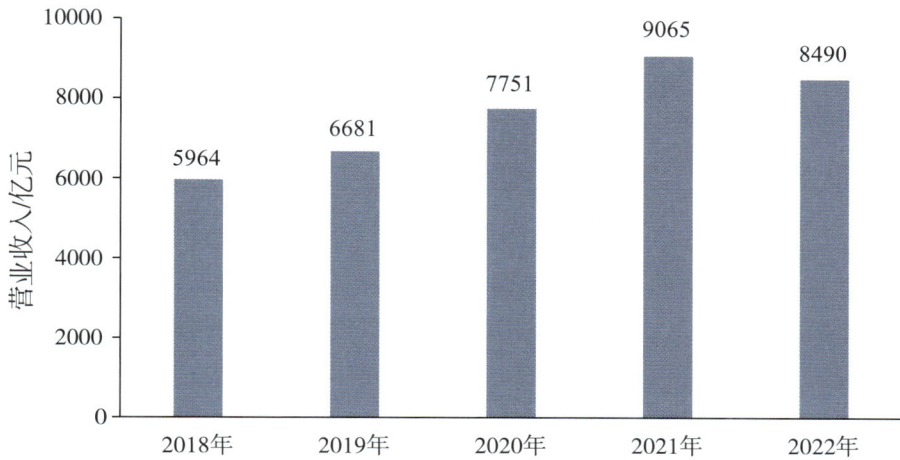

图 5-2　近五年中国工程机械全行业营业收入情况

2018—2022 年，挖掘机、装载机、压路机、摊铺机、轮式起重机和塔式起重机等主要品类工程机械销量下降幅度较大。其中，摊铺机、轮式起重机和塔式起重机销量有所下跌，2022 年下跌幅度分别为 37.1%、46.2% 和 53.0%（表 5-3）。

表 5-3　2018—2022 年国内工程机械主要产品销量

产品		2018 年	2019 年	2020 年	2021 年	2022 年
挖掘机	销量 / 台	211214	243457	327605	342784	261346
	同比增长	45.8%	15.3%	34.6%	4.6%	−23.8%
装载机	销量 / 台	133466	130625	131176	140509	123355
	同比增长	34.7%	−2.1%	0.4%	7.1%	−12.2%
平地机	销量 / 台	5261	4348	4483	6990	7223
	同比增长	16.3%	−17.4%	3.1%	55.9%	3.3%
73.5kW 以上推土机	销量 / 台	7600	5807	5907	6914	7241
	同比增长	32.9%	−23.6%	1.7%	17.0%	4.7%
压路机	销量 / 台	18376	16978	19479	19519	15092
	同比增长	5.5%	−7.6%	14.7%	0.2%	−22.7%
摊铺机	销量 / 台	2319	2773	2610	2377	1494
	同比增长	−3.0%	19.6%	−5.9%	−8.9%	−37.1%
轮式起重机	销量 / 台	32278	42959	54176	49136	26450
	同比增长	58.0%	33.1%	26.1%	−9.3%	−46.2%

续表

产品		2018 年	2019 年	2020 年	2021 年	2022 年
塔式 起重机	销量 / 台	23000	40000	52000	44823	21045
	同比增长	109.1%	73.9%	30.0%	−13.8%	−53.0%

5.3 国际贸易情况分析

根据历年《中国工程机械工业年鉴》等得到近五年来中国工程机械的进出口额数据显示，2022 年中国工程机械行业在国际市场上表现出色，进出口贸易额达 470.33 亿美元，同比增长 24.6%。具体来看，2022 年中国工程机械的进口额为 27.31 亿美元，同比下降 26.6%；而出口额为 443.02 亿美元，同比增长 30.2%，连续两年实现大幅度增长。2022 年，中国工程机械行业的贸易顺差达到了 415.71 亿美元，创造了历史新高。这反映了中国工程机械的自主创新能力和生产能力的增强。

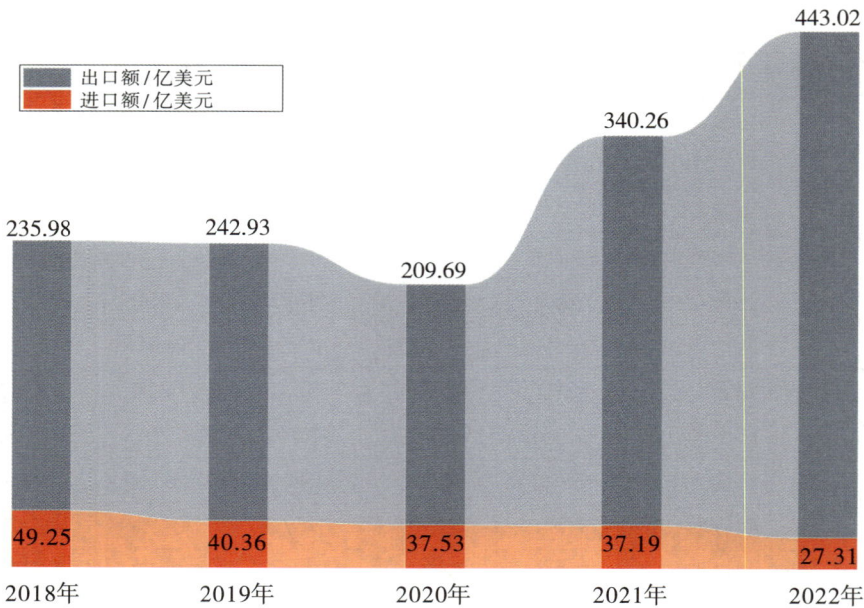

图 5-3 近五年中国工程机械进出口额

2022 年，中国累计出口挖掘机 139457 台，占全球挖掘机总销量的 53.36%，出口量实现连续多年增长（表 5-4）。

表 5-4 2018—2022 年中国工程机械主要产品进出口量

单位：台

类型	2018 年		2019 年		2020 年		2021 年		2022 年	
	进口	出口	进口	出口	进口	出口	进口	出口	进口	出口
挖掘机	20904	27584	15656	38470	12236	48614	5977	68427	2010	139457
装载机	917	47591	943	49692	589	51881	812	72645	508	42461
筑路机及平地机	5	4386	9	3659	21	3672	10	5550	9	6039
73.5kW 以上推土机	82	2953	79	2534	93	2300	140	3969	68	4488
压路机	613	3202	345	2948	218	3163	361	5323	136	6687
摊铺机	656	2021	268	2436	241	1535	309	1767	125	134
叉车	14598	285691	11812	305702	12342	339977	13597	591687	10329	501541
轮式起重机	3	2844	3	2967	—	2511	1	3887	1	6843
塔式起重机	27	2259	26	9558	8	1372	3	1551	2	1868

5.4 地域分布情况分析

根据历年《中国工程机械工业年鉴》统计数据显示，中国工程机械产业经营规模排名前 100 的企业共分布在 18 个省（区），呈现出明显的地域集聚效应。其中，浙江和江苏是两个最具代表性的省份，分别拥有 17 家和 16 家企业，共占总数的 33%。紧随其后的是山东，有 14 家企业，占总数的 14%。其他地区的企业数量相对较少，如福建和广西各有 4 家，贵州和内蒙古各有 1 家。可以看出，东部沿海地区是工程机械产业的主要集中地，占总数的 62%。这与东部地区的经济发展水平、市场需求、基础设施建设、产业配套等因素有密切关系（图 5-4）。

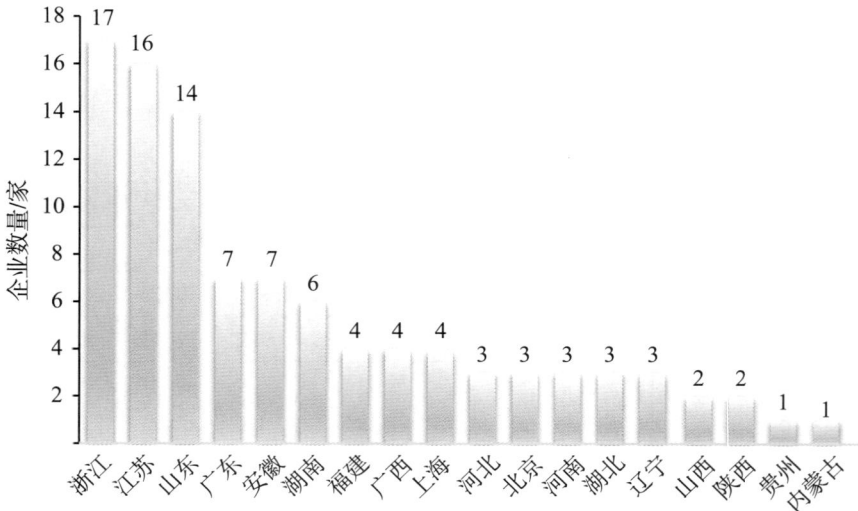

图 5-4　2022 年中国工程机械产业经营规模排名前 100 的企业地域分布情况

5.5　工程机械领域主要获奖情况分析

近年来，我国工程机械领域的科技创新取得了显著成效，主要体现在以下方面。首先，科技创新的投入力度不断加大，为产业发展提供了强有力的支撑。根据统计数据显示，2021 年，我国工程机械领域从事科技活动的人员近 6 万人，同比增长 47%；科技经费支出也同比增长了 18.1%。2022 年，这两项指标继续保持了较高的增长速度，分别同比增长了 7.74% 和 21.37%。其次，科研创新的基础和能力不断提升，为产业创新提供了源源不断的动力。在信息化方面，我国工程机械领域的信息化人员比例和信息化投资力度均有所提高，分别达到了 21.37% 和 0.2679%，同比分别增加了 0.81% 和 0.0279%，显示了产业的创新活力和潜力。在重大装备和核心部件的国产化方面，我国工程机械领域也取得了突出进展，推出了一批填补国内空白、达到国际先进水平的新型产品，特别是在大型、高端、智能化工程机械产品的研发上实现了重大突破。我国工程机械领域的科技创新成果也不断扩大。近年来，我国工程机械行业共有 6 个项目获得国家科学技术进步奖、129 个项目获得中国机械工业科学技术奖、38 个项目获得中国专利奖等，突显了我国工程机械领域科技创新能力的提高。

5.5.1 国家科学技术进步奖"获奖情况分析

国家科学技术进步奖是国务院设立的国家科学技术五大奖项之一，这五大奖项包括国家最高科学技术奖、国家自然科学奖、国家技术发明奖、国家科学技术进步奖、国际科学技术合作奖，代表了我国科技领域最高级别的荣誉和奖项。2018—2020 年，工程机械行业共获得了 6 项国家科学技术进步奖，其中包括 1 项特等奖和 5 项二等奖。2020 年是获奖最多的一年，有 4 项二等奖，而 2019 年和 2018 年分别有 1 项特等奖和 1 项二等奖。获奖的单位涉及高校、科研院所、企业和设计院等类型主体，体现了工程机械行业的跨界合作和创新能力。其中，中铁工程装备集团有限公司参与了 2 项获奖项目，是获奖最多的单位。获奖项目涉及盾构、全断面岩石隧道掘进装备（TBM）、绞吸和异形隧道施工等多个工程机械领域，体现了工程机械行业的广泛应用和技术创新。2019 年"海上大型绞吸疏浚装备的自主研发与产业化"项目获得国家科学技术进步奖特等奖，是工程机械行业的杰出代表（表 5-5）。

表 5-5　2018—2020 年中国工程机械行业国家科学技术进步奖获奖情况

年份	获奖单位	完成人	获奖等级	获奖项目	技术核心
2020	上海隧道工程有限公司等	李鸿等	国家科学技术进步奖二等奖	超大直径盾构掘进新技术及应用	突破了在世界范围内软硬不均复合地层建设超大直径盾构隧道的技术瓶颈，实现了在饱和软土地层变形从厘米级到毫米级的跨越，在国际上首次完成了工程泥浆及渣土生态化利用。项目成果已经应用在武汉长江隧道、上海北横通道、珠海横琴隧道、上海机场联络线、珠海十字门隧道、深圳妈湾跨海隧道等全国 10 条超大直径盾构法隧道工程，取得了显著的社会效益与经济效益

续表

年份	获奖单位	完成人	获奖等级	获奖项目	技术核心
2020	武汉大学、中国科学院武汉分院等	刘泉声、朱元广等	国家科学技术进步奖二等奖	深部复合地层隧（巷）道TBM安全高效掘进控制关键技术	揭示了深部复合地层TBM高效破岩机理，提出了深部复合地层TBM可掘性评价方法，发展了深部复合地层TBM施工挤压变形卡机、岩爆和突涌水等工程灾害控制技术，建立了深部复合地层TBM系统适应性设计理论与评价决策系统。成果成功应用于水利、交通、矿山等领域10余项国家重点工程及首台国产TBM和国产最大直径TBM等装备的系统设计，显著提高了掘进效率，保障了工期和施工安全，整体提升了我国TBM制造和掘进控制技术水平
	长安大学、徐州徐工随车起重机有限公司、招商局重庆交通科研设计院有限公司等	赵祥模、马建、贺拴海等	国家科学技术进步奖二等奖	道路与桥梁多源协同智能检测技术与装备开发	通过12年的系统研究，针对道路与桥梁智能检测理论与关键共性技术难题，首次提出了对称式激光位移检测方法和基准传递与多传感器融合检测方法，研发了高精度、高可靠、抗干扰性强的激光位移系列传感器和多功能激光路面检测系统，实现了道路路面平整度、构造深度、车辙、磨耗、跳车、变形类病害的高速动态检测

续表

年份	获奖单位	完成人	获奖等级	获奖项目	技术核心
2020	石家庄铁道大学、中铁工程装备集团有限公司、秦皇岛天业通联重工科技有限公司等	杨绍普、郭京波、潘存治等	国家科学技术进步奖二等奖	轨道交通大型工程机械施工安全关键技术及应用	针对高铁、地铁等轨道交通大型工程机械施工安全问题，提出非线性增强和数字抖动信号检测电路设计方法，发明同步采样技术，开发安全监测系统，解决了施工安全状态失察难题；提出盲源分离、故障特征提取和状态分类识别方法及基于安全因子集的安全状态诊断方法，攻克了状态诊断困难导致的施工安全状态失判难题；提出特殊施工环境下冲击荷载的计算方法，创新工程机械施工安全状态自适应控制技术，解决了大型工程机械的施工安全状态失控难题。相关成果在武广、沪昆等10多条高铁建设，以及北京、深圳、重庆等20多座城市地铁建设中得到成功应用，保障了工程建设安全
2019	上海交通大学、中交天津航道局有限公司、中交上海航道局有限公司等	谭家华、顾明、侯晓明等	国家科学技术进步奖特等奖	海上大型绞吸疏浚装备的自主研发与产业化	围绕海上大型绞吸疏浚装备海底岩土挖掘、钢桩台车定位、疏浚输送与装备总装集成的自主设计制造四大核心技术，该项目通过技术创新研发，攻克了挖掘破碎、可靠定位、远距输送、总装集成等难题，形成多项技术成果，走出了一条我国在该领域从"技术被封锁"到"技术管制"的跨越之路，使"国轮国造"的百年梦想得以实现

续表

年份	获奖单位	完成人	获奖等级	获奖项目	技术核心
2018	中铁工程装备集团有限公司、华中科技大学、浙江大学等	李建斌、朱国力、赵华等	国家科学技术进步奖二等奖	异形全断面隧道掘进机设计制造关键技术及应用	自主研制出超大断面矩形、马蹄形、U形等多种世界首台异形掘进机，形成了异形掘进机产业化链条，填补了国内外异形掘进机技术的空白，并成功应用于新加坡地铁、蒙华铁路等工程

5.5.2 中国机械工业科学技术奖获奖情况分析

中国机械工业科学技术奖是由中国机械工业联合会和中国机械工程学会共同设立，面向全国机械行业的综合性科技奖项。该奖项旨在表彰在机械工业领域做出突出贡献的科技人员和团队，激励中国机械工业的创新发展。中国机械工业科学技术奖不仅是全国性的机械工业综合性科技奖项，还是机械工业申报国家科学技术进步奖的主要渠道。据公布的数据统计，自2001年评比以来，工程机械领域有多达405个项目获得该奖项。这些项目涵盖了工程机械的各个方面，如设计、制造、控制、应用等，体现了工程机械领域的科技水平和创新能力。2018—2022年，工程机械领域共129个项目获中国机械工业科学技术奖，其中特等奖4项、一等奖10项、二等奖43项、三等奖72项（图5-5）。这些获奖项目在推动工程机械行业的转型升级，提高产品质量和效能，增强国际竞争力等方面发挥了重要作用。

从特等奖、一等奖的获奖情况来看，2018—2022年共有4个项目获得特等奖、10个项目获得一等奖，其中2020年有2个项目获得特等奖、1个项目获得一等奖，2022年有3个项目获得一等奖。在这14个获奖项目中，有10个项目的第一主要完成主体是企业，占71.43%；其余4个项目的第一主要完成主体是高校。中联重科股份有限公司有3个项目都获得一等奖；中铁工程装备集团有限公司有2个项目，分别获得特等奖及一等奖；江苏徐工工程机械研究院有限公司有2个项目都获得了一等奖。在高校中，上海交通大学有2个项目都获得了特等奖（表5-6）。

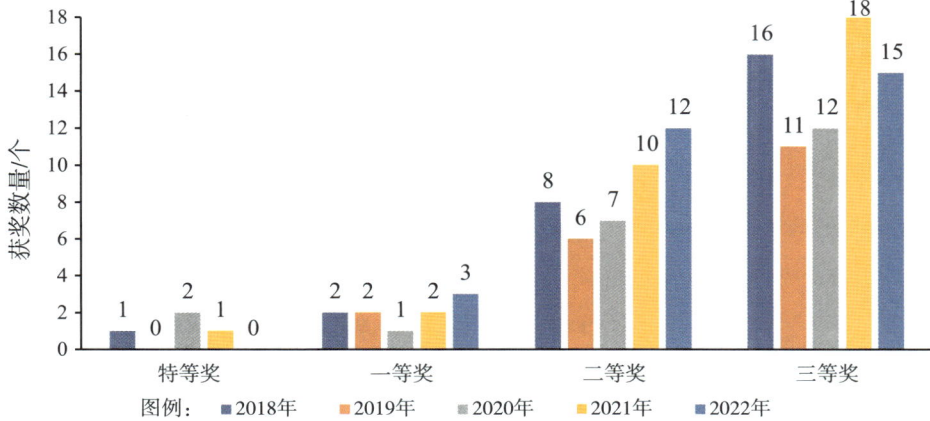

图 5-5　2018—2022 年工程机械领域中国机械工业科学技术奖获奖情况

表 5-6　2018—2022 年工程机械领域中国机械工业科学技术奖主要奖项情况

年份	获奖等级	主要完成主体	项目名称
2022	一等奖	中联重科股份有限公司等	面向多变负载工况的工程机械液压传动高效节能关键技术及应用
	一等奖	山河智能装备股份有限公司等	多功能桩基础施工成套装备关键技术及产业化
	一等奖	广东精铟海洋工程股份有限公司等	复杂海底地质大型风电基础安装关键技术与系列装备
2021	特等奖	中国铁建重工集团股份有限公司等	隧道施工智能化作业机群自主研制及产业化应用
	一等奖	中联重科股份有限公司等	大柔度臂架类工程机械智能化作业关键技术及应用
	一等奖	江苏徐工工程机械研究院有限公司等	工程机械再制造协同设计与质量保障关键技术及产业化
2020	特等奖	上海交通大学等	大型工程机械装备智能化终端与运维平台关键技术及产业化应用
	特等奖	中铁工程装备集团有限公司等	超大直径泥水平衡盾构机自主设计制造关键技术及应用
	一等奖	江苏科技大学等	海上大直径超长桩施工关键技术、装备与应用

续表

年份	获奖等级	主要完成主体	项目名称
2019	一等奖	浙江大学等	节能电动叉车设计制造关键技术研究及在冷链物流中的应用
	一等奖	江苏徐工工程机械研究院有限公司等	高端泵举型双轮铣槽机关键技术研究与产业化
2018	特等奖	上海交通大学等	海上大型绞吸疏浚装备的自主研发与产业化
	一等奖	中铁工程装备集团有限公司等	全断面岩石隧道掘进装备（TBM）自主设计制造关键技术及应用
	一等奖	中联重科股份有限公司等	2000t 全地面起重机

5.5.3　中国专利奖获奖情况分析

在 2023 年第 24 届中国专利奖中，中国工程机械行业共有 13 项专利获中国专利奖（表 5-7），其中专利金奖 1 项、外观设计金奖 1 项、专利优秀奖 10 项、外观设计优秀奖 1 项。本届专利奖中，共有 14 个专利权人涉及中国工程机械行业，其中 13 个为企业、1 个为高校。中联重科股份有限公司获得 2 项专利奖，包括 1 项专利金奖、1 项专利优秀奖。广西柳工机械股份有限公司获得 2 项专利优秀奖。诺力智能装备股份有限公司与上海交通大学共同获得 1 项专利优秀奖。

表 5-7　获第 24 届中国专利奖的 13 项工程机械行业专利

序号	奖项等级	专利号	专利名称	专利权人
1	专利金奖	ZL202010438466.5	臂架监测方法、系统、工程机械及机器可读存储介质	中联重科股份有限公司
2	外观设计金奖	ZL201830721208.1	履带起重机	江苏徐工工程机械研究院有限公司
3	专利优秀奖	ZL201110430604.6	工程机械及其安全状态确定方法、装置和系统	湖南中联重科应急装备有限公司
4	专利优秀奖	ZL201210030063.2	自锁紧预应力锚固结构及竖向预应力锚固体系及施工方法	柳州欧维姆机械股份有限公司

续表

序号	奖项等级	专利号	专利名称	专利权人
5	专利优秀奖	ZL201310646734.2	变频调速的矿用电铲挖掘作业系统及控制方法	太原重工股份有限公司
6	专利优秀奖	ZL201410230232.6	装载机定变量液压系统	广西柳工机械股份有限公司
7	专利优秀奖	ZL201510147357.7	含架梁支撑的多油缸支腿组合式低位运梁车	中铁工程机械研究设计院有限公司
8	专利优秀奖	ZL201610088167.7	挖掘机液压控制系统及控制方法	柳州柳工挖掘机有限公司、柳工常州机械有限公司、广西柳工机械股份有限公司
9	专利优秀奖	ZL201610620160.5	一种基于二维码定位的货物托盘存取系统及其存取方法	诺力智能装备股份有限公司、上海交通大学
10	专利优秀奖	ZL201610956306.3	液压阀芯控制回路及方法	中联重科股份有限公司
11	专利优秀奖	ZL201811375228.3	一种针对凿岩台车的控制方法及凿岩台车	中国铁建重工集团股份有限公司
12	专利优秀奖	ZL201910608172.X	空箱车举升油缸	江苏恒立液压股份有限公司
13	外观设计优秀奖	ZL201830541656.3	高空作业平台	湖南中联重科智能高空作业机械有限公司

　　2022 年，中国工程机械行业共有 16 项专利获中国专利奖，其中 2 项获专利银奖、2 项获外观设计银奖、11 项获专利优秀奖、1 项获外观设计优秀奖（表5-8）。三一重机有限公司的"电控发动机及其节能方法、节能装置和工程机械"和中铁第一勘察设计院集团有限公司、中国铁建重工集团有限公司的"凿岩台车"获得专利银奖。

表 5-8　获第 23 届中国专利奖的 16 项工程机械行业专利

序号	奖项等级	专利号	专利名称	专利权人
1	专利银奖	ZL201310144842.X	电控发动机及其节能方法、节能装置和工程机械	三一重机有限公司
2	专利银奖	ZL201910228129.0	凿岩台车	中国铁建重工集团股份有限公司、中铁第一勘察设计院集团有限公司
3	外观设计银奖	ZL201730469009.1	搅拌车	三一汽车制造有限公司
4	外观设计银奖	ZL202030006606.2	薄煤层采煤机	三一重型装备有限公司
5	专利优秀奖	ZL201510849016.4	起重机及其液压控制系统	中联重科股份有限公司
6	专利优秀奖	ZL201810153459.3	一种应急控制方法、装置及工程机械	三一汽车起重机械有限公司
7	专利优秀奖	ZL201410667472.2	盾构刀具更换装置	中国铁建重工集团股份有限公司
8	专利优秀奖	ZL201811116727.0	高空作业设备导航定位装置、定位方法及其高空作业设备	湖南中联重科智能高空作业机械有限公司
9	专利优秀奖	ZL201710182996.6	一种绝缘高空作业车及其绝缘工作平台自动限幅方法	徐州海伦哲专用车辆股份有限公司
10	专利优秀奖	ZL200810232505.5	非公路用自卸车的设计方法	陕西同力重工股份有限公司
11	专利优秀奖	ZL201811422886.3	无人化智能综采工作面	三一重型装备有限公司
12	专利优秀奖	ZL201410413541.7	一种能双钩吊装的履带起重机及结构设计方法	徐工集团工程机械股份有限公司
13	专利优秀奖	ZL201410468562.9	一种铲掘系统及包含该铲掘系统的平地机	徐工集团工程机械股份有限公司
14	专利优秀奖	ZL201010104326.0	沥青拌和站及其筛分精度控制方法及装置	徐州徐工养护机械有限公司

续表

序号	奖项等级	专利号	专利名称	专利权人
15	专利优秀奖	ZL201510232209.5	一种轮式叉装机	福建晋工机械有限公司
16	外观设计优秀奖	ZL201730113022.3	重型叉车	安徽合力股份有限公司

2021年，中国工程机械行业共有22项专利获中国专利奖，其中3项获专利金奖、1项获专利银奖、15项获专利优秀奖、3项获外观设计优秀奖（表5-9）。中联重科股份有限公司的"臂架振动控制方法、控制装置、控制系统以及工程机械"、中国铁建重工集团股份有限公司的"敞开式掘进机"和徐州重型机械有限公司的"风电臂架翻转方法及起重机"获专利金奖。

表 5-9　获第 22 届中国专利奖的 22 项工程机械行业专利

序号	奖项等级	专利号	专利名称	专利权人
1	专利金奖	ZL201310642578.2	臂架振动控制方法、控制装置、控制系统以及工程机械	中联重科股份有限公司
2	专利金奖	ZL201610784961.5	敞开式掘进机	中国铁建重工集团股份有限公司
3	专利金奖	ZL201611092558.2	风电臂架翻转方法及起重机	徐州重型机械有限公司
4	专利银奖	ZL201510453835.7	一种用于大马蹄形断面隧道的可现浇支护的盾构机	中铁工程装备集团有限公司
5	专利优秀奖	ZL201110442604.8	矿用挖掘机及其回转滚动支撑装置	太原重工股份有限公司
6	专利优秀奖	ZL201110449150.7	一种起重机油缸缸筒及其加工工艺	徐州徐工液压件有限公司
7	专利优秀奖	ZL201210104451.0	叉车用液力传动冷却系统	杭叉集团股份有限公司
8	专利优秀奖	ZL201210237400.5	一种臂架挠度的测量方法、装置及系统	中联重科股份有限公司

续表

序号	奖项等级	专利号	专利名称	专利权人
9	专利优秀奖	ZL201410231596.6	一种搬运车	诺力智能装备股份有限公司
10	专利优秀奖	ZL201410382310.4	变径式辊筒、节能卷扬机构、提斗型搅拌站及控制方法	徐州徐工施维英机械有限公司
11	专利优秀奖	ZL201510208584.6	一种压路机的电控系统	徐工集团工程机械股份有限公司道路机械分公司
12	专利优秀奖	ZL201510370101.2	一种有轨巷道堆垛机	北京起重运输机械设计研究院有限公司
13	专利优秀奖	ZL201510494984.8	双泵合流节能型叉车液压系统	安徽合力股份有限公司
14	专利优秀奖	ZL201510655422.7	吊机细长伸缩油缸	江苏恒立液压股份有限公司
15	专利优秀奖	ZL201510984334.11	一种沥青路面加热铣刨机	鞍山森远路桥股份有限公司
16	专利优秀奖	ZL201610738807.4	一种用于 TBM 的刀盘驱动系统	中国铁建重工集团股份有限公司
17	专利优秀奖	ZL201710601426.6	自动取力断开装置与方法	三一汽车起重机械有限公司
18	专利优秀奖	ZL201710761045.4	一种 TBM 在掘岩体状态实时感知系统和方法	中铁工程装备集团有限公司等
19	专利优秀奖	ZL201910861108.2	磁悬浮电机及鼓风机	山东天瑞重工有限公司
20	外观设计优秀奖	ZL201330435982.3	混凝土泵车	三一汽车制造有限公司
21	外观设计优秀奖	ZL201630356478.8	零位回转挖掘机	柳州柳工挖掘机有限公司等
22	外观设计优秀奖	ZL201730429992.4	高位拣选车（5215VOP）	林德（中国）叉车有限公司

5.5.4　2022—2023 年中国工程机械年度产品 TOP50 榜情况分析

"中国工程机械年度产品 TOP50"评选发起于 2006 年，由国家工程机械质量检验检测中心指导，历经 18 年，成为中国工程机械市场产品发展的风向标。2022 年 4 月 16 日，"2022 中国工程机械年度产品 TOP50"榜公布。奖项包括年度产品 TOP50 奖、金手指奖、技术创新金奖、市场表现金奖、应用贡献金奖、金口碑奖、评委会奖、年度供应商奖等重磅奖项。为推进新能源工程机械产业链深度融合，推动工程机械企业更好的加快实现"双碳"目标，首次设置新能源金奖评选，评选出行业首批新能源金奖产品。获奖产品涵盖搅拌站、钻机、起重机、高空作业车、塔式起重机、升降平台、挖掘机、平地机、装载机、摊铺机、自卸车、沥青站、滑移装载机、升降机、搅拌运输车等多种类型的工程机械（表 5–10）。

表 5–10　"2022 中国工程机械年度产品 TOP50"榜单

中国工程机械年度产品 TOP50 奖	柳工 4260D 平地机
中联重科高原型集装箱模块化搅拌站	临工重机 T26JE 电动直臂式高空作业平台
中联重科 ZR360L 旋挖钻机	临工重机 MT96L 非公路矿用自卸车
中联重科 ZCC18000 履带起重机	临工重机 ME105 大型矿用挖掘机
徐工随车 GKS23 型高空作业车	雷沃 FR600E2–HD 履带式液压挖掘机
徐工 XGT600–25S 塔式起重机	凯斯 SR200B 滑移装载机＋封闭式清扫收集器
徐工 XGS28ACK 移动式升降工作平台	江汉建机无人操作智能施工升降机
徐工 XE600DK MAX 履带式液压挖掘机	福田雷萨行星混凝土搅拌运输车
现代斗山 DX245LC–9C ACE 履带式液压挖掘机	评委会奖
山推建友 HZS240–5M 混凝土搅拌站	三一 SR235S 旋挖钻机
山推 SE550LC 履带式液压挖掘机	临工 E6600FB 打锤王（挖掘机）
山工机械 SEM918 升级版平地机	Cat（卡特）306.5 履带式液压挖掘机
三一 SY200C SIC 履带式液压挖掘机	徐工 ET120 智能应急救援平台
三一 SW955K1 轮式装载机	山河智能 SWT28J 自行走直臂式高空作业平台
三一 SSP90C–8 摊铺机	中联重科智能高机直臂式高空作业平台 ZT58J–V
三一 SAC6500T7 全地面起重机	小松 PC200–10M0 履带式液压挖掘机
三一 SY412 新一代轻量化搅拌车	新能源金奖
三一 SLZ4000 原再生一体式沥青站	柳工 856E–MAX 电动轮式装载机

续表

同力重工 TLE105 纯电动非公路宽体自卸车	徐工 4000 型整体式环保型沥青混合料厂拌热再生设备
徐工 XE215E 纯电动履带式液压挖掘机	徐工 XE380DK MAX 履带式液压挖掘机
三一 STC250BEV 纯电动汽车起重机	**应用贡献金奖**
三一 STC250E5-1 混动版汽车起重机	三一 SCC98000TM 履带起重机
金手指奖	徐工 HB69V 混凝土泵车
徐工 XCA1800 全地面起重机	徐工 XLC30000 履带起重机
柳工 862H 轮式装载机	日立 ZX490LCH-5A 打桩机
技术创新金奖	**金口碑奖**
山河智能 SWDM1280 旋挖钻机	泉工 ZN1500 智能全自动生态混凝土制品（砌块）生产线
徐工 XZ13600 水平定向钻机	三一 SYM5465THBF620S 臂架式混凝土泵车
中联重科全球最大上回转塔机 W12000-450	天顺长城 SP1860-3X 摊铺机
山推 DH46-C3 全液压推土机	临工 L972H 轮式装载机
市场表现金奖	**年度供应商奖**
中联重科 ZAT6000H 全地面起重机	壳牌（中国）有限公司
三一 SY650H 履带式液压挖掘机	康迪泰克投资（中国）有限公司

2023 年 3 月 28 日，"2023 年中国工程机械年度产品 TOP50 奖"发布，上榜企业有 10 余家，涵盖了工程机械制造与生产全域，获奖产品则涉及传统技术创新、新能源技术开发及应用、智能网联及 5G 应用等多领域（表 5-11）。

表 5-11 "2023 中国工程机械年度产品 TOP50"榜单

中国工程机械年度产品 TOP50 奖	临工重机回转型伸缩臂叉装车 HR2150
山工机械 665F 轮式装载机	临工重机矿山挖掘机 ME106
山推 SE680LC 履带式液压挖掘机	徐工 XGS70K 直臂式移动升降工作平台
徐工 XG105 宽体自卸车	徐工 RP905IV 摊铺机
三一重机 SY60C 液压履带挖掘机	徐工干湿路面吸扫车
三一重机 SY205C-S 液压履带挖掘机	沃尔沃国四 EC550 履带式挖掘机
迪万伦 DX680HD 履带式液压挖掘机	雷沃重工 FR700F 履带式液压挖掘机
柳工江汉 JHT7018-10 塔式起重机	欧历胜电动曲臂式高空作业平台 SIGMA16

续表

徐工随车 SQZ8000 折叠臂起重机	新能源应用实践金奖
柳工 6626E 单驱压路机	三一重机 SW956E 电动轮式装载机
年度供应商奖	柳工 922FE 电动挖掘机
青岛泰凯英专用轮胎股份有限公司	山推 LE60-X3 纯电装载机
成都金瑞建工机械有限公司	技术创新金奖
评委会奖	天顺长城 HP935S-3F 型摊铺机
三一起重机 SAC24000T 全地面起重机	徐工 XR1600E 旋挖钻机
山推建友 GTD040-5T 环保节能型石膏砂浆卵石制砂一体化设备	山东临工 E6650H 挖掘机
	柳工 886H 轮式装载机
徐工 XE480WM 轮胎式液压挖掘机（抓料机）	市场表现金奖
	三一桩机 SR435-S 旋挖钻机
福田雷萨 ETM 行星蓝雷双擎动力搅拌车	日立建机 ZX900LCH-6A 履带式液压挖掘机
中联重科 ZCC17000 履带起重机	徐工 XE650GK 履带液压挖掘机
雷沃重工 LT160 宽体自卸车	徐工 XM2005KIV 路面铣刨机
徐工 XLC17000 履带起重机	应用贡献金奖
金手指奖	中联重科 ZAT24000H7 全地面起重机
徐工 XCA 型 2600t 高速越野轮胎起重机	西安银马 YM2025 压振全能砖 / 石一体智能化生产线
三一重机 SY1250H 液压履带挖掘机	
新能源市场突破金奖	同力重工 TL891 非公路宽体自卸车
柳工 856HEMAX 电动轮式装载机	三一起重机 SCC52000TM 履带式起重机
三一起重机 STC550T5-8（插电储能）汽车起重机	金口碑奖
	徐工 XC958 轮式装载机
新能源产品创新金奖	中联重科 R370 平头塔式起重机
中联重科 ZLJ5312GJBLBEVH 纯电动混凝土搅拌运输车	柳工 965EHD 履带式挖掘机
沃尔沃 EC55 电动小型挖掘机	临工重机电动直臂式高空作业平台 T38JE
山东临工 L956H EV 装载机	

5.6 标准建设情况分析

按照当前的标准管理体系，我国工程机械行业的标准主要分布在 8 个全国性标准化技术委员会和各个分技术委员会中，各标准化技术委员会情况见表 5-12。

表 5-12　我国工程机械标准化技术委会名称

序号	委员会名称	编号	对口国际编号	秘书处所在单位
1	全国土方机械标准化技术委员会	SAC/TC334	ISO/TC127	天津工程机械研究院有限公司
2	全国起重机械标准化技术委员会	SAC/TC227	ISO/TC111、ISO/TC96	北京起重运输机械设计研究院有限公司
3	全国升降工作平台标准化技术委员会	SAC/TC335	ISO/TC214	北京建筑机械化研究院
4	全国建筑施工机械与设备标准化技术委员会	SAC/TC328	ISO/TC195	北京建筑机械化研究院
5	全国电梯标准化技术委员会	SAC/TC196	ISO/TC178	北京建筑机械化研究院
6	全国工业车辆标准化技术委员会	SAC/TC332	ISO/TC110	北京起重运输机械设计研究院有限公司
7	全国凿岩机械与气动工具标准化技术委员会	SAC/TC173	ISO/TC118	天水凿岩机械气动工具研究所
8	机器试验方法标准化分技术委员会	TC334/SC1	ISO/TC127/SC1	国家工程机械质量监督检验中心 / 天津工程机械研究院 / 徐州工程机械集团有限公司

根据《中国工程机械工业年鉴 2023》整理数据可知，从 1986 年开始到 2022 年，中国工程机械领域共颁布了 744 项标准。从 2005 年开始，标准发布数量逐年增多，其中 2010 年发布数量达到 96 项。近年来，标准年度发布数量起伏不定且有所下降（图 5-6）。

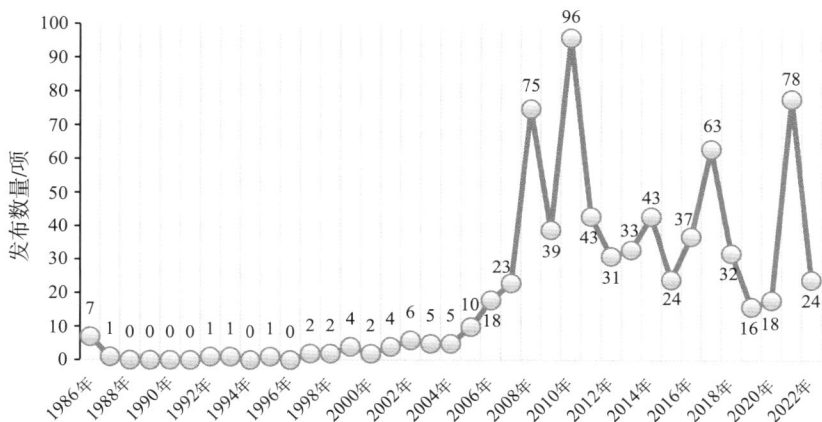

图 5-6　1986—2022 年工程机械领域国家标准发布数量

　　根据行业发展需要和企业需求，2010 年中国工程机械工业协会第四届二次理事会正式通过了《中国工程机械工业协会标准管理办法》，之后协会开始组织起草协会标准。从 2011 年起到 2022 年底，协会共批准发布了 141 项协会标准，涉及基础标准、安全标准、产品标准、方法标准、关键零部件标准、节能环保标准、科技成果转化标准、职业培训标准等方面。从图 5-7 可看出，2016—2020 年，工程机械领域团体标准发布数量基本逐年上升。

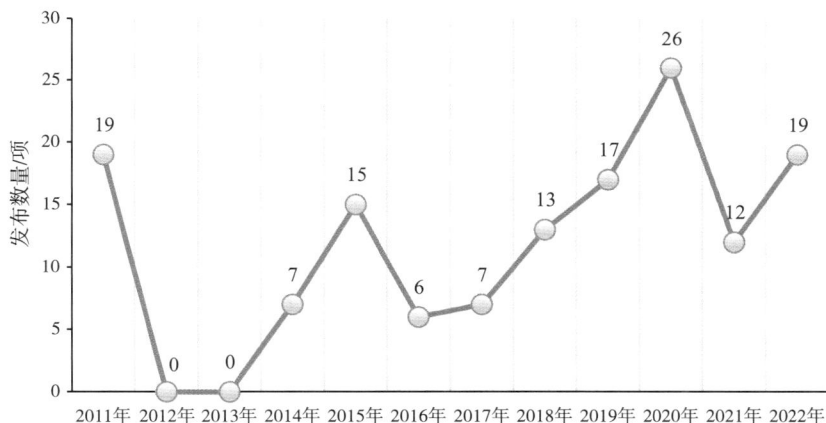

图 5-7　2011—2022 年工程机械领域团体标准发布数量

6 国内主要工程机械企业创新情况分析

龙头企业是指在某一行业或领域中具有较高的市场份额、技术水平、品牌影响力和竞争优势的企业。龙头企业能够引领行业的技术进步和标准制定，对整个行业的发展方向和竞争格局产生重大的影响。在当前的国内外环境下，工程机械制造行业面临着转型升级的迫切需求，需要提高产品的质量、性能、智能化和绿色化水平，以适应市场的变化和客户的需求。在这一过程中，龙头企业通过不断地创新和改进，发挥了关键的作用，推动了工程机械产业的高质量发展。

为分析中国工程机械整机生产企业的创新情况，本章选取了 2023 年全球工程机械企业五十强榜单中的中国相关企业（徐工集团、三一重工、中联重科、柳工股份、山推股份、铁建重工、山河智能、浙江鼎力）作为分析对象。这些企业在全球工程机械市场中占有重要地位，代表了中国工程机械制造业的最高水平。港股上市公司中国龙工 3339.HK 由于财务数据结构与国内上市公司存在较大差异，因此未纳入本研究范围；雷沃重工作为非上市公司，缺乏可靠的数据，也未选取。此外，为进一步了解中国工程机械产业的创新状况，本章还选取厦门厦工、恒立液压、艾迪精密和安徽合力等公司进行分析。

6.1 徐工集团工程机械股份有限公司

6.1.1 基本情况

徐工集团工程机械股份有限公司是一家拥有 80 多年历史的大型企业集团，起源于 1943 年的八路军鲁南第八兵工厂，是中华人民共和国第一台汽车起重机和第一台压路机的诞生地。1957 年，该集团成功研制出第一台塔式起重机，正式进入工程机械行业。经过多年的技术创新和市场拓展，以及 1989 年的集团化改革，徐工集团已成为中国工程机械行业的领军企业。在 2023 年 6 月英国 KHL 集团发布的全球工程机械制造商五十强排行榜中，徐工集团以 5.8% 的市场份额位居全球第三、中资企业第一，连续数年跻身全球前十。徐工集团的产品涵盖土方机械、起重机械、桩工机械、混凝土机械、路面机械等五大支柱产业，以及矿业机械、高空作业平台、环境产业、农业机械、港口机械、救援保障装备等战略新产业，共有 60 余家主机、贸易服务和新业态企业。在相关行业榜单中，有 3 类产品位居全球第一，分别是起重机械、移动式起重机、水平定向钻；有 1 类产品位居全球第三，即随车起重机；有 12 类主机产品稳居国内行业第一，包括摊铺机、旋挖钻机、履带起重机等。徐工集团以其历史悠久、技术先进、产品丰富、市场占有率高等特点，展现了中国工程机械行业的强大实力和发展潜力。

6.1.2　业务情况

从营业总收入情况可以看出，2018—2022 年，徐工集团的营业总收入总体上呈现上升趋势，营业总收入位于 444.10 亿～ 1167.96 亿元区间。5 年间平均营业收入约为 776.33 亿元，营业总收入最高为 2021 年的 1167.96 亿元，最低为 2018 年的 444.10 亿元，年均增长率为 20.6%。增长最快的是 2021 年，与 2020年相比，增长了 57.9%；下降最多的是 2022 年，与 2021 年相比，下降了 19.7%（图 6-1）。

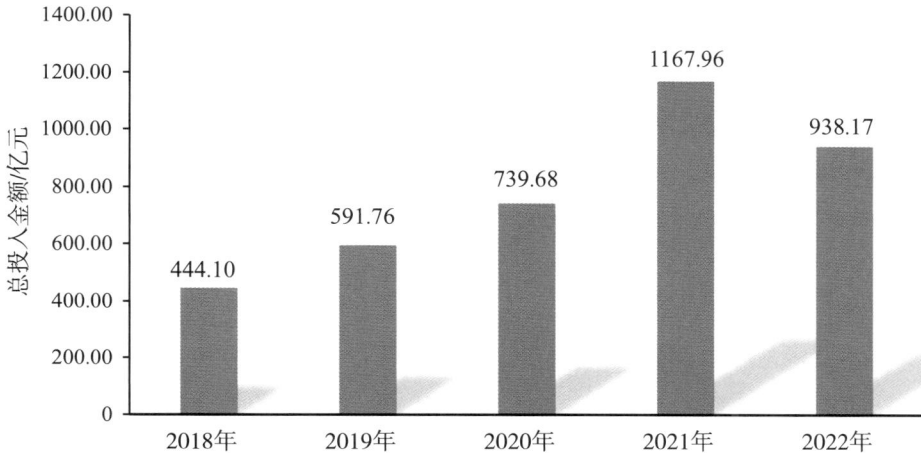

图 6-1　徐工集团 2018—2022 年营业总收入金额

从净利润情况可以看出，2018—2022 年，徐工集团的净利润总体上呈现波动上升趋势，净利润位于 20.56 亿～ 82.64 亿元区间。这 5 年间平均净利润为 44.012 亿元，净利润最高为 2021 年的 82.64 亿元，最低为 2018 年的 20.56 亿元，年均增长率为 20.2%。增长最快的是 2021 年，与 2020 年相比，增长了 120.6%；下降最多的是 2022 年，与 2021 年相比，下降了 48.0%（图 6-2）。

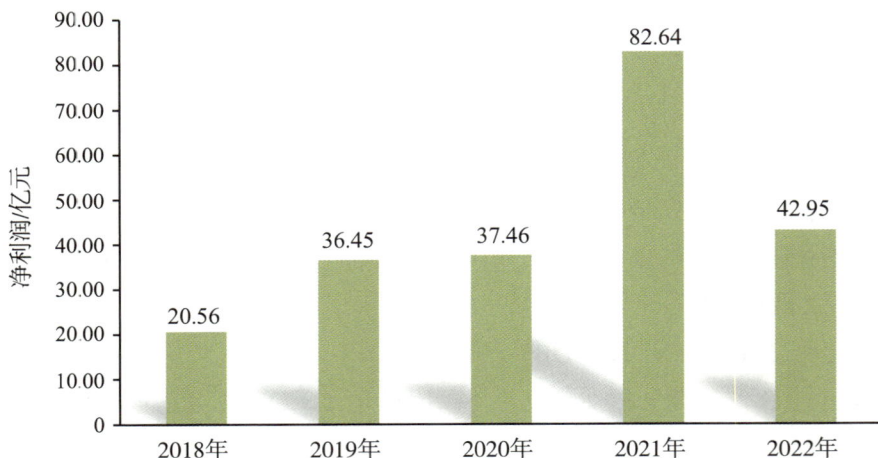

图 6-2　徐工集团 2018—2022 年净利润

　　按产品类型的营业收入占比来看，2022 年，徐工集团最主要的是起重机械产品业务，占营业总收入的 25.43%（图 6-3）。排名第二的是土方机械产品业务，占营业总收入的 25.20%。排名第四的是混凝土机械产品业务，占营业总收入的 10.13%。排名第五的是桩工机械产品业务，占营业总收入的 8.28%。排名第六的是高空作业机械产品业务，占营业总收入的 6.98%。排名第七的是矿业机械产品业务，占营业总收入的 5.47%。排名最后的是道路机械产品业务，占营业总收入

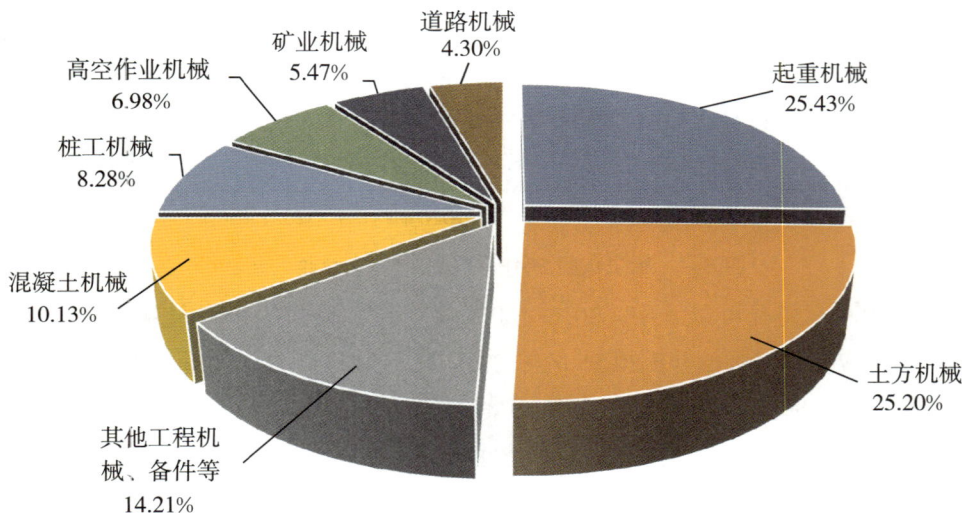

图 6-3　徐工集团 2022 年细分业务产品类型营业收入占比

的 4.30%。其他工程机械、备件等占比 14.21%。

6.1.3 创新情况

一是研发创新平台体系建设情况。第一，基本完成了"1+6+N"创新体系布局。构建了由研究总院牵头（1）与各产业研发机构如新能源研究院、智能制造研究院、智能数字化研究院、零部件研究院、产业技术研究院、未来产品研究院（6）协同的两级研发体系架构，协同各事业部（N）齐发力，顶层设计、统筹推进徐工集团创新战略规划、技术规划和产品规划。第二，系统性布局了全球研发基地。徐工集团欧洲研发中心持续加强欧洲高端市场产品适应性开发，持续深化工程机械高级自动化、智能化作业技术、机电液复杂系统虚拟工程设计技术和 CE 合规性流程效率提升，对主机产品进入欧洲市场的支撑作用日益增强；徐工集团美国研发中心通过引进北美先进智力和技术资源，持续提升北美产品适应性及合规性流程效率，不断提高徐工集团产品在北美乃至全球的竞争力。同时，引进美国优质高校资源，在结构优化分析方面对产品设计带来实质性提升。

二是研发费用投入情况。从研发费用投入金额情况可以看出，2018—2022年，徐工集团研发费用投入金额总体上呈现增长趋势，研发费用投入金额位于 20.15 亿～ 57.50 亿元区间（图 6-4）。这 5 年间平均研发费用投入为 36.85 亿元，研发费用投入最高为 2022 年的 57.50 亿元，最低为 2018 年的 20.15 亿元，年均增长率为 30.0%。增长最快的是 2022 年，为 57.50 亿元，与 2021 年相比，增长了 29.15。从研发费用投入占比情况可以看出，2018—2022 年，研发费用投入占比总体上呈现增长趋势，位于 4.15%～ 6.13% 区间。这 5 年间平均占比约为 5.03%，研发费用投入占比最高为 2022 年的 6.13%，最低为 2019 年的 4.15%。

图 6-4 徐工集团 2018—2022 年研发费用投入情况

三是研发人员情况。2018—2022年，徐工集团研发人员数量总体上呈现上升趋势（图6-5），年均增长率为24.90%。5年间研发人员数量位于2370～5767人，平均约为3294人。研发人员数量最多为2022年的5767人，最少为2018年的2370人。增长最快的是2022年，与2021年相比，增长了97.30%。从研发人员数量占比情况可以看出，2018—2022年，研发人员数量占比总体上呈现稳步上升趋势，增长率位于16.55%～21.00%之间。这5年间平均占比为18.59%，占比最高为2022年的21.00%，最低为2018年的16.55%。

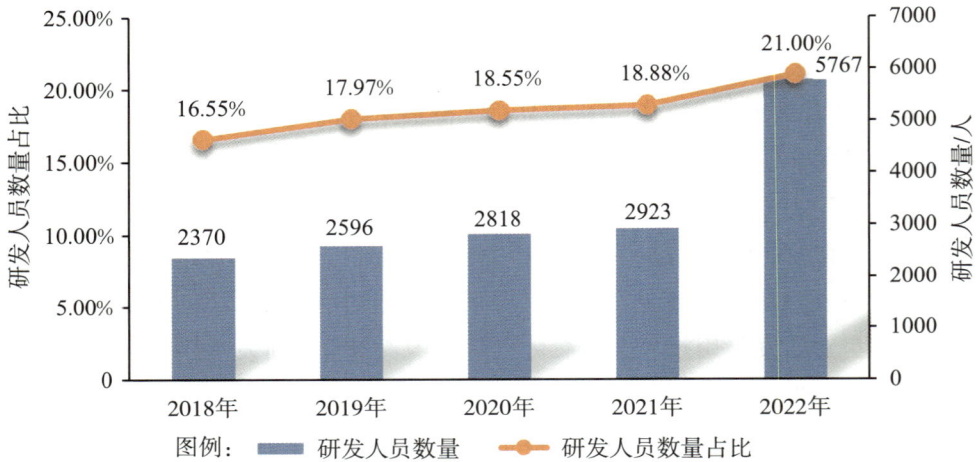

图6-5　徐工集团2018—2022年研发人员情况

四是创新成果情况。凭借强大的自主创新实力和深厚的产品技术沉淀，徐工集团取得了令人瞩目的创新成果。"高空消防与应急救援车辆关键技术自主研发及应用"项目获江苏省科学技术奖一等奖，"机械产品数字化手册国际标准制定及应用"项目获中国机械工业科学技术奖一等奖，"全地面起重机关键技术开发与产业化""道路与桥梁多源协同智能检技术与装备开发"等5个项目先后获国家科学技术进步奖二等奖。截至2022年底，徐工集团累计拥有有效授权专利9742件，其中，发明专利2458件、PCT国际专利183件，拥有国家知识产权示范企业3家、优势企业8家；获中国专利奖20余项，其中，中国专利金奖2项、银奖1项。

6.2 三一重工股份有限公司

6.2.1 基本情况

三一重工股份有限公司是一家历史悠久的装备制造业企业，成立于1994年，主营混凝土机械、挖掘机械、起重机械、筑路机械、桩工机械等全系列产品的研发、生产和销售。三一重工以混凝土机械起家，后经过外部收购和内部拓展，逐步扩大了产品类型范围和市场规模，成为国内工程机械行业的龙头企业。三一重工于2003年7月3日在上海证券交易所上市，是首家中国股权分置改革成功并实现全流通的企业；2011年7月，首次入围FT全球市值五百强，是唯一上榜的中国工程机械企业；2012年，实施了跨国并购的重大战略举措，收购了全球混凝土机械与随车起重机械的领军品牌德国普茨迈斯特和奥地利帕尔菲格；2021年5月13日，入围福布斯全球企业两千强榜单，排名第468，首次跻身全球企业五百强，是榜单中中国排名第一、全球排名第二的工程机械企业。三一重工秉承"品质改变世界"的宗旨，每年将销售收入的5%左右用于研发，致力打造世界一流的企业。公司凭借技术创新实力，先后3次获国家科学技术进步奖，2次获国家技术发明奖。2020年，荣获中国工业领域的"奥斯卡"——中国工业大奖。截至2021年，申请专利13140件，授权专利9124件，申请及授权数量居国内行业第一。三一重工在全球拥有近200家销售分公司、2000多个服务中心、近万名技术服务工程师，形成了完善的销售和服务网络。同时，还在印度、美国、德国、巴西等国家投资建设了研发和制造基地，实现了国际化的生产和运营。

6.2.2 业务情况

从营业总收入情况可以看出，2018—2022年，三一重工的营业总收入总体上呈现波动上升趋势，营业总收入位于558.22亿～1068.73亿元区间。这5年间平均营业收入为839.61亿元，营业总收入最高为2021年的1068.73亿元，最低为2018年的558.22亿元，年均增长率为9.7%。增长最快的年份是2020年，与2019年相比，增长了31.2%；下降最多的是2022年，与2021年相比，下降了24.4%（图6-6）。

从净利润情况可以看出，2018—2022年，三一重工的净利润总体上呈现下降趋势，净利润位于44.05亿～158.65亿元区间（图6-7）。这5年间平均净利润为101.04亿元，净利润最高为2020年的158.65亿元，最低为2022年的44.05

亿元，年均增长率为 –8.6%。增长最快的年份是 2019 年，与 2018 年相比，增长了 84.4%；下降最多的是 2022 年，与 2021 年相比，下降了 64.3%。

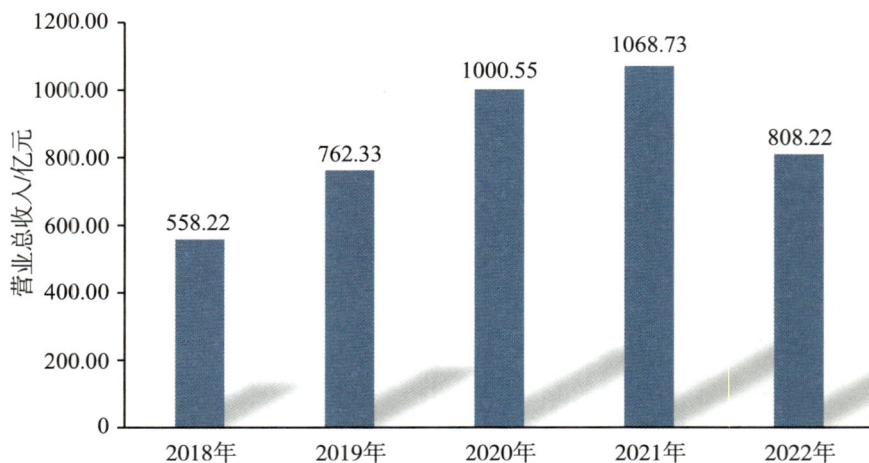

图 6-6　三一重工 2018—2022 年营业总收入

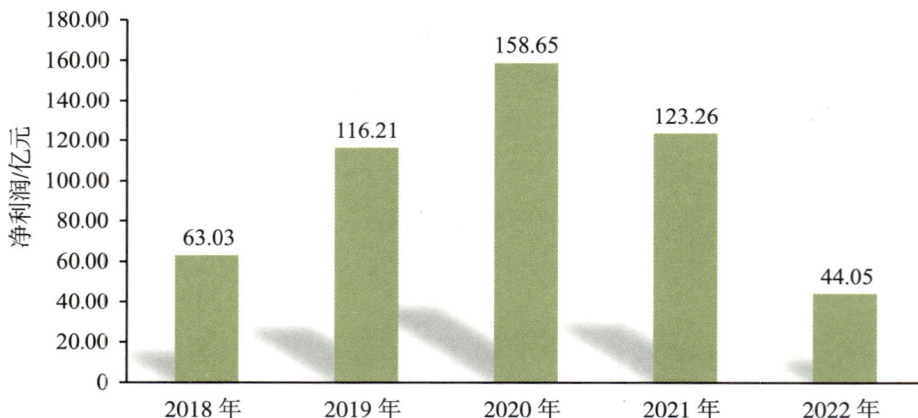

图 6-7　三一重工 2018—2022 年净利润

　　按产品类型的营收占比来看，2022 年，三一重工最主要的业务是挖掘机械产品业务，占营业总收入的 44.24%。排名第二的是混凝土机械产品业务，占营业总收入的 18.66%。排名第三的是起重机械产品业务，占营业总收入的 15.68%。排名第五的是路面机械产品业务，占营业总收入的 3.81%。排名最后的是桩工机械产品业务，占营业总收入的 3.79%（图 6-8）。

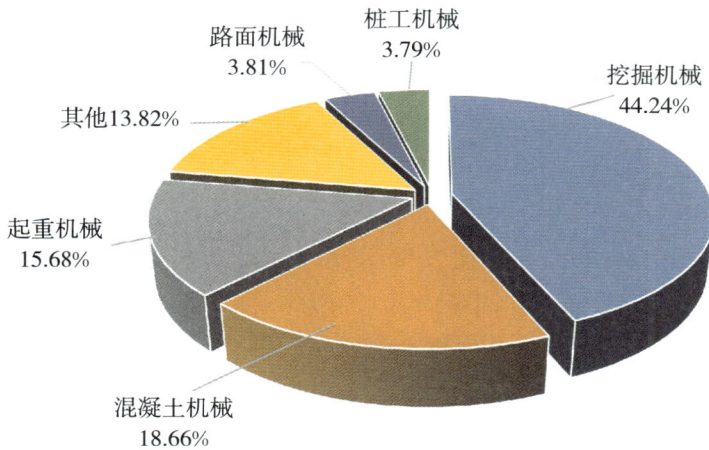

图 6-8　三一重工 2022 年细分业务产品占比

6.2.3　创新情况

一是研发创新平台体系建设情况。三一重工拥有 2 个国家级企业技术中心、1 个国家级企业技术分中心、3 个国家级博士后科研工作站、3 个院士专家工作站、4 个省级企业技术中心、1 个国家认可试验检测中心、2 个省级重点实验室、4 个省级工程技术中心、1 个机械行业工程技术研究中心和 1 个省级工业设计中心。三一重工除在长沙、北京、上海、昆山等地设立研发中心外，还在欧洲、东南亚、北美等地区设立海外研发中心，形成了以国内核心研究院和国际研发基地为主的集群化的研发创新平台体系（图 6-9）。

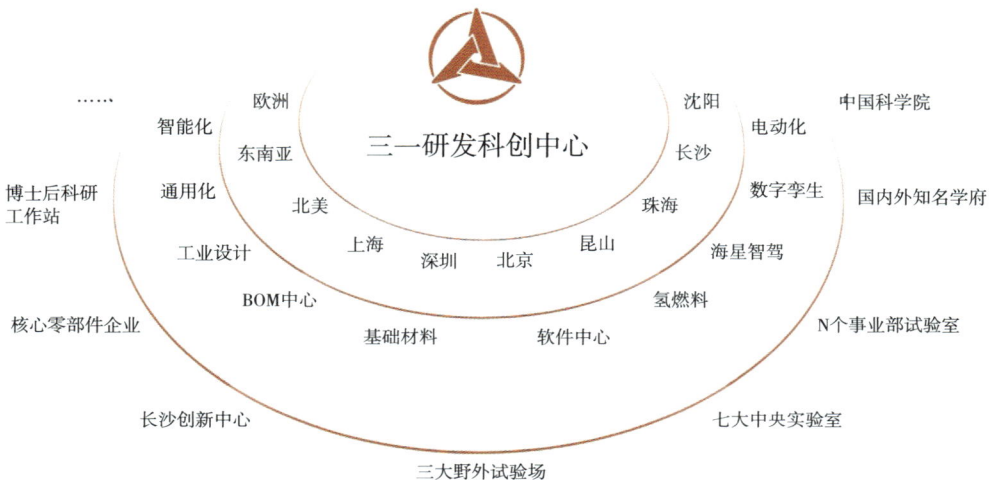

图 6-9　三一重工研发创新平台体系

二是研发费用投入情况。2018—2022 年，三一重工研发费用投入金额总体上呈现增长趋势，研发费用投入金额位于 30.01 亿～ 78.26 亿元区间（图 6-10）。这 5 年间平均研发费用投入约为 58.96 亿元，年均增长率为 27.08%。研发费用投入最高为 2022 年的 78.26 亿元，最低为 2018 年的 30.01 亿元。增长最快的年份是 2019 年，与 2018 年相比，增长了 56.58%。从研发费用投入占比情况可以看出，2018—2022 年，研发费用投入占比总体上呈现增长趋势，位于 5.38% ～ 9.78% 区间。这 5 年间平均占比约为 6.98%，研发费用投入占比最高为 2022 年的 9.78%，最低为 2018 年的 5.38%。

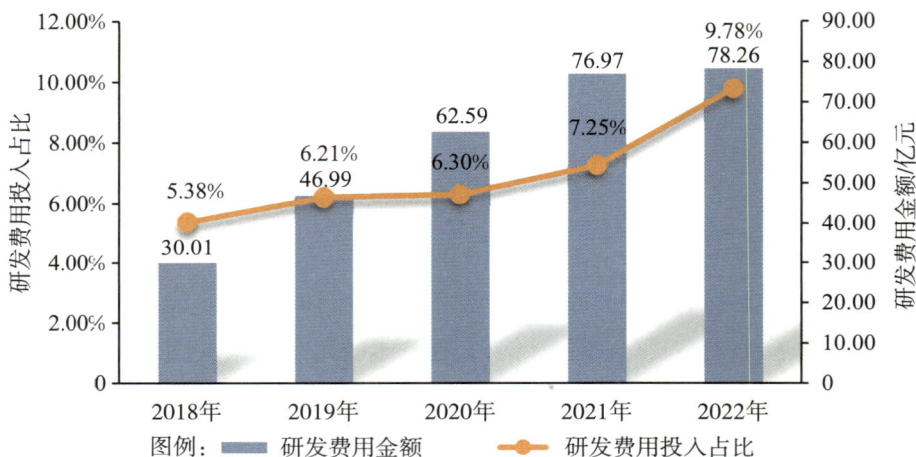

图 6-10　三一重工 2018—2022 年研发费用投入情况

三是研发人员情况。2018—2022 年，三一重工研发人员数量总体上呈现上升趋势，年均增长率为 34.76%。5 年间研发人员数量位于 2264 ～ 7466 人之间，平均约为 5102 人（图 6-11）。研发人员数量最多为 2022 年的 7466 人，最少为 2018 年的 2264 人。增长最快的是 2021 年，与 2020 年相比，增长了 35.26%。从研发人员数量占比情况可以看出，2018—2022 年，研发人员数量占比总体上呈现上升趋势，增长率位于 13.02% ～ 30.52% 区间。这 5 年间平均占比约为 22.19%，占比最高为 2021 年的 30.52%，最低为 2018 年的 13.02%。

四是创新成果情况。在知识产权方面，2022 年申请国内外专利 2663 件，授权专利 1787 件；2022 年 12 月，累计申请专利 15803 件，授权专利 10905 件，申请数及授权数均居国内行业第一。在获奖方面，"混凝土泵关键技术研究开发与应用""工程机械技术创新平台""大吨位系列履带式起重机关键技术与应用"

图 6-11 三一重工 2018—2022 年研发人员情况

项目获国家科学技术进步奖二等奖，"混凝土泵车超长臂架技术及应用""高速重载工程机械核心液压部件"项目获国家技术发明二等奖。在产品方面，2022 年推出了全球首台全电控 300 吨级超大挖掘产品、全球首台三一 SCL10000 全地面桁架臂起重机、S 系列新一代泵车、新能源搅拌车等新品近 200 款，突破关键技术 300 多项，年内挖掘机、压路机、旋挖钻机、起重机等 133 款国四产品（即符合国家第四阶段机动车污染物排放标准的产品）全新上市，科技成果数量与质量均达到历史最佳。

6.3 中联重科股份有限公司

6.3.1 基本情况

中联重科股份有限公司是一家从国家级研究院孵化的工程机械企业，历史可追溯到 1956 年，是中国工程机械技术的发源地，是国内唯一集建设机械科研开发和行业技术于一体的应用型研究院。产品覆盖起重机、混凝土机械、挖掘机械、高空作业平台、农业机械等多个领域，涵盖 18 大类别、106 个产品系列、660 个品种。其中三大产品——混凝土机械、工程起重机械、建筑起重机械的竞争力持续增强，市场地位稳固。混凝土机械的长臂架泵车、车载泵、搅拌站市场份额仍稳居行业第一，搅拌车市场份额提升至行业第二。工程起重机械的市场份额保持行业领先，200 吨及以上全地面起重机销量位居行业第一，全球最大吨位全地面起重机 ZAT24000H 实现批量交付。建筑起重机械的销售规模稳居全球第一，推出极致 R 代塔机，实现"全域安全、30 年寿命、远程管理"三大核心技术突破，确立世界塔机技术标杆。近年来，先后并购了英国保路捷公司、意大利 CIFA 公司等，产品远销全球 100 余个国家和地区。

6.3.2 业务情况

从营业总收入情况可以看出，2018—2022 年，中联重科的营业总收入总体上呈现上升趋势，营业总收入位于 286.97 亿～ 671.31 亿元区间。这 5 年间平均营业收入为 491.75 亿元，营业总收入最高为 2021 年的 671.31 亿元，最低为 2018 年的 286.97 亿元，年均增长率为 9.8%。增长最快的年份是 2020 年，与 2019 年相比，增长了 50.3%；下降最多的年份是 2022 年，与 2021 年相比，下降了 37.9%（图 6-12）。

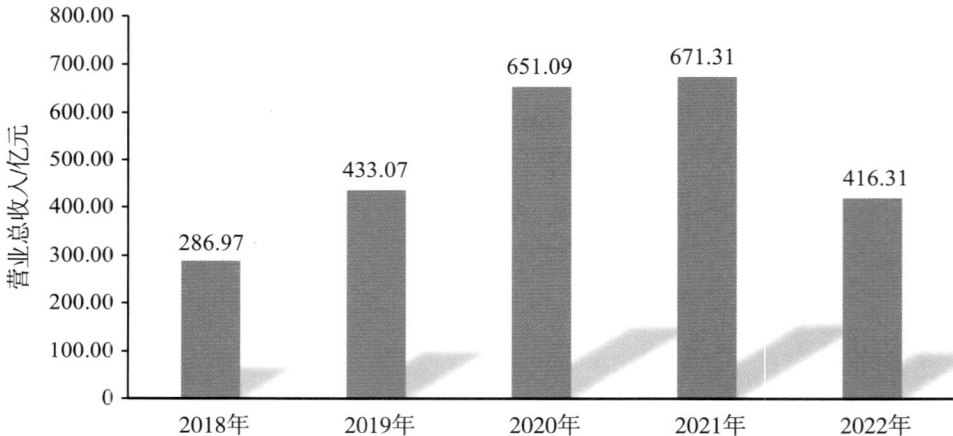

图 6-12　中联重科 2018—2022 年营业总收入

从净利润情况可以看出，2018—2022 年，中联重科的净利润总体上呈现波动上升趋势，净利润位于 19.57 亿～ 73.55 亿元区间。这 5 年间平均净利润约为 44.72 亿元，净利润最高为 2020 年的 73.55 亿元，最低为 2018 年的 19.57 亿元，年均增长率为 5.0%。增长最快的年份是 2019 年，与 2018 年相比，增长了 118.5%；下降最多的年份是 2022 年，与 2021 年相比，下降了 62.7%（图 6-13）。

按产品类型的营业收入占比来看，2022 年，中联重科最主要的业务类型是起重机械产品业务，占营业总收入的 45.59%。排名第二的是混凝土机械产品业务，占营业总收入的 20.32%。排名第三的是高空机械产品业务，占营业总收入的 11.04%。排名第四的是土方机械产品业务，占营业总收入的 8.43%（图 6-14）。

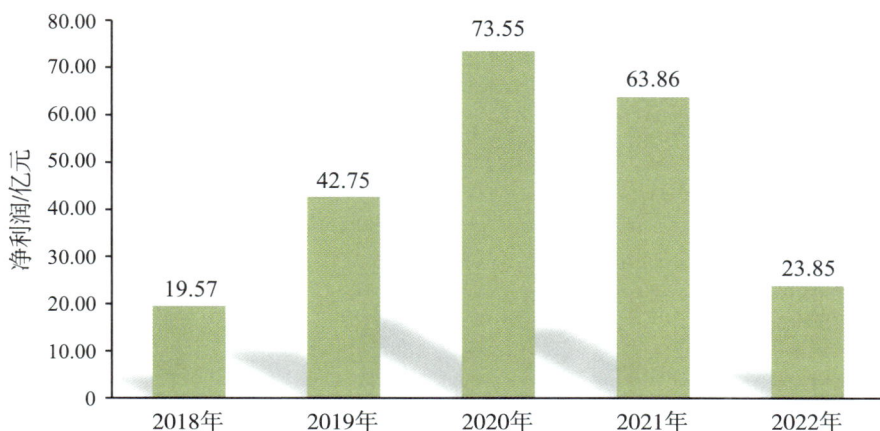

图 6-13　中联重科 2018—2022 年净利润

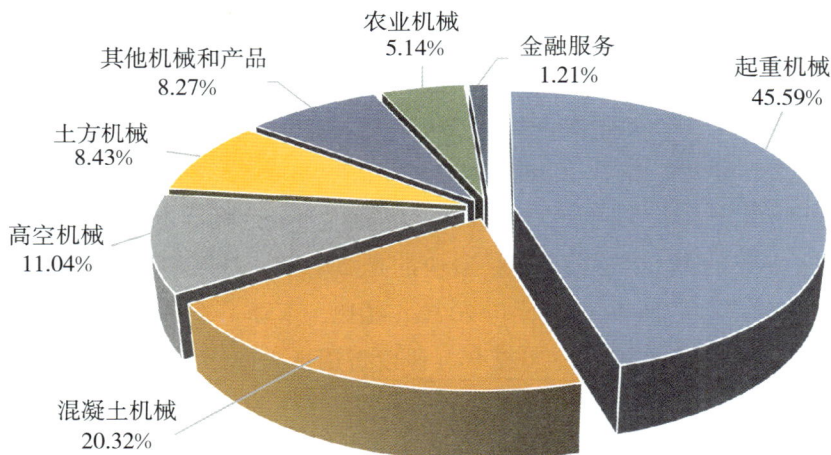

图 6-14　中联重科 2022 年细分业务产品占比

6.3.3　创新情况

一是研发创新平台体系建设情况。中联重科拥有建设机械关键技术国家重点实验室、国家级企业技术中心、国家混凝土机械工程技术研究中心、流动式起重机技术国家地方联合工程研究中心、现代农业装备国家地方联合工程研究中心、国家博士后科研工作站等国家级创新平台。基于此，中联重科建设形成了集共性技术研究和主机产品、关键零部件开发于一体的二级创新平台体系，实现科研开发与市场需求有效对接（图 6-15）。

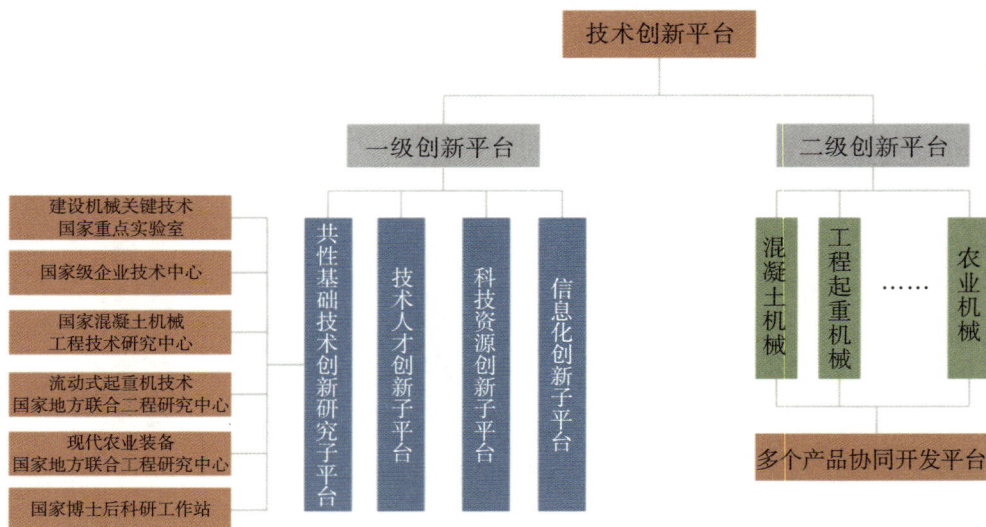

图 6-15　中联重科技术创新平台架构

　　二是研发费用投入情况。2018—2022 年，中联重科的研发费用金额总体上呈现波动增长趋势，位于 10.80 亿～ 42.30 亿元区间。这 5 年间平均投入约为 28.69 亿元，年均增长率为 33.63%。研发费用投入最高为 2021 年的 42.30 亿元，最低为 2018 年的 10.80 亿元。增长最快的是 2019 年，与 2018 年相比，增长了 93.70%；下降最多的是 2022 年，与 2021 年相比，下降了 18.58%。从研发费用投入占比情况可以看出，2018—2022 年，研发费用投入占比总体上呈现增长趋势，位于 3.76%～ 8.27% 区间。这 5 年间平均占比约为 5.71%，研发费用投入占比最高为 2022 年的 8.27%，最低为 2018 年的 3.76%（图 6-16）。

　　三是研发人员情况。2018—2022 年，中联重科研发人员数量总体上呈现上升趋势，年均增长率为 24.57%。5 年间研发人员数量位于 3119 ～ 7511 人区间，平均约为 5651 人。研发人员数量最多为 2022 年的 7511 人，最少为 2018 年的 3119 人。增长最快的是 2020 年，与 2019 年相比，增长了 36.49%。从研发人员数量占比情况可以看出，2018—2022 年，研发人员数量占比总体上呈现上升趋势，位于 20.63%～ 29.71% 区间。这 5 年间平均占比为 25.34%，占比最高为 2022 年的 29.71%，最低为 2018 年的 20.63%（图 6-17）。

　　四是创新成果情况。在标准建设和知识产权保护方面，中联重科成为行业标准的编制者，公司有效发明专利数量和专利综合实力位居行业首位。先后主导、

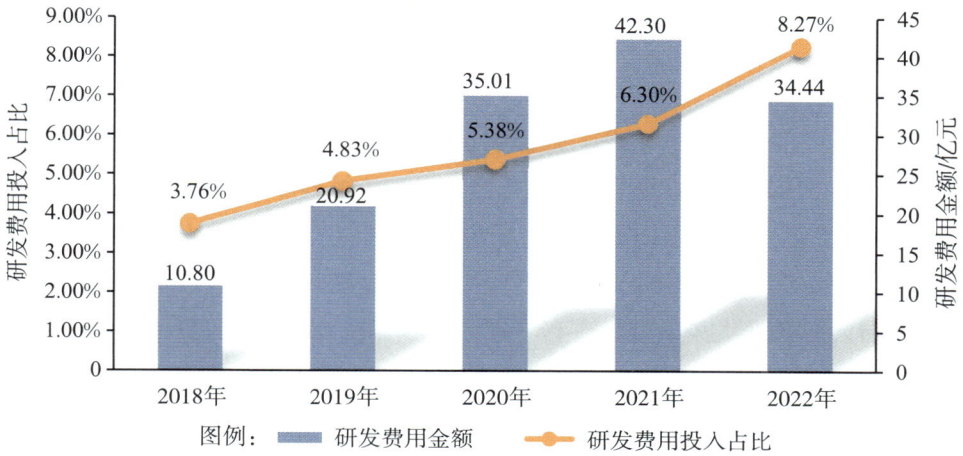

图 6-16　中联重科 2018—2022 年研发费用投入情况

图 6-17　中联重科 2018—2022 年研发人员情况

参与制定、修订国家和行业标准 500 多项、国际标准 19 项，站在全球行业技术的制高点。至 2023 年 3 月底，中联重科累计申请专利 14372 件，其中发明专利 5875 件。在"三化"技术方面，中联重科共申请专利 1017 件，其中绿色化技术专利 465 件、数字化技术专利 115 件、智能化技术专利 437 件。在电动化产品方面，中联重科已累计下线新能源产品 100 多款，产品类别覆盖混凝土泵车、混凝土搅拌车、汽车起重机、高空作业平台、挖掘机、矿卡、叉车、应急车辆、农业机械等，新能源化形式包括纯电动、混合动力、氢燃料，全系列新能源化产品基本形成，电动直臂系列高空作业平台产品已实现批量销售，处于行业引领地位。

6.4 山推工程机械股份有限公司

6.4.1 基本情况

山推工程机械股份有限公司是一家拥有40多年发展历史的工程机械企业，主营推土机、压路机、装载机等主机产品及工程机械零部件，形成了完整的产品链。该公司的推土机在国内外市场占据绝对优势，是全球第三大推土机制造商，仅次于卡特彼勒和小松集团，同时在产品质量、市场知名度、用户口碑等方面都形成了强大的品牌优势，市场占有率连续多年保持在60%以上，保持行业领军态势。该公司研制的DH46-G全液压推土机等产品整体技术达到国际领先水平，超大马力机型销量超越主要进口品牌，实现了国产化替代。该公司的其他产品同样具有较强的市场竞争力，如压路机市场占有率保持国内行业前五。2022年，该公司通过减资和收购进入方式开始布局挖掘机与装载机业务，拓展了产品类型范围和市场空间。

6.4.2 业务情况

从营业总收入情况可以看出，2018—2022年，山推股份的营业总收入总体上呈现上升趋势，营业总收入位于64.03亿～99.98亿元区间。这5年间平均营业收入约为81.3亿元，营业总收入最高为2022年的99.98亿元，最低为2019年的64.03亿元，年均增长率为5.67%。增长最快的年份是2021年，与2020年相比，增长了29.21%；下降最多的年份是2019年，与2018年相比，下降了19.98%（图6-18）。

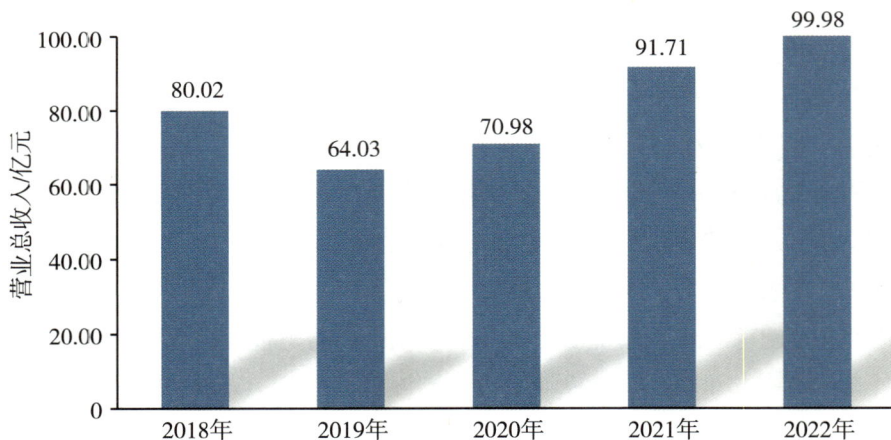

图6-18 山推股份2018—2022年营业总收入

从净利润情况可以看出，2018—2022 年，山推股份的净利润总体上呈现上升趋势，净利润位于 0.62 亿～ 6.36 亿元区间。这 5 年间平均净利润约为 2.1 亿元，净利润最高为 2022 年的 6.36 亿元，最低为 2019 年的 0.62 亿元，年均增长率为 65.4%。增长最快的年份是 2022 年，与 2021 年相比，增长了 287.8%；下降最多的年份是 2019 年，与 2018 年相比，下降了 27.1%（图 6-19）。

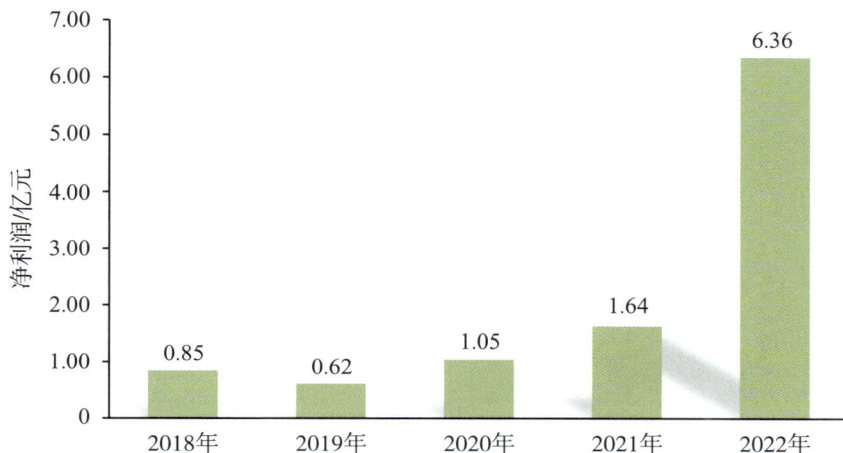

图 6-19　山推股份 2018—2022 年净利润

按产品类型的营业收入占比来看，2022 年，山推股份最主要的业务是工程机械主机产品业务，占营业总收入的 62.21%。工程机械配件及其他产品业务是第二主要收入来源，占营业总收入的 27.27%（图 6-20）。

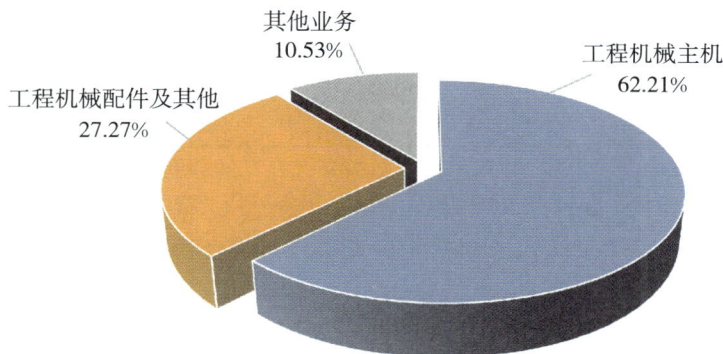

图 6-20　山推股份 2022 年细分业务产品占比

6.4.3 创新情况

一是研发创新平台体系建设情况。山推股份拥有国家级企业技术中心、国家级工业设计中心、多项省级技术平台、智能控制实验室、传动实验室、综合产品验证中心等一系列专业重点研发中心和专业实验室，并与山东重工集团在北美、德国和日本共享创新研发中心，构建了完善的研发体系和合作机制，不断提升产品研发和创新能力。

二是研发费用投入情况。从研发费用投入金额情况可以看出，2018—2022年，山推股份的研发费用投入金额总体上呈现增长趋势，投入金额位于2.29亿～3.98亿元区间。这5年间平均投入约为2.90亿元，年均增长率为14.82%。研发费用投入最高为2022年的3.98亿元，最低为2018年的2.29亿元。增长最快的年份是2022年，与2021年相比，增长了17.05%。从研发费用投入占比情况可以看出，2018—2022年，研发费用投入占比总体上呈现稳定趋势，位于2.86%～3.98%区间。这5年间平均占比约为3.54%，研发费用投入占比最高为2022年的3.98%，最低为2018年的2.86%（图6-21）。

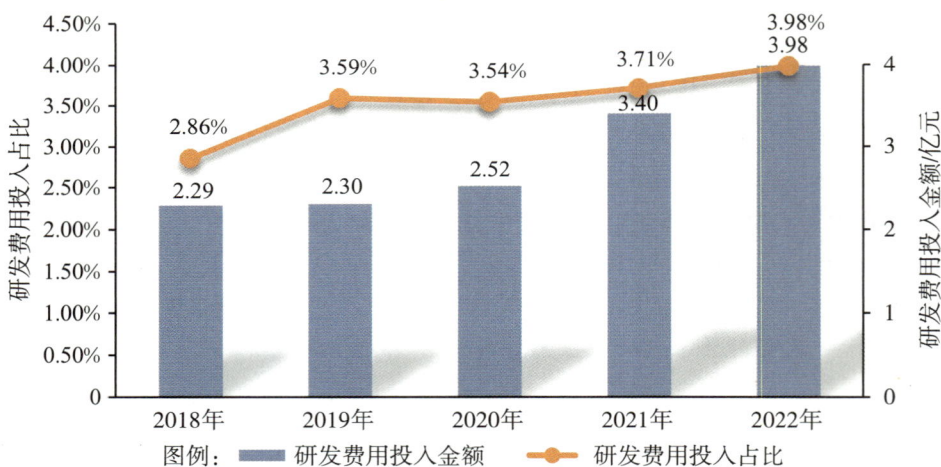

图6-21 山推股份2018—2022年研发费用投入情况

三是研发人员情况。2018—2022年，山推股份的研发人员数量总体上呈现上升趋势，年均增长率为11.71%。这5年间研发人员数量位于926～1442人之间，平均约为1138人。研发人员数量最多为2022年的1442人，最少为2018年的926人。增长最快的年份是2022年，与2021年相比，增长了26.60%。从研发人员数量占比情况可以看出，2018—2022年，研发人员数量占比总体上呈现上升趋势，位于 17.18% ～ 25.59% 之间。这 5 年间平均占比约为 21.04%，占比最高为 2022 年的 25.59%，最低为 2018 年的 17.18%（图 6-22）。

图 6-22　山推股份 2018—2022 年研发人员情况

四是创新成果情况。山推股份已自主开发出多款具有国际领先水平的高端智能工程机械产品。例如，DH46-G 系列全液压推土机、DE 系列纯电推土机整体技术达到国际领先水平；SD90 系列履带式推土机产品整体技术达到国际先进水平，其中在超大马力推土机智能化控制技术、减振降噪技术方面达到国际领先水平；SD60 系列履带式推土机产品整体技术达到国际先进水平，其中 5G 远程智能驾驶技术达到国际领先水平；DH17 全液压推土机整体技术达到国际先进水平，其中整机智能化匹配技术和燃油节能技术达到国际领先水平，公司产品的核心竞争力持续增强。LE60-X3 纯电装载机获"2023 中国工程机械年度产品 TOP50 新能源应用实践金奖"，山推建友 GTD040-5T 环保节能型石膏砂浆卵石制砂一体化设备获"2023 中国工程机械年度产品 TOP50 评委会奖"，山推 SE680LC 履带式液压挖掘机获"2023 中国工程机械年度产品 TOP50 奖"，充分彰显了山推品牌在市场上的客户认可度和可靠实力。

6.5　中国铁建重工集团股份有限公司

6.5.1　基本情况

中国铁建重工集团股份有限公司是一家成立于 2006 年 11 月的高端装备制

造企业，专业从事掘进机装备、轨道交通设备和特种专业装备研制。铁建重工研制的隧道掘进机主要包括土压平衡盾构机、泥水平衡盾构机、岩石隧道掘进机（TBM）、多模式掘进机、顶管机、竖井/斜井掘进机、异形断面掘进机、软岩多功能掘进机、隧道出渣皮带机等九大系列，共130余类型产品。近年来，铁建重工以敢为人先的自主创新精神，差异化科技创新路径，坚持全面贯彻"创新驱动发展"战略，攻克了一系列关键核心技术，研制了多项全球首台、国内第一的"国之重器"，支撑了大型铁路、公路、水利、矿山等多领域国家战略工程建设，推动了以掘进机为代表的隧道施工装备，实现从依赖进口到批量出口的跨越式发展。铁建重工如今已成长为全球最大的隧道工程装备制造商。2022年，该公司排名全球工程机械制造商五十强的第30位，位列全球隧道工程装备制造商五强的第一、中国工程机械专业化制造商十强的第一。

6.5.2 业务情况

从营业总收入情况可以看出，2018—2022年，铁建重工的营业总收入总体上呈现波动上升趋势，营业总收入位于72.82亿～101.02亿元区间（图6-23）。这5年间平均营业收入约为84.89亿元，营业总收入最高为2022年的101.02亿元，最低为2019年的72.82亿元，年均增长率为6.23%。增长最快的年份是2021年，与2020年相比，增长了25.04%；下降最多的年份是2019年，与2018年相比，下降了8.18%。

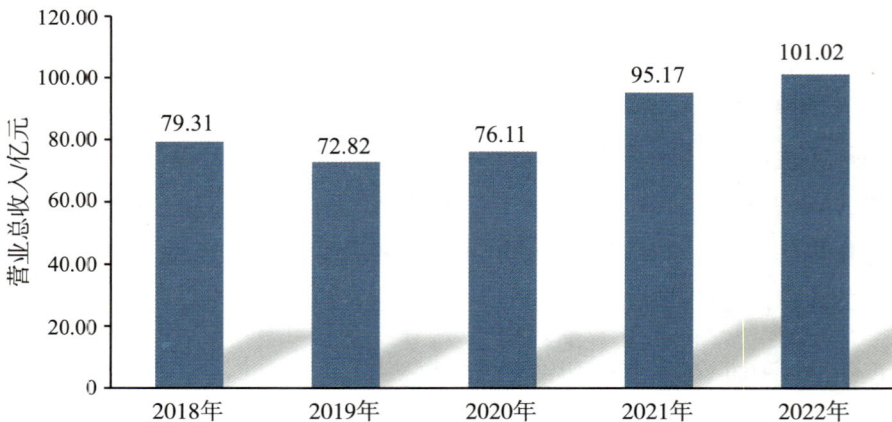

图6-23 铁建重工 2018—2022 年营业总收入

从净利润情况可以看出，2018—2022 年，铁建重工的净利润总体上呈现缓慢上升趋势，净利润位于 15.30 亿～ 18.44 亿元区间。这 5 年间平均净利润为 16.57 亿元，净利润最高为 2022 年的 18.44 亿元，最低为 2019 年的 15.30 亿元，年均增长率为 3.50%。增长最快的年份是 2022 年，与 2021 年相比，增长了 6.22%；下降最多的年份是 2019 年，与 2018 年相比，下降了 4.79%（图 6-24）。

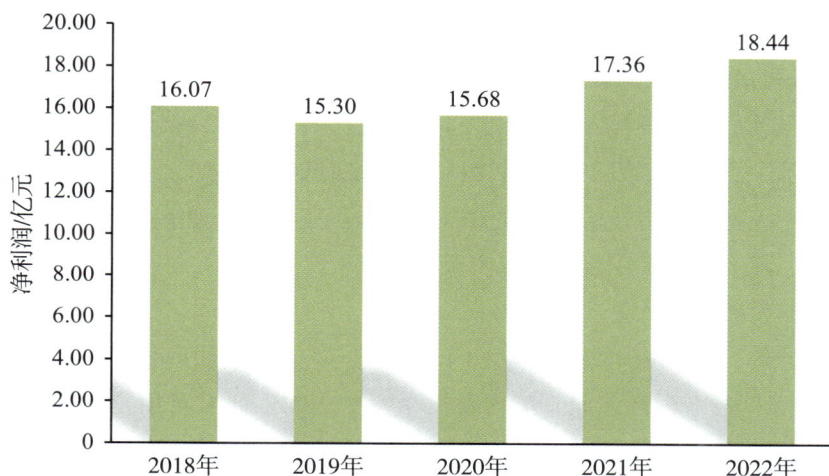

图 6-24　铁建重工 2018—2022 年净利润

按产品类型的营业收入占比来看，2022 年，铁建重工最主要的是隧道掘进机产品业务，占营业总收入的 52.15%（图 6-25）。排名第二的是轨道交通设备产品业务，占营业总收入的 28.11%。排名第三的是特种专业装备产品业务，占营业总收入的 19.29%。

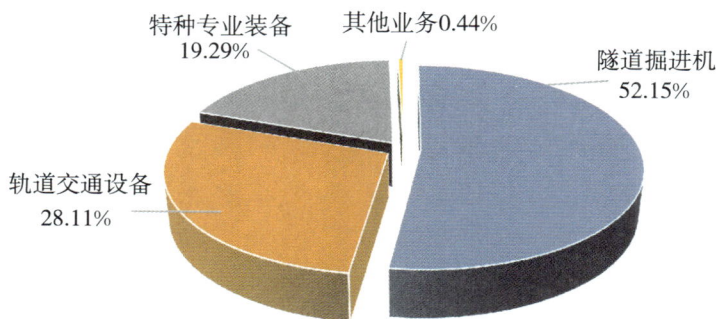

图 6-25　铁建重工 2022 年细分业务产品占比

6.5.3 创新情况

一是研发创新平台体系建设情况。坚持"科技创新时空"的发展理念，铁建重工建立了国内同行业第一个国家级企业技术中心，下设掘进机研究设计院、特种装备研究设计院、新型轨道交通装备研究设计院、液压研究设计院、电气与智能研究设计院、工艺研究设计院、智慧企业研究院、实验中心、道岔研究设计院、铁路器材研究设计院、电气物资工程材料研究设计院、高端农机研究设计院、北京研究设计院、科技发展部等，拥有一支素质优良、门类齐全、专业配套、结构合理的专业科技人才队伍；打造"十位一体"的科技创新平台，包括国家企业技术中心、国家级工业设计中心、国家级博士后科研工作站、国家工程技术研究中心、水下隧道技术国家地方联合工程研究中心、地下掘进装备工程技术研究中心、超级地下工程装备重点实验室、院士专家工作站等。

二是研发费用投入情况。2018—2022年，铁建重工研发费用投入金额总体上呈现增长趋势，研发费用投入金额位于4.11亿～9.28亿元区间（图6-26）。这5年间平均投入约为6.08亿元，年均增长率为22.58%。研发费用投入最高为2022年的9.28亿元，最低为2018年的4.11亿元。增长最快的年份是2022年，与2021年相比，增长了36.87%。从研发费用投入占比情况可以看出，2018—2022年，研发费用投入占比总体上呈现波动趋势，位于5.18%～9.19%区间。这5年间平均占比约为7.04%，研发费用投入占比最高为2022年的9.19%，最低为2018年的5.18%。

图6-26 铁建重工2018—2022年研发费用投入情况

三是研发人员情况。2018—2022年，铁建重工的研发人员数量总体上呈现上升趋势，年均增长率为17.80%。这5年间研发人员数量位于779～1500人之间，平均人员数量约为1177人（图6-27）。研发人员数量最多为2022年的1500人，最少为2018年的779人。增长最快的年份是2021年，与2020年相比，增长了20.15%。从研发人员数量占比情况看，2021年为28.60%，2022年为30.49%。

图6-27 铁建重工2018—2022年研发人员数量情况

四是创新成果情况。在标准建设和知识产权方面，2023年，铁建重工新增授权专利306件，累计授权专利2400件；在已发布标准中，主（参）编国家、行业、团体等标准72项，其中主编国家标准6项。累计获得各类科技奖励212项，其中中国专利金奖1项、银奖1项、优秀奖12项，日内瓦国际发明展银奖3项，中国好设计金奖2项、银奖3项。在产品研发方面，研制了一大批全球首台、国产首台重大技术装备，如全球首台大埋深敞开式TBM攻克了电液混合驱动、可变径刀盘等技术，解决了困扰行业50多年的世界级"卡机"难题；全球海拔最高隧道TBM"高原明珠号"，有效应对高海拔、高地应力、超硬岩等极端工况，助力世纪工程高原铁路建设；全球最大竖井掘进机"梦想号"，填补了掘进机产品型谱的世界空白，参与世界最大直径垂直掘进地下智慧停车库建设，获评为"2022年度央企十大国之重器"；国产最深海底隧道盾构机"深江1号"挑战我国埋深最大、水压最高的隧道施工纪录，为世界海底隧道工程技术提供独有的样本和宝贵经验。

6.6 山河智能装备股份有限公司

6.6.1 基本情况

山河智能装备股份有限公司是一家专业从事工程装备、特种装备、航空装备的设计、研发、制造、销售、租赁和服务的高端装备制造企业。工程机械领域产品主要有旋挖钻机、液压静力压桩机、液压挖掘机、盾构机、起重机、矿用卡车、凿岩台车、高空作业平台等整机、零部件等。其中，液压静力压桩机和露天凿岩台车产品稳居行业第一，旋挖钻机位列行业前三，挖掘机和高空作业平台保持行业前十。2022年，持续发挥"先导式创新"发展内核精神，完成了97项新产品、前瞻性、配套件开发项目，其中27款成功下线、15款达到量产状态；申请专利265件，其中发明专利59件；旋挖钻机荣获制造业单项冠军产品。

6.6.2 业务情况

从营业总收入情况可以看出，2018—2022年，山河智能的营业总收入总体上呈现先升后降的趋势，营业总收入位于57.56亿～114.08亿元区间（图6-28）。这5年间平均营业收入为82.54亿元，营业总收入最高为2021年的114.08亿元，最低为2018年的57.56亿元，年均增长率为6.13%。增长最快的年份是2020年，与2019年相比，增长了26.26%；下降最多的年份是2022年，与2021年相比，下降了35.60%。

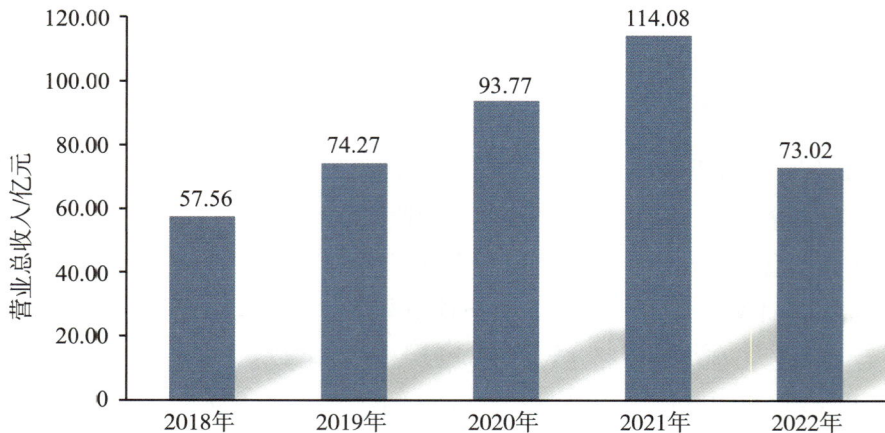

图6-28 山河智能 2018—2022 年营业总收入

从净利润情况可以看出，2018—2022 年，山河智能的净利润总体上呈现先升后降的趋势，净利润位于 –11.70 亿～ 5.77 亿元区间（图 6–29）。这 5 年间平均净利润约为 1.41 亿元，净利润最高为 2020 年的 5.77 亿元，最低为 2022 年的 –11.70 亿元。增长最快的年份是 2020 年，为 5.77 亿元，与 2019 年相比，增长了 11.61%；下降最多的年份是 2022 年，为 –11.70 亿元，与 2021 年相比，下降了 463.35%。

图 6–29 山河智能 2018—2022 年净利润

按产品类型的营业收入占比来看，2022 年，山河智能最主要的业务是挖掘机机械产品业务，占营业总收入的 38.59%（图 6–30）。排名第二的是特种装备及其他机械产品业务，占营业总收入的 30.06%。排名第三的是地下工程机械产品业务，占营业总收入的 13.65%。排名第四的是航空业务，占营业总收入的 9.60%。排名第五的是配件及维修服务产品业务，占营业总收入的 6.13%。排名第六的是工程施工及其他业务，占营业总收入的 1.98%。

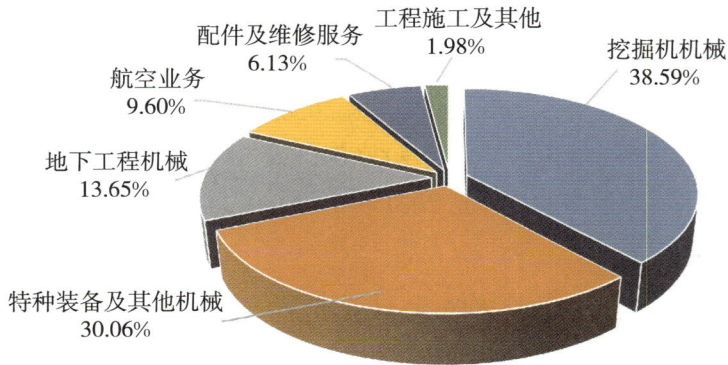

图 6-30　山河智能 2022 年细分业务产品占比

6.6.3　创新情况

一是研发创新平台体系建设情况。山河智能依托国家认定企业技术中心、国家工业设计中心、博士后科研工作站、国际科技合作基地、湖南省岩土施工装备与控制工程技术研究中心、现代工程装备节能关键技术湖南省重点实验室、地下工程装备湖南省工程研究中心、现代凿岩设备湖南省工程研究中心等创新平台，着力打造高水平的科技研发平台体系。同时，在先导式创新的指引下建立了由原始创新、集成创新、开放创新、持续创新组成的创新体系。

二是研发费用投入情况。2018—2022 年，山河智能研发费用投入金额总体上呈现波动增长趋势，研发费用投入金额位于 1.63 亿～ 4.05 亿元区间（图 6-31）。5 年间平均投入金额约为 2.96 亿元，年均增长率为 18.37%。研发费用投入最高为 2021 年的 4.05 亿元，最低为 2018 年的 1.63 亿元。增长最快的年份是 2020 年，与 2019 年相比，增长了 52.6%；下降最多的年份是 2022 年，与 2021 年相比，下降了 21.0%。从研发费用投入占比情况可以看出，2018—2022 年，研发费用投入占比总体上呈现波动趋势，位于 2.83%～ 4.39% 区间。这 5 年间平均占比约为 3.55%，研发费用投入占比最高为 2022 年的 4.39%，最低为 2018 年的 2.83%。

图 6-31 山河智能 2018—2022 年研发费用投入情况

三是研发人员情况。2018—2022 年，山河智能的研发人员数量总体上呈现上升趋势，年均增长率为 14.15%。这 5 年间研发人员数量位于 470 ～ 887 人之间，平均约为 677 人（图 6-32）。研发人员数量最多为 2021 年的 887 人，最少为 2018 年的 470 人。增长最快的年份是 2020 年，与 2019 年相比，增长了 33.21%；下降最多的年份是 2022 年，与 2021 年相比，下降了 10%。从研发人员数量占比情况可以看出，2018—2022 年，研发人员数量占比总体上呈现上升趋势，位于 10.62% ～ 15.65% 区间。这 5 年间平均占比约为 12.82%，占比最高的为 2022 年的 15.65%，最低的为 2019 年的 10.62%。

图 6-32 山河智能 2018—2022 年研发人员情况

四是创新成果情况。在标准建设和知识产权方面，山河智能牵头或参与制（修）定了 87 项国家标准和行业标准，其中有 1 项国际标准、28 项国家标准、28 项行业标准、1 项地方标准、团体标准 29 项。截至 2022 年 12 月，累计申请专利 1900 多件，已获得授权的专利 1400 余件，其中获得授权的发明专利超 220 件，通过 PCT 途径申请国际专利 28 项，获得授权 24 件，登记的计算机软件著作权 106 件。

在产品研发方面，山河智能 2022 年发布自主研发的两款"世界之最"产品——世界最大旋挖钻机 SWDM1280、世界最高全液压履带桩架 SWCH980-260M，以及两款"世界首创"产品——引孔式静力压桩机 ZYJ1260BK、大直径植桩钻机 SWPD280；跨领域研制采棉机、国际首创高铁线路养护设备 SWGC45 高铁部件智能铺换装备；开发完全自主知识产权的全国首台全自动冶炼炉前装备 SWSV330EI 捣炉车。

在获奖方面，山河智能获得国家级、省部级奖励 40 余项，包括国家科学技术进步奖二等奖、国家技术发明奖三等奖、湖南省技术发明奖一等奖、湖南省科学技术进步奖一等奖等各种奖励数十项。

6.7 浙江鼎力机械股份有限公司

6.7.1 基本情况

浙江鼎力机械股份有限公司是一家专业从事智能高空作业平台的研发、生产、销售和服务工作的高端设备制造企业，始建于 2005 年，2015 年成功上市沪市 A 股，并先后被认定为国家重点扶持的高新技术企业、专利示范企业、标准创新型企业。该公司以"新能源、差异化"为核心，不断探索高空作业平台最前沿技术，研发全球领先的产品，主要产品涵盖臂式、剪叉式和桅柱式高空作业平台 200 余款，全系列产品均已实现电动化。2021、2022 年连续两年入围 *Access International* 全球高空作业平台制造企业榜单的前五名；被工业和信息化部评为"制造业单项冠军示范企业（2021—2023 年）"。

6.7.2 业务情况

从营业总收入情况可以看出，2018—2022 年，浙江鼎力的营业总收入总体上呈现稳步上升趋势，营业总收入位于 17.08 亿～ 54.45 亿元区间（图 6-33）。这 5 年间平均营业总收入约为 34.88 亿元，营业总收入最高为 2022 年的 54.45

亿元，最低为 2018 年的 17.08 亿元，年均增长率为 33.62%。增长最快的年份是 2021 年，与 2020 年相比，增长了 67.03%。

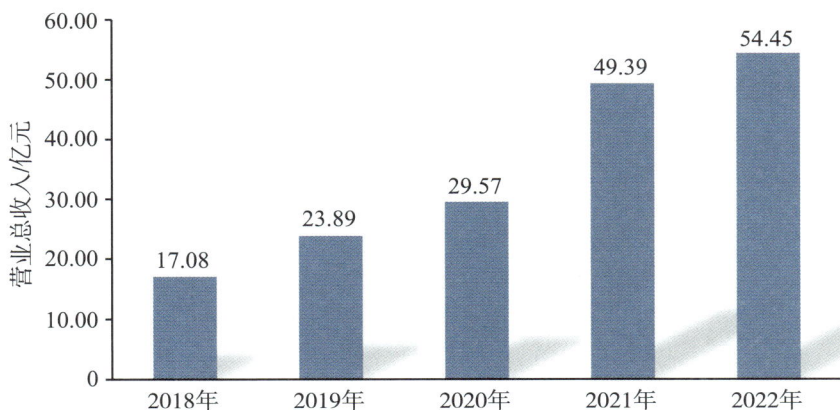

图 6-33　浙江鼎力 2018—2022 年营业总收入

从净利润情况可以看出，2018—2022 年，浙江鼎力的净利润总体上呈现稳步上升趋势，净利润位于 4.80 亿～ 12.57 亿元区间（图 6-34）。这 5 年间平均净利润约为 7.96 亿元，净利润最高为 2022 年的 12.57 亿元，最低为 2018 年的 4.80 亿元，年均增长率为 27.21%。增长最快的是 2022 年的 12.57 亿元，与 2021 年相比，增长了 42.19%。

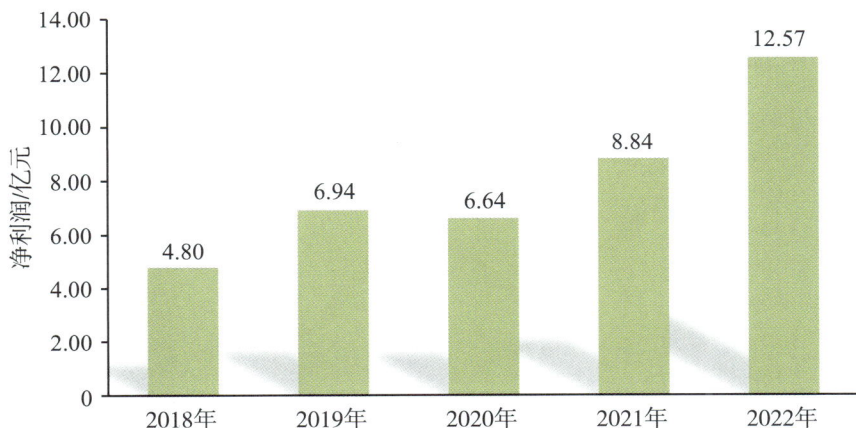

图 6-34　浙江鼎力 2018—2022 年净利润

按产品类型的营业收入占比情况来看，2022 年，浙江鼎力最主要的是剪叉式高空作业平台产品业务，占营业总收入的 60.51%（图 6-35）。排名第二的是臂式高空作业平台产品业务，占营业总收入的 26.70%。排名第三的是桅柱式高空作业平台产品业务，占营业总收入的 8.80%。

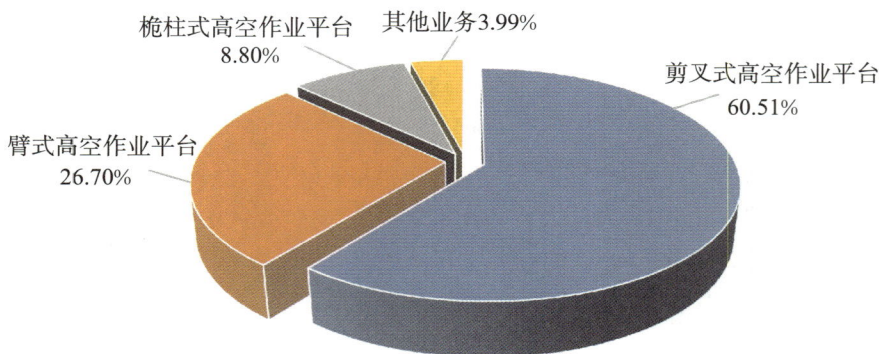

图 6-35　浙江鼎力 2022 年细分业务产品占比

6.7.3　创新情况

一是研发创新平台体系建设情况。浙江鼎力建立了鼎力欧洲研发中心（位于意大利、德国）及国内的省级企业研究院、省级企业技术中心、省级研发中心、省级工业设计中心等研发部门联动机制的创新体系，不断致力于探索全球高空作业平台最前沿技术，研发全球领先的智能高空作业平台产品。

二是研发费用投入情况。从研发费用投入金额情况可以看出，2018—2022年，浙江鼎力投入金额呈现增长趋势，研发费用投入金额位于 0.61 亿～ 2.02 亿元区间（图 6-36）。这 5 年间平均投入约为 1.20 亿元，年均增长率为 34.90%。

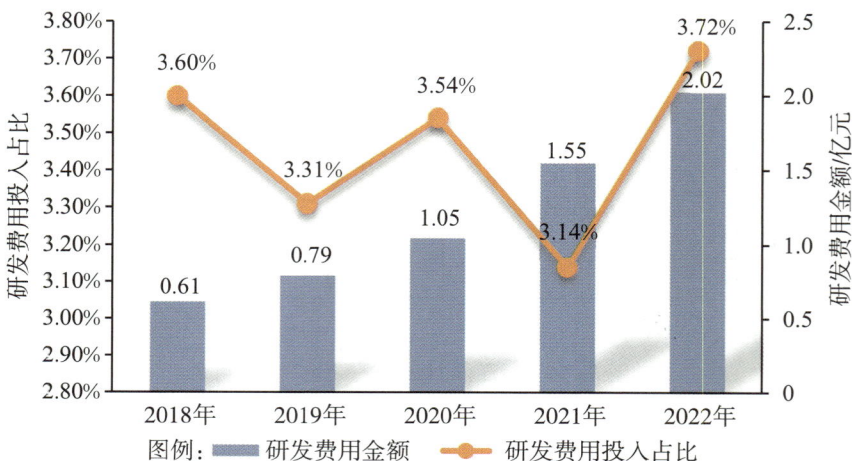

图 6-36　浙江鼎力 2018—2022 年研发费用投入情况

研发费用投入最高为 2022 年的 2.02 亿元，最低为 2018 年的 0.61 亿元。增长最快的年份是 2021 年，与 2020 年相比，增长了 47.6%。从研发费用投入占比情况可以看出，2018—2022 年，研发费用投入占比总体上呈现波动趋势，位于 3.14% ~ 3.72% 区间。这 5 年间平均占比约为 3.46%，研发费用投入占比最高为 2022 年的 3.72%，最低为 2021 年的 3.14%。

三是研发人员情况。2018—2022 年，浙江鼎力研发人员数量总体上呈现上升趋势，年均增长率为 24.5%。5 年间研发人员数量位于 100 ~ 247 人区间，平均约为 213 人（图 6-37）。研发人员数量最多为 2020 年 247 人，最少为 2018 年 100 人。增长最快的年份是 2019 年，与 2018 年相比，增长了 136%。从研发人员数量占比情况可以看出，2018—2022 年，研发人员数量占比总体上呈现波动趋势，位于 10.16% ~ 20.92% 区间。这 5 年间平均占比约为 14.7%，占比最高为 2019 年的 20.92%，最低为 2018 年的 10.16%。

图 6-37 浙江鼎力 2018—2022 年研发人员情况

四是创新成果情况。在标准建设和知识产权方面，浙江鼎力拥有专利 251 项，其中发明专利 104 项、海外专利 69 项、计算机软件著作权登记证 5 项，专利数量居国内高空作业平台行业首位。另外，参与制定国家标准 16 项、行业标准 9 项。

在获奖方面，2018 年，浙江鼎力获 "IPAF 年度高空作业平台先驱奖"，实现中国制造在该奖项上零的突破。2019 年，浙江鼎力作为唯——家中国制造商再次入围 "IPAF 高空作业 IAPA 创新技术奖"。浙江鼎力被工业和信息化部评为

"制造业单项冠军示范企业（2021—2023 年）"，并先后被认定为国家重点扶持的高新技术企业、专利示范企业、标准创新型企业。

6.8　厦门厦工机械股份有限公司

6.8.1　基本情况

厦门厦工机械股份有限公司创建于 1951 年，1993 年 12 月由厦门工程机械厂改制为上市公司。公司产品包括装载机、挖掘机、盾构机、小型机械等 10 多种整机类型。经过 70 多年的发展，厦工机械先后获得了多项重量级荣誉，如"厦工及图"商标先后获得"福建省著名商标""中国驰名商标"称号，厦工机械产品多次获得"厦门优质品牌""福建省名牌产品""中国名牌产品"称号，厦工机械多次获得"中国工程机械制造商五十强""全球工程机械制造商五十强""全国机械行业文明单位""装备中国功勋企业"，以及"全国高技能人才培养示范基地""机械工业高技能人才培养示范基地""2011 年福建省质量奖"等殊荣。

6.8.2　业务情况

从营业总收入情况可以看出，2018—2022 年，厦工机械的营业总收入总体上呈现下降趋势，营业总收入位于 10.07 亿～ 28.38 亿元区间（图 6-38）。这 5 年间平均营业收入约为 18.38 亿元，营业总收入最高为 2018 年的 28.38 亿元，最低为 2022 年的 10.07 亿元，年均增长率为 –22.82%。下降最多的年份是 2019 年，为 18.72 亿元，与 2018 年相比，下降了 34.04%；下降最少的年份是 2020 年，为 19.20 亿元，与 2019 年相比，下降了 2.56%。

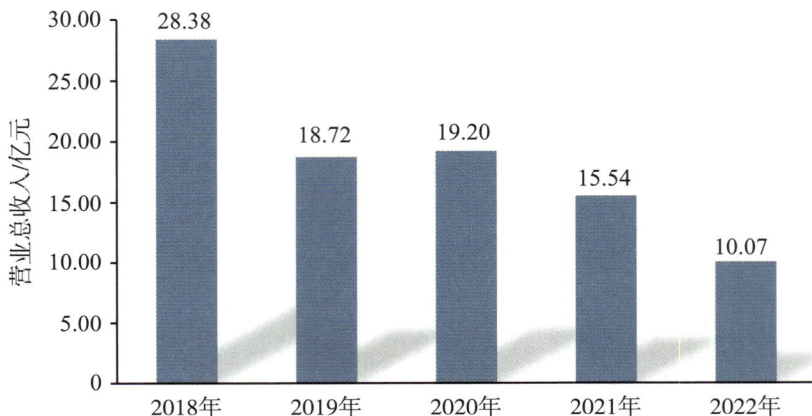

图 6-38　厦工机械 2018—2022 年营业总收入

　　从净利润情况可以看出，2018—2022 年，厦工机械的净利润总体上呈现先降后升趋势，净利润位于 –11.22 亿～ 2.67 亿元区间（图 6–39）。这 5 年间平均净利润为 –3.18 亿元，净利润最高为 2022 年的 2.67 亿元，最低为 2019 年的 –11.22 亿元，年均增长率为 –7.64%。增长最快的年份是 2022 年，与 2021 年相比，增长了 356.73%；下降最多的年份是 2019 年，与 2018 年相比，下降了64.52%。

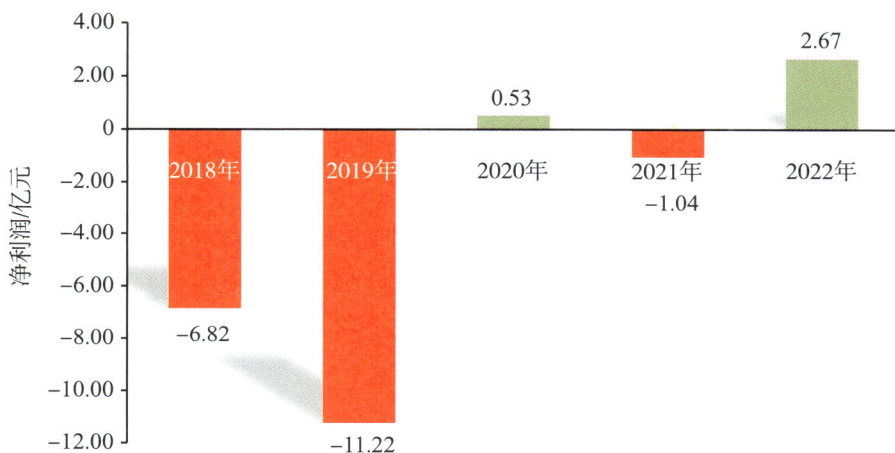

图 6–39　厦工机械 2018—2022 年净利润

　　按产品类型的营业收入占比来看，2022 年，厦工机械最主要的是土石方机械产品业务，占营业总收入的 57.28%（图 6–40）。排名第二的是其他工程机械产品业务，占营业总收入的 10.18%。排名第三的是材料及其他产品业务，占营业总收入的 9.36%。排名第五的是隧道掘进机械产品业务，占营业总收入的 6.11%。

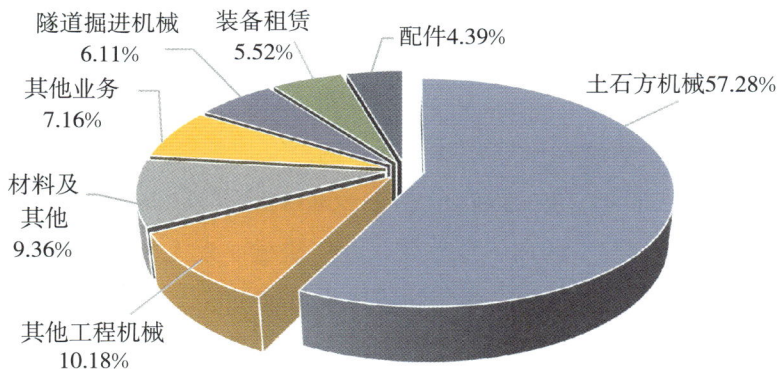

图 6–40　厦工机械 2022 年细分业务产品占比

排名第六的是装备租赁产品业务，占营业总收入的 5.52%。排名第七的是配件产品业务，占营业总收入的 4.39%。

6.8.3 创新情况

一是研发创新平台体系建设情况。厦工机械建立了国家级企业技术中心、博士后工作站和福建省院士专家工作站，并与厦门大学、华侨大学及中国机械科学研究总院、天津工程机械研究院等高校和研究机构建立了长期的"产学研"合作关系，形成了完善的研发体系和创新机制。

二是研发费用投入情况。从研发费用投入金额情况可以看出，2018—2022年，厦工机械研发费用投入金额总体上呈现逐年下降的趋势，研发费用投入金额位于 0.27 亿～ 0.51 亿元区间（图 6-41）。这 5 年间平均投入为 0.372 亿元，年均下降率为 14.3%。研发费用投入最高为 2018 年的 0.51 亿元，最低为 2021 年的 0.27 亿元。下降最多的年份是 2020 年，与 2019 年相比，下降了 41.7%。从研发费用投入占比情况可以看出，2018—2022 年，研发费用投入占比总体上呈现波动趋势，位于 1.47%～ 3.17% 区间。这 5 年间平均占比约为 2.15%，研发费用投入占比最高为 2022 年的 3.17%，最低为 2020 年的 1.47%。

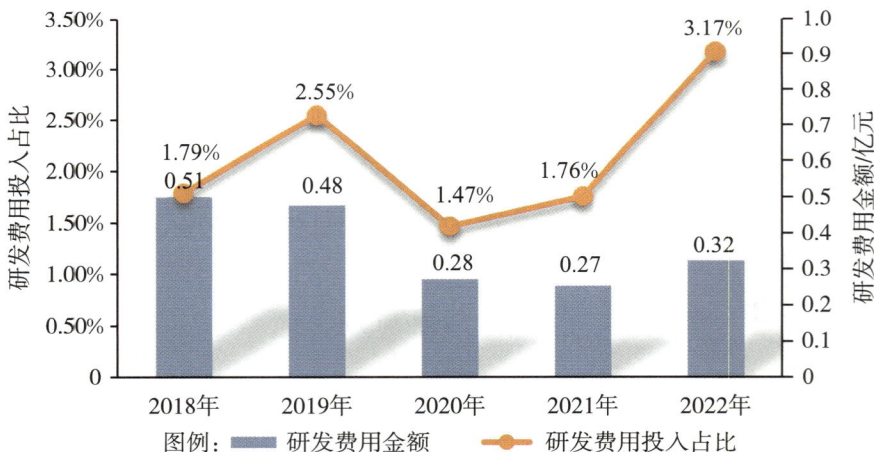

图 6-41　厦工机械 2018—2022 年研发费用投入情况

三是研发人员情况。2018—2022 年，厦工机械研发人员数量总体上呈现下降趋势，年均增长率为 -16.9%。5 年间研发人员数量位于 92 ～ 193 人区间，平均为 133 人（图 6-42）。研发人员数量最多为 2018 年的 193 人，最少为 2022 年的 92 人。下降最多的年份是 2020 年，与 2019 年相比，下降了 45.9%。从研发人员数量占比情况可以看出，2018—2022 年，研发人员数量占比总体上呈现平稳趋势，位于 9.92% ～ 12.33% 区间。这 5 年间平均占比为 11.14%，占比最高为 2018 年的 12.33%，最低为 2021 年的 9.92%。

图 6-42　厦工机械 2018—2022 年研发人员情况

　　四是创新成果情况。厦工机械先后成功研制了中国首台 8 ～ 10 吨三轮压路机（1963 年）、Z435 中国首台轮式装载机（1964 年）、CCC3A 中国首台侧面叉车（1983 年）、XG955 中国首台中轴距装载机（2004 年）、XGRT5130 中国首台越野叉车（2010 年）、XG955CNG 中国首台天然气装载机（2010 年）、XG822LNG 中国首台天然气挖掘机（2013 年）、XG822i 中国首台具有自主知识产权的智能挖掘机（2015 年）、XG958i 中国首台具有自主知识产权的智能装载机（2015 年）等突破性领先成果。近年来，厦工机械坚持创新驱动发展，通过自主研发和合作开发等方式，不断提高产品技术水平和公司研发能力，取得了液压、传动、工作装置、节能及整机等方面的近 300 项核心专利，不断孵化出新技术和新产品。

6.9　江苏恒立液压股份有限公司

6.9.1　基本情况

　　江苏恒立液压股份有限公司成立于 2005 年，主要产品包括液压油缸、液压泵阀、马达、液压系统集成等，下游客户覆盖美国卡特彼勒、日立建机、久保田建机、三一重工、徐工集团、柳工股份、中铁工程、铁建重工等世界五百强和全球知名主机客户。经过多年在品类、产能、区域上的不断扩张，恒立液压已在中国、德国、美国、日本、墨西哥分别建有 5 个液压研发中心与 10 个生产制造基地,产品覆盖 20 多个国家和地区,技术水平和生产规模跻身世界前列,在挖掘机、高空作业平台、盾构机、海工海事、新能源设备、工业设备等领域拥有较高的市场占有率。

6.9.2 业务情况

从营业总收入情况可以看出,2018—2022 年,恒立液压的营业总收入总体上呈现波动上升趋势,营业总收入位于 42.11 亿～ 93.09 亿元区间(图 6-43)。这 5 年间平均营业收入约为 69.97 亿元,营业总收入最高为 2021 年的 93.09 亿元,最低为 2018 年的 42.11 亿元,年均增长率为 18.12%。其中,增长最快的年份是 2020 年,与 2019 年相比,增长了 45.09%;下降最多的年份是 2022 年,与 2021 年相比,下降了 11.95%。

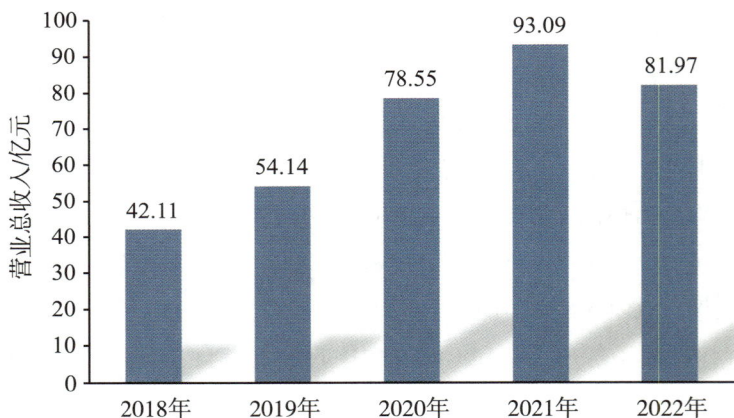

图 6-43 恒立液压 2018—2022 年营业总收入

从净利润情况可以看出,2018—2022 年,恒立液压的净利润总体上呈现快速上升趋势,净利润位于 8.37 亿～ 26.99 亿元区间(图 6-44)。5 年间平均净利润约为 18.89 亿元,净利润最高为 2021 年的 26.99 亿元,最低为 2018 年的 8.37 亿元,年均增长率为 29.43%。其中,增长最快的年份是 2021 年,与 2020 年相比,增长了 19.37%;下降最多的年份是 2022 年,与 2021 年相比,下降了 12.97%。

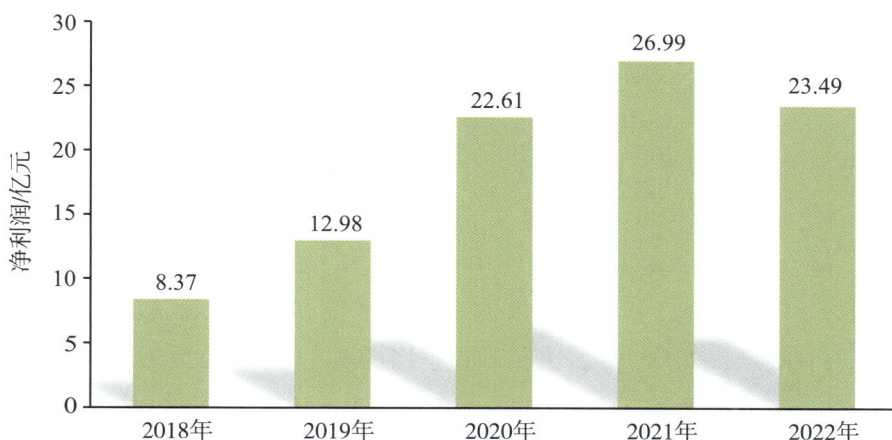

图 6-44 恒立液压 2018—2022 年净利润

　　按产品类型的营业收入占比来看，2022 年，恒立液压最主要的业务是液压油缸产品业务，占营业总收入的 55.93%（图 6-45）。排名第二的是液压泵阀产品业务，占营业总收入的 33.61%。排名第三的是配件及铸件产品业务，占营业总收入的 7%。排名第四的是液压系统产品业务，占营业总收入的 3.09%。

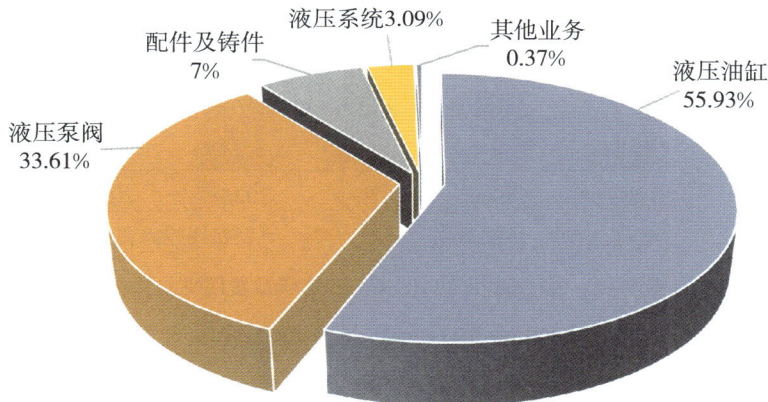

图 6-45 恒立液压 2022 年细分业务产品占比

6.9.3 创新情况

　　一是研发创新平台体系建设情况。恒立液压在全球范围内设立了包括恒立美国芝加哥研发中心、恒立德国柏林研发中心、恒立中国上海研发中心、恒立中国常州研发中心四大研发中心，并建设了亚洲最大的液压油缸研发中心和江苏省唯一的超高压油缸小型化轻量化设计工程技术研究中心，还设有江苏省高压油缸工程中心、江苏省企业技术中心以及江苏省博士后工作站、江苏省研究生工作站、江苏省外国专家工作室等科技创新平台，形成了国内外完善的创新联动体系。

二是研发费用投入情况。从研发费用投入金额情况可以看出，2018—2022年，恒立液压投入金额总体上呈现逐年增长趋势，研发费用投入金额位于1.72亿～6.50亿元区间（图6-46）。这5年间平均投入约4.11亿元，年均增长率为39.43%。研发费用投入最高为2022年的6.50亿元，最低为2018年的1.72亿元。增长最快的年份是2021年，与2020年相比，增长了105.82%。从研发费用投入占比情况可以看出，2018—2022年，研发费用投入占比总体上呈现波动上升趋势，位于3.93%～7.93%区间。这5年间平均占比约为5.45%，研发费用投入占比最高为2022年的7.93%，最低为2020年的3.93%。

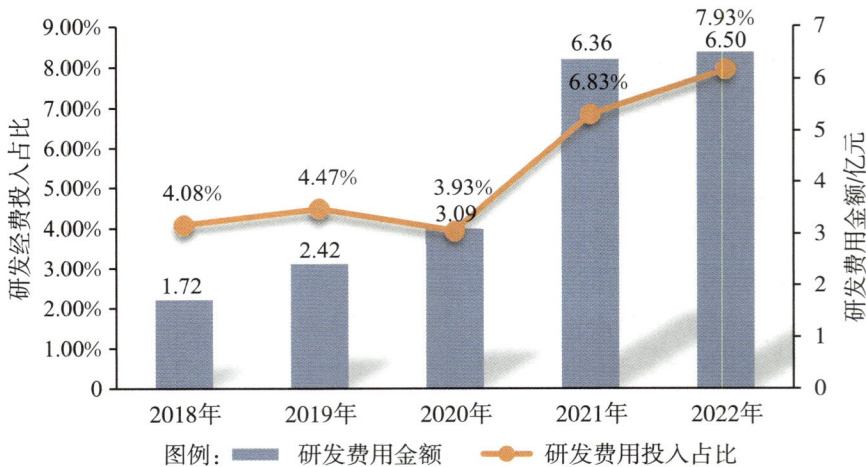

图6-46　恒立液压2018—2022年研发费用投入情况

三是研发人员情况。2018—2022年，恒立液压研发人员数量总体上呈现上升趋势，年均增长率为21.7%。5年间研发人员数量位于530～1203人区间，平均约为736人（图6-47）。研发人员数量最多为2022年的1203人，最少为2019年的530人。增长最快的年份是2022年，为1203人，与2021年相比，增长了63.5%。从研发人员数量占比情况可以看出，2018—2022年，研发人员数量占比总体呈现波动上升趋势，位于11.63%～19.85%区间。这5年间平均占比约为13.98%，占比最高为2022年的19.85%，占比最低为2019年的11.63%。

图 6-47 恒立液压 2018—2022 年研发人员情况

四是创新成果情况。恒立液压形成了具有多产品的自主知识产权的技术体系。截至 2022 年 12 月 31 日，公司拥有有效专利共计 584 件。其中，国外发明专利 13 件，国内发明专利 85 件。2022 年度被评为"第七届中国工业大奖"获奖企业。与高校合作开发的"工程机械高效高可靠电液控制系统关键技术与产业化"项目获浙江省科学技术进步奖一等奖；与高校合作开发的"高压大流量整体式液压多路阀关键技术与产业化"项目获江苏省科学技术进步奖三等奖。

6.10 烟台艾迪精密机械股份有限公司

6.10.1 基本情况

烟台艾迪精密机械股份有限公司创立于 2003 年 8 月，于 2017 年 1 月在上海证券交易所上市，是我国破碎锤的龙头企业。该公司主要产品包括破碎锤、液压泵、回转马达、行走马达、多路控制阀等。其中，液压破碎锤产品线扩展到轻型、中型和重型 3 个序列 20 多个系列。经过近 20 年的钻研与创新，该公司已成为全球最大的液压属具生产企业之一，产品出口至全球 90 多个国家和地区。该公司生产的高端液压泵、液压马达及多路控制阀等产品，突破了核心技术瓶颈，成功实现伺服数字液压系统的国产化，打破国外企业长期垄断国内市场的局面。

6.10.2 业务情况

从营业总收入情况可以看出，2018—2022 年，艾迪精密的营业总收入总体上呈现先升后降的趋势，营业总收入位于 10.21 亿～26.84 亿元区间（图 6-48）。

这 5 年间平均营业收入约为 18.86 亿元，营业总收入最高为 2021 年的 26.84 亿元，最低为 2018 年的 10.21 亿元，年均增长率为 18.67%。增长最快的年份是 2020 年，与 2019 年相比，增长了 56.45%；下降最多的年份是 2022 年，与 2021 年相比，下降了 24.55%。

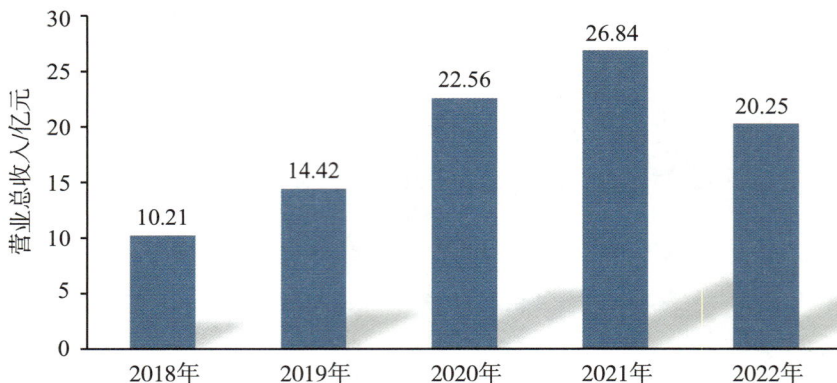

图 6-48 艾迪精密 2018—2022 年营业总收入

从净利润情况可以看出，2018—2022 年，艾迪精密的净利润总体上呈现先升后降的趋势，净利润位于 2.25 亿～ 5.16 亿元区间（图 6-49）。这 5 年间平均净利润约为 3.6 亿元，净利润最高为 2020 年的 5.16 亿元，最低为 2018 年的 2.25 亿元，年均增长率为 2.57%。增长最快的年份是 2020 年，与 2019 年相比，增长了 50.88%；下降最多的年份是 2022 年，与 2021 年相比，下降了 47.02%。

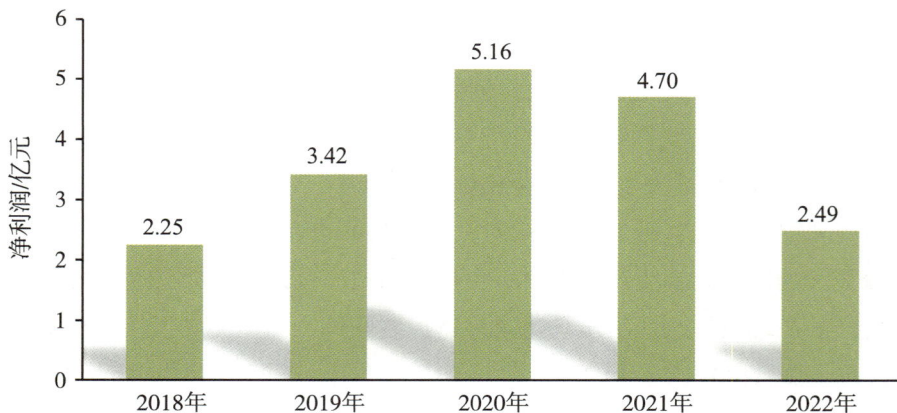

图 6-49 艾迪精密 2018—2022 年净利润

按产品类型的营收占比来看，2022 年，艾迪精密最主要的业务是液压件产品业务，占营业总收入的 53.07%（图 6-50）。其次是液压破碎锤产品业务，占营业总收入的 44.98%。

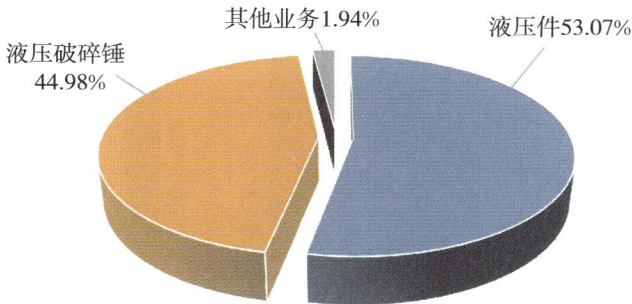

图 6-50   艾迪精密 2022 年细分业务产品占比

6.10.3   创新情况

一是研发创新平台体系建设情况。艾迪精密不断加强技术研发团队建设，深化与国内外科研机构及高等院校的合作，提高全过程自主研发能力，促使公司成为技术创新和科技成果转化的主体，打造液压产品领域的领先技术研发中心，形成具有自身特点的技术体系，并且完全掌握具有自主知识产权的核心技术。

二是研发费用投入情况。从研发费用投入金额情况可以看出，2018—2022年，艾迪精密研发费用投入金额总体上呈现波动增长趋势，投入金额位于 0.40亿～1.34 亿元区间（图 6-51）。这 5 年间平均投入为 0.856 亿元，年均增长率为24.1%。研发费用投入最高为 2021 年的 1.34 亿元，最低为 2018 年的 0.40 亿元。增长最快的年份是 2020 年，与 2019 年相比，增长了 94.4%；下降最多的年份是2022 年，与 2021 年相比，下降了 29.1%。从研发费用投入占比情况可以看出，2018—2022 年，研发费用投入占比总体上呈现稳定趋势，位于 3.72%～4.99% 区间。这 5 年间平均占比约为 4.41%，研发费用投入占比最高为 2021 年的 4.99%，最低为 2019 年的 3.72%。

图 6-51 艾迪精密 2018—2022 年研发费用投入情况

三是研发人员情况。2018—2022 年，研发人员数量总体上呈现上升趋势，年均增长率为 18.8%。5 年间研发人员数量位于 190～378 人之间，平均约为 276 人（图 6-52）。研发人员数量最高为 2022 年的 378 人，最低为 2018 年的 190 人。增长最快的年份是 2021 年，为 351 人，与 2020 年相比，增长了 46.9%。从研发费用投入占比情况可以看出，2018—2022 年，研发人员数量占比总体上呈现上升趋势，位于 11.05%～15.71% 区间。这 5 年间平均占比约为 13.23%，占比最高为 2022 年的 15.71%，最低为 2020 年的 11.05%。

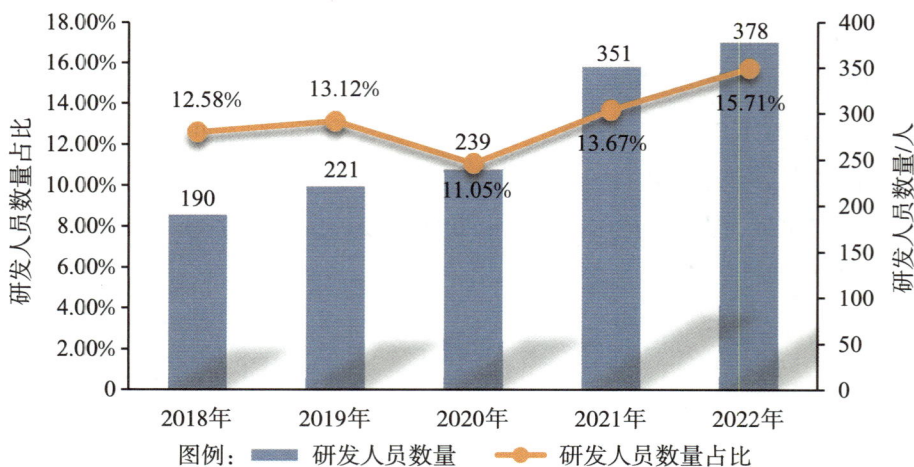

图 6-52 艾迪精密 2018—2022 年研发人员情况

四是创新成果情况。艾迪精密始终将技术创新作为核心竞争力，持续开展应用技术和行业前沿的新产品、新工艺研究，成功开发出科技含量高、市场竞争力强、经济效益好的技术成果，形成了以热处理技术、高压液压件铸造技术、先进机加工工艺、高压密封技术、测试技术为核心的具有自主知识产权的技术体系；成功研发的液压泵、液压马达、多路控制阀等产品实现了上述高端液压件的国产化，打破了国外品牌长期垄断的局面。

6.11 安徽合力股份有限公司

6.11.1 基本情况

安徽合力股份有限公司始建于 1958 年，是机械工业部定点生产叉车的大型重点骨干企业。主导产品是合力牌系列叉车，拥有 24 个吨位级（覆盖 0.2～46吨）、500 多个品种、1700 多种型号，类型涵盖电动步行式仓储叉车、电动乘驾式仓储叉车、电动平衡重乘驾式叉车和内燃平衡重式叉车。经过 60 多年的发展，安徽合力已成为国内规模最大的叉车科研、生产和出口基地，是全国同行业中首个获得进出口自营权的企业。截至 2022 年，安徽合力叉车产销量连续 32 年位列国内第一，连续 7 年位列全球叉车企业排行榜第七名。

6.11.2 业务情况

从营业总收入情况可以看出，2018—2022 年，安徽合力的营业总收入总体上呈现稳步上升趋势，营业总收入位于 96.67 亿～ 156.73 亿元区间（图 6-53）。

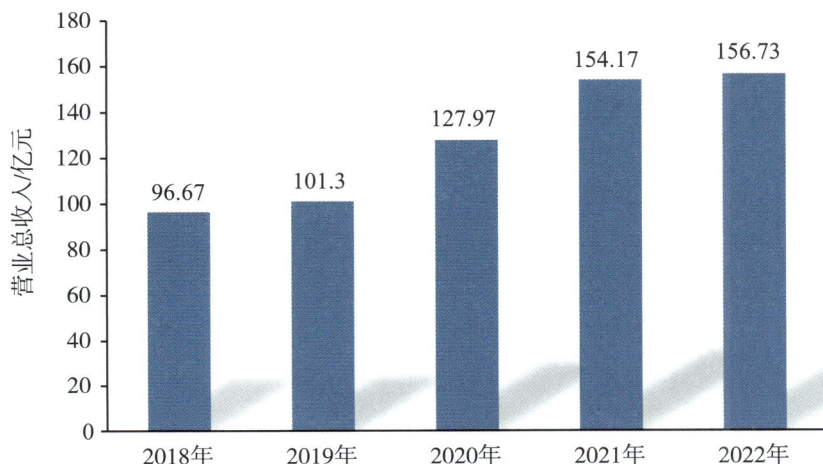

图 6-53　安徽合力 2018—2022 年营业总收入

这 5 年间平均营业收入约为 127.37 亿元，营业总收入最高为 2022 年的 156.73 亿元，最低为 2018 年的 96.67 亿元，年均增长率为 12.88%。增长最快的年份是 2021 年，为 154.17 亿元，与 2020 年相比，增长了 20.47%；下降最多的年份是 2019 年，为 101.3 亿元，与 2018 年相比，增长了 4.79%。

从净利润情况可以看出，2018—2022 年，安徽合力的净利润总体上呈现稳步上升趋势，净利润位于 7.12 亿～ 10.25 亿元区间（图 6-54）。这 5 年间平均净利润约为 8.27 亿元，净利润最高为 2022 年的 10.25 亿元，最低为 2018 年的 7.12 亿元，年均增长率为 9.54%。增长最快的年份是 2022 年，为 10.25 亿元，与 2021 年相比，增长了 30.57%；下降最多的年份是 2021 年，为 7.85 亿元，与 2020 年相比，下降了 5.87%。

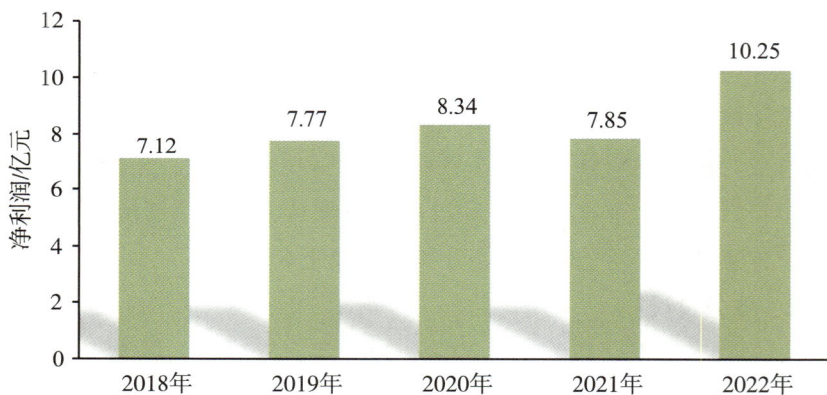

图 6-54　安徽合力 2018—2022 年净利润

按产品类型的营业收入占比来看，2022 年，安徽合力最主要的业务是叉车及配件产品业务，占营业总收入的 99.03%（图 6-55）。

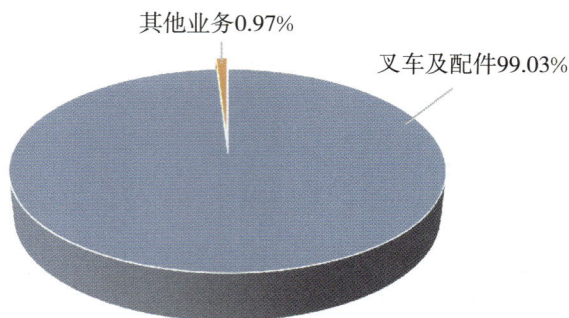

图 6-55　安徽合力 2022 年细分业务产品占比

6.11.3 创新情况

一是研发创新平台体系建设情况。安徽合力拥有国家级企业技术中心、国家级工业设计中心、安徽省工业车辆重点试验室，具有 CNAS 资质认可的试验检测中心、博士后科研工作站等研发设计机构，研究领域覆盖工业车辆基础技术、整机产品开发、关键零部件研究、产品试制试验和检测等，构建完善的矩阵式产品研发体系。

二是研发经费投入情况。从研发经费投入金额情况可以看出，2018—2022 年，安徽合力投入金额总体上呈现增长趋势，研发费用投入金额位于 3.94 亿～ 7.12 亿元之间（图 6-56）。这 5 年间平均投入为 5.506 亿元，年均增长率为11.82%。研发费用投入最高为 2021 年的 7.12 亿元，最低为 2018 年的 3.94 亿元。研发经费投入增长最快的年份是 2021 年，与 2020 年相比，增长了 32.09%；下降最多的年份是 2022 年，与 2021 年相比，下降了 13.5%。从研发经费投入占比情况可以看出，2018—2022 年，研发费用投入占比总体上呈稳定趋势，其范围介于 3.93%～ 4.86% 之间。这 5 年间的平均占比约为 4.34%，研发费用投入占比最高为 2019 年的 4.86%，最低为 2022 年的 3.93%。

图 6-56 安徽合力 2018—2022 年研发经费投入情况

三是研发人员情况。2018—2022 年，安徽合力研发人员数量总体上呈现下降趋势。这 5 年间研发人员的数量介于 1398 ～ 1825 人之间，平均约有 1678 人（图 6-57）。2020 年研发人员数量最多，为 1825 人；2022 年研发人员数量最少，为 1398 人。研发人员数量下降最多的年份是 2022 年，为 1398 人，与 2021 年相比，下降了 21%。从研发人员数量占比情况可以看出，2018—2022 年，研发人员数量占比介于 16.04% ～ 23.95% 区间，总体上呈现下降趋势。这 5 年间研发人员数量平均占比约为 21.29%，2020 年占比最高，为 23.95%；2022 年占比最低，为 16.04%。

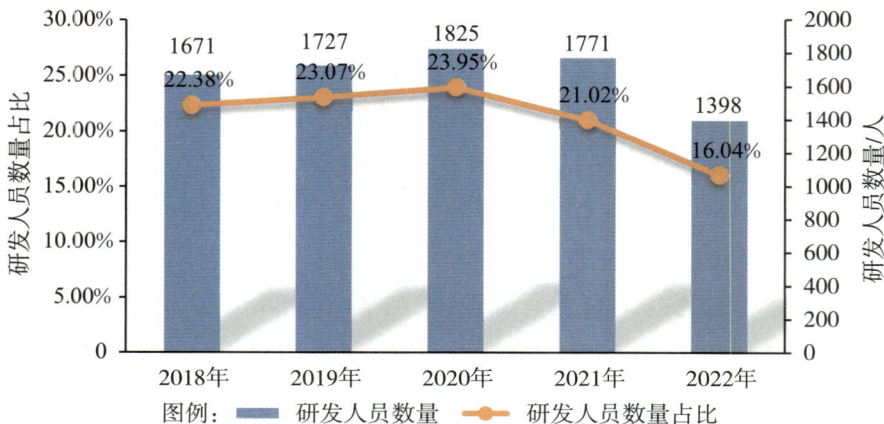

图 6-57　安徽合力 2018—2022 年研发人员情况

四是创新成果情况。在知识产权与标准建设方面，2022 年，安徽合力共计获得授权专利 43 件，其中发明专利 11 件，发明专利"双泵合流节能型叉车液压系统"获第二十二届中国专利优秀奖、第七届安徽省专利金奖，外观专利"电动叉车（10 吨）"获第七届安徽省外观设计银奖；主持制定 2 项国际标准、18 项国家标准和 13 项行业标准。在科研项目方面，2022 年，安徽合力承担了国家 863 计划项目、国家火炬计划项目、国家重点新产品项目和省重大科技攻关项目等一批重要的科研项目。其中，"重型叉车关键技术研发及产业化"项目获安徽省科学技术进步奖二等奖、中国机械工业科学技术进步奖二等奖。在科技创新平台建设方面，技术中心获工业和信息化部"国家级工业设计中心"称号并在国家发展改革委评估中获评优秀等级；机械工业叉车工程研究中心被中国机械工业联合会授予"'十三五'机械工业优秀创新平台"称号。在产品创新方面，2022 年持续推进科技创新，进一步加大锂电、氢燃料、大吨位混合动力等新能源产品和国四标准绿色内燃产品研发力度，G2 系列锂电专用车年产销突破 1 万台。2023 年上半年围绕电动新能源、智能物流、高端内燃车辆共推出新产品 300 余款，全新一代合力智能 i 系列和 H4 锂电新能源叉车在全球发布上市，实现产品智能迭代升级。

7 国内先进地区推动工程机械产业发展经验及借鉴

7.1 湖南省推动工程机械产业发展经验

湖南省是中国规模最大的工程机械研发制造基地，工程机械已经成为"湖南制造"走向世界的一张亮丽名片。当前，被称为"中国工程机械之都"的湖南长沙拥有三一重工、中联重科、铁建重工和山河智能 4 家全球工程机械五十强企业。超 500 家上下游配套企业，生产的工程机械产品品种约占全国的 70%，产值约占全国的 23%。2022 年，长沙工程机械产业集群规模企业总产值约 2000 亿元，利润约 90 亿元，拥有 20 余家国家级、100 余家省级创新平台，规模以上工程机械企业从业人员 7.7 万余人，占全国总从业人员的 36%。长沙成为仅次于美国伊利诺伊州和日本东京的世界第三大工程机械产业集聚地。长沙工程机械产业集群规模企业资产总额、营业收入、利润总额连续 13 年居全国首位。2023 年上半年，长沙工程机械产业核心主机企业产值超 1000 亿元。长沙正致力打造世界一流的工程机械产业链，计划到 2025 年，建设成为全球工程机械领域科技创新策源地、高端制造集聚地、合作交流目的地。

7.1.1 主要产业政策

湖南省是中国工程机械产业的重要基地，拥有多个国内外知名的工程机械企业和品牌。为进一步提升工程机械产业的创新能力、竞争力和可持续发展能力，湖南省近年来出台了一系列的政策措施，旨在培育工程机械国家级制造业创新中心，构建"一体两翼多向延伸"的产业形态布局，推动工程机械与轨道交通、航空动力等产业的融合发展，加快工程机械的自主可控、高端化、智能化、绿色化、国际化进程，打造国际先进的工程机械产业集群（表 7–1）。

表 7-1　2021 年以来湖南省工程机械产业部分政策

年份	发布机构	政策名称	相关内容
2022	湖南省工业和信息化厅	产业基础再造工程实施方案	积极培育工程机械国家级制造业创新中心
2022	湖南省工业和信息化厅	湖南省先进制造业集群"十四五"发展规划	工程机械集群，着力构建"一体两翼多向延伸"的工程机械集群，着力构建"一体两翼多向延伸"的产业形态布局
2021	湖南省人民政府	湖南省国民经济和社会发展第十四个五年规划和二〇三五年远景目标纲要	全文共 14 次提到"工程机械"，并提出到 2025 年，工程机械、轨道交通产业实现全面自主可控；工程机械零部件省内配套率提高到 60% 以上
2021	湖南省人民政府办公厅	湖南省"十四五"战略性新兴产业发展规划	全文 14 次提到工程机械，集中在产业发展重点方向、优势产业集群、核心技术攻关方面
2021	湖南省人民政府办公厅	推动开放型经济高质量发展打造内陆地区改革开放高地行动方案（2021—2023 年）	加快工程机械在内的优势产业在"一带一路"沿线国家（地区）布局，提高国际市场份额。建立健全二手车、二手工程机械出口管理与促进体系，支持长株潭地区打造内陆地区二手车、二手工程机械出口集散基地。持续办好长沙国际工程机械展览会等展会活动，推动贸易成交和项目合作
2021	湖南省工业和信息化厅	湖南省制造业重点领域产业链技术创新路线图（工程机械、先进轨道交通装备、环境治理技术及应用、工业软件）	到 2024 年，基本建成国际一流的工程机械研发中心和"智造"中心、全国最大的工程机械制造产业高地、全国功能最强的工程机械产业服务中心
2021	湖南省人民政府办公厅	关于打造"三个高地"促进湖南高质量发展的实施方案	工程机械领域，突破挖掘机械、起重机械等主机产品，以及高端液压件、轴承等零部件关键技术
2021	长沙市人民政府办公厅	长沙市"十四五"先进制造业发展规划（2021—2025 年）	47 次提到工程机械，主要集中在壮大新兴产业、巩固提升优势产业、先进制造业产业集群提质行动、产业创新能力提升行动、制造业"三化"赋能行动、制造业绿色低碳转型行动等方面

续表

年份	发布机构	政策名称	相关内容
2021	长沙市工业和信息化局	长沙市打造国家重要先进制造业高地三年行动计划（2021—2023年）	到2023年，建成国际先进的工程机械产业集群。加速推进工程机械自动化、智能化、数字化转型发展，进一步强化长沙工程机械产业优势地位
2021	长沙市委、市政府	关于加快建设国家重要先进制造业中心的实施意见	分8个部分共30条，从培育具有国际竞争力的产业集群、实施创新驱动、推进数字化转型等方面着力，以高端化、智能化、绿色化、融合化为发力点，以产业链建设为抓手，推动制造业优化升级，加快向价值链中高端延伸，力争到2025年，全市制造业形成"智、优、新"高质量发展格局

7.1.2　主要创新平台

2022年，湖南省拥有17个国家重点实验室、9个国家工程实验室、13个国家工程技术研究中心、32个国家技术创新示范企业、59个国家级企业技术中心。这些"国字号"的研究机构平台，是湖南打造具有核心竞争力科技创新高地的一大保障。湖南省工程机械产业主要创新平台见表7-2。

表7-2　湖南省工程机械产业主要创新平台

平台名称	建设单位/依托单位	主要职能
建设机械关键技术国家重点实验室	长沙建设机械科学研究院（中联重科）	针对在建设机械行业量大面广、起主导作用的混凝土泵送机械、工程起重机械、建筑起重机械、路面施工机械的关键技术和共性技术进行研究。重点关注建设机械大型金属结构件优化研究等
机械装备高性能智能制造关键技术湖南省重点实验室	长沙理工大学	紧紧围绕高性能机械加工理论、机械零件智能检测及性能调控技术、面向高性能制造的先进加工工具3个方向开展研究
湖南省特种泵工程技术研究中心	湖南耐普泵业股份有限公司、江苏大学	结合国家战略和市场需求方向，解决特种泵领域关键共性技术问题，推动省高端装备制造业和智能制造发展进程，推进泵行业技术创新，提高国内泵类制造企业的国际竞争力

续表

平台名称	建设单位/依托单位	主要职能
湖南省机械装备绿色再制造工程技术研究中心	牵头单位为湖南大学，合作共建单位为湖南法泽尔动力再制造有限公司等	湖南省首个在制造产业方面的工程研究中心
湖南省工程机械创新中心	建设单位为湖南国重智联工程机械研究院有限公司，股东单位包括三一重工、中联重科、山河智能、铁建重工、长沙市国投集团、长沙市工程机械行业协会等14家机构	进一步集聚工程机械行业及产业链上下游企业、高校院所等创新资源，充分利用牵头单位行业领先优势和长沙市工程机械行业协会等联盟的辐射带动作用，完善机制体制，加大研发要素投入，聚焦工程机械关键共性技术研发、产业孵化、公共服务、技术转移扩散、国际交流合作和人才培育等平台开展工作，高标准建设创新中心
智能网联与智慧工程机械融合创新应用平台	湖南湘江新区（长沙高新区）管委会、三一重工、湘江智能	聚焦重卡、皮卡、港口机械等新装备和路面机械、矿用自卸车等工程机械产业的智能化、数字化、网联化转型升级，探索5G-V2X、自动驾驶、智能座舱等新型技术与工程机械的全面融合应用，共同打造世界领先的5G-V2X智慧物流、新一代智能驾驶重卡和智能驾驶工程机械集群创新应用示范
长沙市工程机械行业协会	三一集团有限公司、中联重科、铁建重工、山河智能、湖南大学、长沙银行	充分发挥促进机构的枢纽作用，统筹协调集群资源，促进集群成员抱团合作交流，实现工程机械产业资源整合及共享，解决工程机械数字化、网络化、智能化"卡脖子"技术瓶颈，突破部分关键核心技术，加强工程机械行业标准建立，推进工程机械智能化转型升级，提升工程机械产业核心竞争力
国家混凝土机械工程技术研究中心	中联重科	针对混凝土机械行业、领域发展中的重大关键、共性技术问题，在试验研究和产品开发平台、基础技术、工程设计、先进制造技术等方面开展研究工作，并向行业内的企业提供技术服务

续表

平台名称	建设单位/依托单位	主要职能
湖南省岩土施工装备与控制工程技术研究中心、现代工程装备节能关键技术湖南省重点实验室、现代凿岩设备湖南省工程研究中心	山河智能	—

7.1.3　发展经验做法

一是强化政策供给，充分释放政策综合效应。2021—2022 年，湖南省出台了一系列文件支持工程机械产业的发展。其中，在 2021 年 3 月出台的《湖南省国民经济和社会发展第十四个五年规划和二〇三五年远景目标纲要》中，全文 14 次提到"工程机械"，通过实施先进装备制造业倍增工程、关键核心技术攻关计划、五大开放行动、对接粤港澳大湾区行动计划、长株潭一体化工程、"十四五"重大物流工程等，至 2025 年实现工程机械产业全面自主可控、零部件省内配套率提高到 60% 以上，助推形成工程机械世界级产业集群。在 2021 年 8 月出台的《湖南省"十四五"战略性新兴产业发展规划》中又在产业发展重点方向、优势产业集群构建、核心技术攻关等方面 14 次提到工程机械产业。而长沙市作为"工程机械之都"，在《长沙市"十四五"先进制造业发展规划（2021—2025 年）》中更是 47 次提到了工程机械产业，并规划通过先进制造业产业集群提质行动、产业创新能力提升行动、制造业"三化"赋能行动、制造业绿色低碳转型行动等巩固提升工程机械产业优势，加快将工程机械培育成为世界级先进制造业集群的脚步。

二是深化产学研用结合，实现人才与产业"双向奔赴"。三一重工围绕学习型组织发展与产教融合平台建设两个重点推进人才培养，保持人才储备及梯队建设。积极响应国家"访企拓岗"政策，先后与中南大学、长沙理工大学、长沙学院、湖南城市学院、湖南工学院、湖南财政经济学院、湖南农业大学等众多高校建立了长期战略合作伙伴关系；同时深化校企合作，与中南大学、湖南大学、长安大学、湖南工业职业技术学院等开展人才交流培养与移动课堂。与湖南工学院、长沙学院、湖南城市学院共建产业学院，集合双方优势资源，满足公司对复合型人才的需要，更好地实现产教结合。在人才梯队建设上，实现了从一线技术工人、售后服务人员、专业技术人才、平台管理人才的培养体系，并加快与各高职院校的订单班合作。在研发项目实践中，山河研究生院实现了"招、育、用、留"的一体化模式，保证了公司研发领域新鲜血液的持续注入，确保了公司创新型人才不断涌现。中联重科为贯彻落实党中央、国务院关于深化产教融合改革，促进教育链、人才链与产业链、创新链的有机衔接，制定了《中联重科股份有限公司产教融合、校企合作三年规划》。与湖南大学、西北工业大学、长沙理工大学、浙江大学、中国农业大学等高校开展了产学研、校企联合人才培养等合作，每年为各大高校提供参观实习、实践实习等机会及累计实习岗位千余个；与对口职业技术学院联合创立技能型人才订单式供给机制，与湖南工业职业技术学院等16家职业院校签订校企合作协议，订单式培养售后服务、技能人才超600余人；与7家院校建立实习实训基地，实现装备制造的"人才定制"。中联重科2020年入选湖南省第一批产教融合型企业名单。

三是"增智强链"，大力推进数字化、智能化转型。数字化、电动化成为工程机械行业发展的新趋势、大趋势，给工程机械行业带来前所未有的"技术窗口期"。中联重科按照德国工业4.0标准，率先将"5G+工业互联网"应用于塔机研发，形成1座"智能工厂"、2个"灯塔车间"、3座"智能立库"、4条"黑灯产线"的生产格局；启动新一代研发数字化平台建设，以基于数字孪生的数据应用场景驱动中联重科智能化产品4.0创新；加速智能园区、智能工厂、智能产线建设，融合AI技术与智能装备，构建柔性化智能产线；持续推进涵盖全制造流程150余项行业领先的智能制造技术在智能产线落地应用，完成56项全流程智能制造关键技术在智能产线上的成功搭载，加速制造环节智能化升级换代。三一集团实现了业内领先的数字化车间智能制造模式，以"灯塔工厂"建设为核心，以数据采集与应用、工业软件建设与应用、流程"四化"为抓手，实现管控精细化、决策数据化、应用场景化；推广应用机器人、自动化系统、物联网、视觉识别、AI等技术；依托SCM项目实施及MES升级优化实现制造管理过程数字化；运用智能检测和大数据分析等技术，实现质量检测过程的数字化、在线化。山河智能通过引进大批智能化设备，结合先进技术采集生产过程中的人、物、机等信息，构建生产全流程实时数据采集系统；开展一体化信息共享互传建设，打通各系统间的数据壁垒；积极探索新兴技术在智能制造上的应用，未来将实现产线全过程可视化。山河智能凭借"高端工程装备智能制造示范工厂"项目获评"国家级智能制造试点示范项目"。

四是高位推进"链长制"，打造工程机械产业链升级合力。第一，是政府部门高位推进。工程机械产业链被纳入湖南省重点培育的20条工业新兴优势产业链中，由省委书记挂帅担任工程机械产业链链长。长沙市组建产业链推进工作办公室，实施"强链、补链、延链"行动，制作产业全景图、产业链招商地图、紧缺急需人才需求目录等，系统谋划工程机械产业发展。第二，链主企业担当主力。不断增强主机企业作为链主企业的牵引力，《湖南省先进制造业促进条例》还对链主企业提出"牵头组建产业链上下游企业共同体，协同开展技术创新和产业化协作"等要求。以三一重工为例，其面向供应商生态圈推出"卓越同行"改善项目，帮助中小企业融入产业链，提高全产业链的业务能力和管理水平。第三，协会助力资源共享。2019年，长沙市工程机械行业协会成立，由数家龙头主机企业负责人轮流担任轮值会长。协会现拥有会员单位200多家，发挥着参谋助手、桥梁纽带和行业监管作用，推动长沙工程机械在产业链、供应链、创新链等方面抢占先机。

五是打造产业共同体，形成跨链、跨区开放生态系统。在跨链合作方面，以三一重工、中联重科、山河智能、铁建重工、长沙市国投集团、长沙市工程机械行业协会等14家机构为股东的湖南国重智联工程机械研究院有限公司正式成立，这是长沙工程机械产业由"单打独斗"到协同创新的标志性事件。国重智联的主要任务包括建设共性技术研发平台、提供检测等公共服务及人才培育和共享、推动成果转移转化，并进行一些关键核心零部件的攻关。随着龙头企业加强合作，一些壁垒逐渐被打破。通过行业协会牵线，数家主机企业拿出各自的配套企业名单，开始制定相互认可的通用标准。同时，大力推进"主配协同"，主机企业和上下游企业不再只是简单的买卖关系。依托工业互联网平台，企业的生产进度、库存、质量等数据都可以在平台上查阅，很好地解决了配套不协同、风险不可控的问题。在跨区协同方面，以长沙为龙头发展主机，以常德、娄底、岳阳、衡阳为辅配套发展零部件，同时面向全国开展合作和配套。岳阳市湘阴县的湖南工程机械配套产业园作为长沙经开区的"飞地"、湖南省唯一正式实施跨市的科技园，突破了行政化管理模式，重点围绕六大主机零部件供应短板，致力于顶层互通、基层互联、产业互补、民生互惠。

六是注重长远谋划，通过收购全球巨头迅速完成国际化布局。通过收购、并购海内外相关企业，将其核心技术、创新资源、人才团队、市场网络布局等收罗网下，充分整合资源、扩大企业市场网络、提高市场份额、缩短研发周期，奠定在海内外竞争中的先发优势地位，如 2008 年中联重科收购世界混凝土设备龙头企业意大利西法公司（compagnia italiana forme acciaio，CIFA），借助此次并购，中联重科将西法公司的全球销售网络渠道收为己有，同时迅速提高中联重科品牌的国际知名度和产品技术水平。2012 年三一重工收购全球混凝土机械老牌巨头德国企业普茨迈斯特（Putzmeister），后者曾长期占据全球混凝土机械市场 40% 的份额，是这一领域的第一品牌。此举使三一重工的国际化进程由 5～10 年缩短至 2 年。收购普茨迈斯特后，三一重工的产品技术和质量得到显著提升，同时借助普茨迈斯特已有的全球销售网络迅速完成国际化布局。

七是重视研发投入，坚持创新和知识产权保护。山河智能在研发上不遗余力地持续投入，为掌握核心技术执着探索，为企业高质量发展提供不竭动力。山河智能已成功研发出 200 多种具有自主知识产权和核心竞争力的装备产品，知识产权的年实施率不低于 80%。铁建重工从 2007 年创办至今一直坚持战略创新、制度创新和科技创新，保持研发人员及投入"两不变"（研发技术人员占员工总数的 20% 不变，现已有超过 1000 名研发技术人员；研发费用占营业收入的 6% 不变，企业每年都会拿出几亿元经费投入研发）。三一重工每年将销售收入的 5%以上投入研发，形成集群化的研发创新平台体系，拥有 2 个国家级企业技术中心、1 个国家级企业技术分中心。截至 2021 年底，三一重工拥有研发人员 7231人，占企业总人数的 30%；研发费用投入 77 亿元，占企业营业收入的 7.25%；累计申请专利 13140 件，其中授权专利 9124 件。中联重科仅 2021 年全年共有 727件专利获得授权，同比增长 99.2%，获 1 项中国专利金奖（臂架振动控制方法、控制装置、控制系统以及工程机械）、2 项中国专利优秀奖（一种臂架挠度的测量方法、装置及系统，一种卸粮装置、具有其的农业机械及卸粮方法），彰显强大的研发创新实力。2021 年还实现专利申请量同比增长 62%，其中发明专利申请量同比增长 48%。

7.2　江苏省推动工程机械产业发展经验

近年来，江苏省委、省政府高度重视工程机械产业，把工程机械产业链列入省"1650"现代产业体系重点培育打造，逐渐形成了以徐州、常州、苏州等为主体的集聚发展态势。2022年，江苏全省工程机械整机与配套产业规模约4000亿元，其中徐州市工程机械产业规模超过1700亿元，约占全国工程机械行业的20%。

江苏省工程机械产业有三大特点：一是产业集聚态势较为明显。全省工程机械行业几乎拥有工程机械全部大类产品，工程机械及相关行业企业有1200余家，产品有75个系列、400多个品种，徐州市也是首批国家新型工业化产业示范基地。二是产业链较为齐全。产品覆盖挖掘机、装载机、起重机、压路机、平地机、道路养护机械、大吨位自卸车、高空作业平台、矿用车辆等整车产品，以及铸锻、结构、传动、液压等关键配套零部件，构建了完备的"主机—零部件—后服务"全链条协作体系。三是产业创新实力较强。全省工程机械行业共有国家重点实验室1个（依托徐州工程机械集团有限公司建设的高端工程机械智能制造重点实验室）、国家级企业技术中心3家（徐州工程机械集团有限公司、国机重工集团常林有限公司、常柴股份有限公司）、制造业单项冠军示范企业（产品）8个及一批省级企业重点实验室、企业研究院、院士企业研究院、省级工程技术研究中心。徐州市工程机械集群成功入围国家先进制造业集群竞赛决赛优胜者名单，将进一步推动全省工程机械产业发展迈上新台阶。

7.2.1　主要产业政策

江苏省近年来出台了一系列工程机械产业政策，旨在加速构建特色产业集群并将工程机械产业推向世界先进水平。其中，重点提出到2025年将工程机械产业集群发展达到国际领先水平的目标，并将起重机产业纳入30条优势产业链进行重点培育。这些政策还对集群发展现状、短板问题、培育目标和重点举措进行系统梳理，并明确了加快培育包括工程机械在内的13个先进制造业集群的方向。这些政策旨在为江苏省工程机械产业的持续健康发展和国际竞争力的提升提供坚实支持与指导（表7–3）。

表 7-3　2018—2021 年江苏省工程机械产业部分政策

年份	发布机构	政策名称	相关内容
2021	江苏省人民政府	江苏省国民经济和社会发展第十四个五年规划和二〇三五年远景目标纲要	加快打造工程机械等特色产业集群；到 2025 年，工程机械产业集群达到世界先进水平
2021	江苏省人民政府办公厅	江苏省"十四五"制造业高质量发展规划	打造综合实力国际先进的工程机械和农业机械集群
2020	江苏省委、省政府	江苏省"产业强链"三年行动计划（2021—2023 年）	将起重机产业列入 30 条优势产业链进行重点培育，副省长挂钩联系，省工业和信息化厅牵头成立工作专班，有序推进产业链高质量发展
2018	江苏省人民政府	江苏省人民政府关于加快培育先进制造业集群的指导意见	明确将加快培育包括工程机械在内的 13 个先进制造业集群

7.2.2　主要创新平台

江苏省已布局 4 家国家重大科技基础设施、42 家国家重点实验室、144 家省重点实验室等基础研究类平台，已建有国家技术创新中心 2 家和省技术创新中心 7 家等产业技术类平台。江苏省工程机械产业主要创新平台见表 7-4。

表 7-4　江苏省工程机械产业主要创新平台

平台名称	建设单位/依托单位	主要职能
高端工程机械智能制造国家重点实验室	徐州工程机械集团有限公司	围绕工程机械行业发展中亟需解决的可靠性和智能化程度低、作业能耗大、面向制造智能化程度低等关键技术和共性技术问题，开展应用基础研究和产业前瞻性基础研究
江苏省工程机械检测与控制重点实验室	徐州工程学院	围绕工程机械的状态检测与可靠性设计和工程机械的智能化技术研究的相关领域，开展工程机械产业技术发展前沿关键技术和重大应用基础问题的研究

续表

平台名称	建设单位/依托单位	主要职能
江苏省工业装备数字制造及控制技术重点实验室	依托单位为南京工业大学，联合单位为南京工大数控科技有限公司、南京高精齿轮集团有限公司	—
江苏省新能源动力机械工程技术研究中心	南京泉峰科技有限公司	—
江苏省新能源工程装备工程技术研究开发中心	江苏建筑职业技术学院	—
江苏省矿山机械电液控制设备及零部件工程技术研究中心	江苏五洋停车产业集团股份有限公司、江苏建筑职业技术学院	—
江苏省混凝土机械工程技术研究中心	江苏建筑职业技术学院	—
江苏省矿山机械电液控制设备及零部件工程技术研究中心	江苏五洋停车产业集团股份有限公司	—

7.2.3 主要经验做法

一是加强顶层设计以引领产业发展方向。加快培育竞争力强的先进制造业集群是江苏制造强省的重要突破口和发力点。2018 年，江苏省在全国率先出台《关于加快培育先进制造业集群的指导意见》，遴选包括工程机械在内的 13 个先进制造业集群作为重点进行培育，2022 年已配套各类政策文件 51 个，形成集群培育的"1+N"政策体系；推进"百企引航""千企升级"行动，培育领军企业和"隐形冠军"；开展高层次人才培养，丰富人才供给等，有效形成了联动聚力支持先进制造业集群培育、打造产业"航空母舰"的工作机制。在相关政策的大力支持下，徐州市工程机械产业发展基础扎实、发展态势强劲，其在"十三五"期间的年均复合增长率超过 10%，成为中国工程机械产业千亿俱乐部的两大集群之一。

二是提高产业发展战略定位。徐州市坚持把工程机械作为"1 号产业"来打造，并提出朝高端化、绿色化、国际化等方向发展的明确路径，按照"四个一"支撑体系，推动"政产学研金"有机衔接、高效协同，进一步巩固"中国工程机械之都"的地位。"四个一"支撑体系具体是指组建一个由牵头部门、龙头企业、行业专家等组成的工作专班；成立一个产业联盟，发挥链主企业引领带动作用，围绕产业共性问题搭建创新联合体，打造产业链、供应链供需对接平台；打造一个创新体系，加快培育一批国家和省级重点实验室、制造业创新中心、技术创新中心、产业创新中心；建强一套要素支撑体系，加强供应链金融、扩大融资渠道、引育产业基金等金融资本支撑，强化工业用地、用能、用水、用电、排放等要素保障。通过"四个一"推进机制，形成市县联动、部门协同、全市一盘棋的产业培育格局。

三是通过精准招商汇聚高质量发展强劲动能。徐州市聚焦工程机械等六大战略性新兴产业及现代服务业发展，聚力招大引强、招新引高，突出工程机械"1号工程"核心地位，瞄准国内外行业领军企业，大力招引龙头型、旗舰型重大产业项目。徐州市坚持领导招商常态攻坚，聚力"1号工程""1号项目"，主要负责人做到重要招商方案亲自制订、重要招商活动亲自参加、重要客商亲自会见、重大问题亲自协调推动；深化产业链招商，深入实施市级领导包挂联系优势产业链制度和产业链"链长制"，因地制宜，因链施策，招引培育一批链主企业和强链、补链、延链、稳链项目，推进徐州市优势产业链向中高端发展；加强以商招商，依托徐工集团、卡特彼勒、协鑫等本土龙头企业集聚优势，招引更多产业链上下游企业；实行资本招商，发挥各类产业基金引导作用，提供全生命周期股权投资支持，撬动社会资本支持成长期、成熟期企业发展；制定飞地经济招商政策，探索发展飞地经济，鼓励各地依托现有园区共建飞地园区，承接市外产业转移和市内项目流转，招引培育一批优质企业。招商方式不断创新，进一步锻造招商利器，丰富拓展招商渠道，挖掘招引潜力，增强招商引资的竞争力和招商队伍的战斗力。近年来，一批重特大制造业项目相继落户徐州市，并陆续投产，已引进霍尼韦尔电机驱动及控制研发和制造基地、飞宇机械工程车底盘、特佳高端工程机械零部件研发制造基地等33个工程机械及关联产业项目，产业集群集聚更具规模。引导市区主城三区、徐州淮海国际港务区加快都市产业和现代服务业融合发展。

四是构建"同盟军"高效协同发展机制。构建高效协同发展机制，按照

"一个混合专班＋一个产业联盟＋一批创新平台支撑＋一套要素支撑体系"模式，全力支持工程机械产业创新发展。建设大中小企业融通发展平台载体，支持领军企业整合产业链资源，联合中小企业建设产业链、供应链生态体系，构建创新协同、产能共享、供应链互通的新型产业发展生态。龙头企业注重发挥链主企业的主导作用，带动、帮扶相关产业链、供应链上下游中小企业共同成长，持续打造同盟军队伍。如徐工集团对其配件商圣邦的技术、生产进行全方位立体式对接和保姆式帮扶，帮助其在高端精密液压件的多个领域取得突破性进展，打破了部分零部件依靠进口的不利局面；联合宝钢、南钢、涟钢等持续创新，使高强钢实现技术突破，完全打破进口高强钢的行业垄断，全行业进口钢材价格实现了每吨成本降低至进口板材的 50%，采购周期也由原来的 6 个月缩短到 2～3 个月；打造"智＋"系列系统平台，升级供应链上下游的信息交互模式，打通供应商端、仓储物流端、工厂端、经销商端的信息，构建高效协同、柔性响应的智能供应链体系。2021 年，徐州市工程机械产业规模以上产值达 1618 亿元，除徐工这个千亿级"航母"外，还拥有亿元以上企业 33 家、十亿至百亿元企业 8 家、百亿元企业 1 家、规模以上工业企业 299 家，形成"一超、一大、多强"的企业梯队。7 家企业获评国家级单项冠军企业（产品），2 家企业获评国家专精特新"小巨人"称号。同时，带动全市设计、制造、维保、租赁等关联企业 5000 余家，从业人员 16 万余人。同年，徐州工程机械产业集群获评国家首批先进制造业集群。

五是着力建设产业创新支撑平台。依托徐工集团建设高端工程机械智能制造国家重点实验室，近 5 年，实验室共承担包括国家"863"项目、国家科技成果转化项目和国家科技支撑项目等省部级以上科研项目 31 项，获省部级以上奖项 46 项（含国家科学技术进步奖二等奖 5 项），获授权的发明专利 214 件，牵头并参与制定了 5 项国际标准、241 项国家标准，相关成果成功应用于多项国家重大基础设施建设工程。建成全国行业唯一的省级高端工程机械及核心零部件制造业创新中心，拥有国家企业技术中心、工业设计中心、高端工程机械智能制造国家重点实验室等省级以上科技创新平台 65 个，59 个重大装备及关键部件获评省级首台（套）重大装备及关键部件。

六是竞速新赛道抢占有利"身位"。抢抓数字化、智能化、低碳化发展新机遇，在新赛道上奋力提速前行。在数字化方面，徐工集团通过数字化管控能力的打造，实现以数据驱动集团总部、分子公司、营销和服务运营管控效率的全面提升，通过数据的持续流动和价值开发利用，全面提升徐工集团核心竞争力。早在 2016 年徐工集团就发布了国内首个自主研发并具有自主知识产权的汉云工业互联网平台，实时连接的全球设备有 120 余万台，涉及 2000 多种类型。仅徐工汉云公司就已积累工业互联网发明专利、软件著作权、软件产品证书 300 余项，主导参与工业互联网近 10 项国家级标准制定，汉云工业互联网平台连续 4 年（2019—2022 年）入选国家级跨行业、跨领域工业互联网平台名单。在智能化方面，徐州是国内最先探索工程机械智能制造新模式应用的城市，搭建了徐工汉云、赛摩工业协同制造云等工业互联网平台，打造智能制造全价值链服务能力。2022 年，全省工程机械行业入选国家智能制造试点示范项目名单 3 个、智能制造综合标准化与新模式应用项目名单 1 个、智能制造标杆企业名单 1 家、制造业与互联网融合发展试点示范项目名单 6 个；累计创建省级智能车间 38 家，试点建设省级智能工厂 8 家，认定省级工业互联网标杆工厂 4 家。徐工液压件有限公司是工业和信息化部"高端流体控制与执行元件智能制造试点示范项目"实施单位，徐州重型机械有限公司是工程信息行业唯一的智能制造标杆企业，智能制造能力成熟度达四级。在低碳化方面，2022 年江苏省委办公厅印发了《关于推动高质量发展做好碳达峰碳中和工作的实施意见》，坚决遏制"两高"项目盲目发展，狠抓绿色低碳技术攻关。徐工集团大力发展低碳技术，全力构建以新能源为主体的现代绿色低碳能源体系；2022 年初正式发布中国工程机械行业首个双碳规划纲要——《徐工碳达峰碳中和行动规划纲要》；为矿山企业客户推出了"矿山管理大师"系统，助力客户推动矿山的绿色生产和施工。国机重工集团常林有限公司积极推动工程机械电动化，其中 955Ev 电动装载机和 323Ev 电动挖掘机实现"新能源＋工程机械"的转型突破，成功应用于四川、山西、河北等地的国家重大工程项目建设。

7.3 山东省推动工程机械产业发展经验

作为全国工业门类最为齐全、基础最为雄厚、结构最为完善、配套最为完备的省份之一，山东省很早就瞄准了更高端的发展目标，并将加快打造先进制造业强省作为贯穿全省产业发展的主脉络。全省工程机械制造业拥有规模以上工业企业约 600 家，2021 年实现主营业务收入超 1100 亿元，产业规模居全国前三，形成了以临沂、济宁、济南、青岛为代表的特色产业集群，拥有山东临工、山推股份、雷沃工程等龙头整机企业和潍柴动力等核心部件企业，产品涵盖挖掘机械、铲土运输机械、起重机械等 20 个工程机械子门类和关键零部件，在整机及动力系统、传动部件、液压部件、变速箱、履带总成等方面具有领先优势。2023 年 1—4 月，全省挖掘机、装载机产量分别同比增长 51%、68%，继续保持高位增长。

7.3.1　主要产业政策

山东省工程机械产业政策近年来聚焦于数字化转型，引领山东工程机械产业朝更高水平、更具国际竞争力的发展方向迈进。政策的重点是促进工程机械产业由小企业到大企业的渐进式发展，推动数字化、网络化和智能化的整体提升，使工程机械制造与服务能力跃升至价值链的中高端水平。政策涵盖了数字化车间建设、技术创新、高端装备发展、产业基地打造及国际科技合作平台建设等多个方面的内容（表 7–5）。其中，特别关注工程机械领域的创新突破和高端产品研发，每年计划培育 20 台（套）左右首台（套）重大技术装备和关键零部件产品。

表 7–5　2021 年以来山东省工程机械产业部分政策

年份	发布机构	政策名称	相关内容
2022	山东省工业和信息化厅	山东省制造业数字化转型行动方案（2022—2025 年）	到 2025 年，工程机械数字化转型取得显著成效，形成大中小企业梯次发展、"数字化普及、网络化协同、智能化升级"协同推进的良好格局，推动工程机械制造与服务能力迈向价值链中高端。建成数字化车间（智能工厂）200 家。围绕工程机械整机制造、大马力发动机、高端液压件等，每年培育 20 台（套）左右首台（套）重大技术装备和关键零部件产品
2021	山东省人民政府	山东省国民经济和社会发展第十四个五年规划和 2035 年远景目标纲要	强化工程机械等领域领先优势，发展高端整机及核心零部件，打造全国先进制造基地；实施工程机械"强链"工程；建设济宁工程机械国家新型工业化产业示范基地
2021	山东省发展和改革委员会	山东省"十四五"战略性新兴产业发展规划	发展工程机械在内的高端装备，支持济宁、临沂建设高端工程机械产业基地，打造国内领先、国际著名的工程机械制造标杆

续表

年份	发布机构	政策名称	相关内容
2021	山东省人民政府	山东省"十四五"科技创新规划	支持创新型龙头企业在高端装备等领域牵头创建国家重点实验室；围绕高端装备等优势产业共建协同创新共同体；在高端装备制造等前沿战略新兴领域布局建设一批国际科技合作平台和基地
2021	山东省工业和信息化厅	山东省工业设计产业"十四五"发展规划	高端装备产业重点围绕高端工程机械等领域开展整机、整车、系统装备的工业设计

7.3.2 主要创新平台

山东拥有省级企业技术中心 1881 家、国家企业技术中心 196 家，总数量居全国首位；建有国家重点实验室 21 个、省实验室 5 个、省重点实验室 247 个；建有国家级技术创新中心 1 家、省级技术创新中心 65 家。山东省工程机械产业主要创新平台见表 7-6。

表 7-6　山东省工程机械产业主要创新平台

平台名称	依托单位/建设单位	主要职能
节能液压元件及系统国家重点实验室	山东常林机械集团股份有限公司	解决我国以工程机械液压系统（动力元件、执行元件、控制元件及辅助元件）为主的关键问题，为节能液压元件及系统技术的研究提供技术支撑体系和科技创新平台
内燃机可靠性国家重点实验室	潍柴动力股份有限公司	—
山东省工程机械可靠性工程实验室	山东临工工程机械有限公司	—
山东省高校建筑工程机械及其智能装备创新技术重点实验室	山东建筑大学	主要研究方向为绿色建筑机械创新设计及其健康检测技术、精密机械创新设计与智能机器人技术、装配式建筑运载车辆装备技术、建筑工程机械及智能装备虚拟仿真技术

续表

平台名称	依托单位/建设单位	主要职能
挖掘机械智能控制山东省工程研究中心	山重建机有限公司、山东建筑大学机电工程学院	—
山东省全液压建设机械工程技术研究中心	山重建机有限公司	面向建设机械企业规模生产的实际需要，以自主创新为主线、实现高新技术产业化为目标，积极进行全液压建设机械领域的工程技术研究
山东省工程机械智能化技术创新中心	山东临工工程机械有限公司	—

7.3.3　主要经验做法

一是狠抓政策落实，引导产业跨越发展。2020 年以来，山东省委、省政府及其职能部门分别印发了《山东省"十四五"科技创新规划》《山东省"十四五"战略性新兴产业发展规划》《山东省工业设计产业"十四五"发展规划》，重点发展地区的临沂市人民政府办公室印发了《关于全面加快科技创新推动工业经济高质量发展的实施意见》《关于开展临沂市工业企业技术改造三年行动（2020—2022 年）的实施意见》等，要求充分发挥行业龙头企业的引领带动作用，推动配套企业围绕研发设计、生产制造、营销服务等环节与龙头企业开展产业链协同技术改造，推进产业生态建设。以上下游配套产业链和创新链投资为纽带，促进工业布局向产业配套、专业化协作、要素集约高效利用的方向发展。

二是深入实施"链长制"，加强产业生态创新。山东省大力推进"链长制"，细化完善"1 个图谱 +N 张清单""一链一策"，推进产业基础高级化和产业链现代化。同时，政策、资源向"链长制"倾斜，如 2021 年山东临工工程机械有限公司获得高质量发展、智能化升级等奖补资金 2400 余万元。在策划重点项目、加强双招双引、提升创新能力、推进数字赋能等方面予以精准支持，落地更多补链强链项目，鼓励企业竞标参与国家产业基础再造工程项目。构建山东省工程机械智能装备创新创业共同体，围绕工程机械产业"政产学研金服用"七要素创新资源，联合省内外工程机械规模企业、政府部门、高校科研院所、创新创业服务机构、金融投资机构等 29 家单位，共同组建成立新型产业技术创新体系和平台，为打造具有国际竞争力的产品、技术和产业技术创新体系，研究新技术、转化新成果、孵化新企业，为做大做强工程机械产业集群提供全要素支撑。

三是持续深化数字化转型，促进产业迭代升级。山东临工从体系化、自动化、信息化、数字化、网络化、智能化等方面推进企业数字化转型，制定临工智能制造标准体系，梳理所有业务的173个核心流程，并推进智改，关键业务信息化覆盖度高达90%，已实现从工具自动化、工序自动化、生产线自动化到工厂自动化的转型升级；研发的工程机械智能运维平台为销售和服务提供精准数据；借助大数据打造的信息化平台，成功研发生产出5G远程遥控挖掘机，可实现复杂环境下的自动作业。自2016年8月1日起，所有临工产品均已接入智能运维平台。在传统产品不断迭代升级的同时，山东临工坚定推进"双碳"目标的实现，率先开发节能技术，并全力蓄势推动新能源发展，成功推出了纯电动装载机、挖掘机、零排放纯电动矿车、纯电动高空作业平台等多个系列电动化产品。山推工程机械股份有限公司深度挖掘智能制造的关键点。近年来，山推股份持续提升自主创新能力，致力打造"黑灯工厂""数字化车间"，逐步实现自动化、数字化、智能化生产。研制开发了全球首台5G远程遥控推土机、全球首台纯电动推土机等精品"利器"，积极推进主机产品国四升级，完成了国四全系列主力机型的开发；运用5G、物联网、云计算、大数据等创新升级智慧工程大数据中心，在全国首创智慧施工数字化平台，全程监测智慧施工；为客户量身打造辅助施工、无人驾驶、远程遥控等数十种智能装备，利用盘古、轩辕、昆仑等平台为客户提供全流程施工服务，全面满足客户在不同场景下的工况需求，构筑"工程机械＋互联网"的未来施工模式。

四是全力培育产业集群，打造协调发展新引擎。第一，推动整机和配套企业协同发展。助推山推股份、山东重工等头部企业做大高端产品生产规模，同时提高零配件企业对基础部件的研发水平和产品质量，提升现有配套产品的质量和产能，带动配套企业协同发展。第二，打造一体化施工平台。构建以道路施工、矿山施工和特殊工况施工等为基础的一体化施工平台，打造"产品设计—关键零部件生产—系统集成—整机装配—产品营销（租赁）—服务支持—产品再制造"的工程机械产业链。第三，构建研发体系，引领创新发展。以山推协同研究院为依托，与同济大学、山东理工大学、吉林大学、太原科技大学、青岛大学等高校合作，在整机匹配、电液控制、压实机械、远程控制等领域不断进行创新发展，逐步形成自主研发、上下联动的研发体系，为产业发展提供技术保障。

五是开展亩产效益评价工作机制，倒逼产业能效提升。依托"亩产效益"评价改革，完善环保、节能、安全生产等倒逼机制，以资源消耗减量化、废弃物资源化、机电产品再制造为重点，支持企业运用国内外先进节能、节水、节材设备和技术，开展以提升资源利用效率和清洁生产水平为重点的技术改造，形成一批绿色车间、绿色工厂，努力构建高效、清洁、低碳、循环的绿色制造生态体系。

7.4 国内先进地区推动工程机械产业发展经验及借鉴

7.4.1 强化顶层设计以引领高质量发展

明确广西工程机械产业发展的总体思路、改革重点与任务举措，强化组织保障、明确责任分工。统筹产业、财税、金融等各项政策，进一步完善协同创新体系和机制，突破关键核心技术，强化产业基础，培育优质企业和产业集群，保持产业链、供应链稳定，推动工程机械行业高质量发展。

7.4.2 系统谋划产业集群建设与发展路径

紧跟国家产业政策和精准对接国内外市场需求，寻求产业集群发展新路径。抓住转型发展机遇，引导企业加快产品升级换代，优化产品结构，瞄准市场需求及未来发展趋势，研发高端化、智能化、个性化、绿色化的高端新产品，形成新的发展路径。在产业集群政策制定过程中，明确政府制定主体地位，同时要发挥产业集群内企业、协会等各方主体的参与作用。打破政府主导的产业发展模式，构建由政府、企业和专家等多方参与的产业集群协同治理发展模式。集群内不同地区间协同制定产业集群发展目标、空间布局和各设区市产业发展重点，形成区域发展合力，避免重复建设和同质化竞争。以产业集群发展为目标，积极推动园区共建、飞地经济、异地孵化等合作，探索跨市的开发管理机制和利益分配机制。积极推动共建开放合作平台，以一批重点科技创新工程和项目为载体，共享资源要素，推动产业协调发展。

7.4.3 实施"强链、补链、延链"行动

将工程机械产业链纳入广西重点培育的优势产业链，由广西主要党政领导挂帅担任工程机械产业链链长，组建产业链推进工作办公室，实施"强链、补链、延链"行动，根据产业链暴露出的缺板、短板情况，梳理存在的问题，系统绘制产业全景图、产业链招商地图、关键核心技术攻关路线图、紧缺急需人才需求目

录等，精准施策、着力打通产业链堵点、畅通痛点、补上断点，从链条招商、项目建设、企业生产全链条等方面系统谋划工程机械产业发展。

7.4.4 推动产业链与创新链深度融合

围绕产业链部署创新链，围绕创新链布局产业链，从工程机械的全球市场、国家发展需求、长远战略规划的角度出发，系统梳理工程机械产业链的断点、痛点、难点、堵点问题，组织实施一批具有战略性、前沿性的重大科技攻关项目，加快突破一批关键核心技术瓶颈。持续深化"揭榜挂帅""赛马制"等科技攻关机制，推动产业链关键核心技术自主可控，确保产业链关键时刻不掉链。牢固确立企业创新主体地位，畅通科技成果产业转化渠道，对已取得关键核心知识产权的重大科技成果进行转化，发挥科技创新对产业发展的引领作用。

7.4.5 加速推进数字化、智能化、绿色化转型

通过工业互联网布局加速赋能企业数字化转型，持续围绕企业核心业务场景完成数字化管理建设。加速生产制造的智能化升级换代，开展主机企业和配套企业的智能园区、智能工厂、智能产线建设，夯实高质量发展基础。加码布局低碳化新能源装备，加大新能源产品研发力度，奋力抢占工程机械产业绿色发展新赛道的领先地位。

7.4.6 坚持创新是引领发展的第一动力

一是鼓励企业加大研发费用投入力度。加强宣讲及落实《广西壮族自治区激励企业加大研发费用投入财政奖补实施办法》（桂科政字〔2019〕69号），创新科技资金支持方式，采用"揭榜挂帅""赛马制"等项目组织方式，引导龙头企业、重点企业、规模以上工业企业提高研发费用投入比例。对于研发费用投入强度大的企业，优先支持申报国家、省级科技计划项目。二是搭建高端研发创新平台。依靠建设国家及省级企业技术中心、国家及省级重点实验室、省级工程技术中心等创新平台着力开展技术难题攻关。三是重视知识产权创造与保护。鼓励企业大力实施知识产权战略，提升知识产权保护意识，完善专利布局及专利预警机制建设，构建专利技术标准，推动高质量知识产权的创造、保护、运用。

8 广西工程机械产业创新情况分析

工程机械作为广西制造业中的优势支柱产业，不仅在广西的经济发展中扮演着重要的角色，还在国内外市场具有较强的竞争力。近年来，广西紧紧围绕创新驱动发展战略，实施了一批涉及大型工程机械智能化技术研究及产品开发的科技重大专项项目，加快了工程机械产业的转型升级和创新发展，为产业结构优化和高质量发展提供了有力支撑。据统计，"十三五"时期，广西工程机械产量占全国工程机械产量的比重达17%，在全国工程机械行业中占有重要地位；柳工轮式装载机总体研究成果达到国际领先水平，10款非道路国四高端发动机等产品达到国际一流水平；广西美斯达工程机械设备有限公司成为全球移动式破碎筛分设备制造商十强，展现出了广西工程机械产业强大的技术创新能力和较强的市场竞争力。

8.1 广西工程机械产业政策情况分析

近年来，为响应国家加快推进大众创业万众创新的决策部署，深入实施创新驱动发展战略的要求，自治区工业和信息化厅、自治区发展改革委等相关部门出台了多个政策文件，对广西工程机械产业高质量发展给予了有力的支持和指导（表8-1）。这些政策文件涵盖了广西工程机械产业的发展方向、目标、任务和措施，重点关注了广西工程机械产业的电动化、智能化、关键核心零部件等方面的创新和提升，旨在促进广西工程机械产业转型升级，提高其在国内外市场的竞争力和影响力。

表8-1　2018—2023年广西出台有关支持工程机械产业发展的部分政策文件

时间	政策名称	发布机构	相关内容
2023年1月	关于巩固回升向好势头加力振作工业经济的政策措施	广西推进产业振兴三年行动指挥部（代）	围绕新能源汽车、工程机械、动力装备等领域，组织开展广西科技"尖锋"行动，实施100项以上关键核心技术攻关

续表

时间	政策名称	发布机构	相关内容
2022 年 3 月	广西机械和高端装备制造产业集群发展"十四五"规划	自治区工业和信息化厅	要进一步巩固并扩大柳工等龙头企业在装载机、挖掘机领域的传统优势地位,推动其主导产业做大做强,实现"高起点"上的稳增长。挖掘壮大广陆数测、柳工农机等产业领域的特色优势,促进其特色化发展
2021 年 12 月	广西机械产业转型升级方案	自治区工业和信息化厅	重点突破柳工电动工程机械电动化产品、电芯、电池管理系统等关键核心技术,加快提升三电试验能力。加快智能遥控装载机研发及 5G 技术应用,加快挖掘机高精度 3D 定位关键技术研究及应用。支持柳工围绕研发、销售、采购、生产、仓储、物流、财务等业务加速布局数字产业
2021 年 12 月	广西大众创业万众创新"十四五"规划	自治区发展改革委	推广应用工程机械虚拟仿真、工业物联网和大数据应用、云计算、工程机械绿色制造技术、工程机械节能降噪技术、工程机械智能化技术等,促进高速、高效加工在关键零部件制造中的应用,促进产品升级换代。集聚优势力量建设工程机械、新能源汽车等领域的战略性新兴产业集群,依托川藏铁路等国家重大工程加快新能源工程机械应用示范,壮大产业规模
2018 年 10 月	广西工程机械及内燃机产业集群及产业链发展方案	自治区工业和信息化厅	补缺延伸工程机械零部件产业链,形成产业集群。加快企业技术创新。以构建产业群、延伸产业链为主线,努力突破一批重大关键技术,促进其推广应用。将智能制造作为推进工业化和信息化深度融合的突破口,推进工程机械及内燃机全产业链制造过程智能化,培育新型生产方式,全面提升企业研发、生产、管理和服务的智能化水平

8.2   广西工程机械产业营业收入情况分析

由于没有专门机构对广西工程机械相关产业数据进行统计，因此本书根据相关部门收集的高新技术企业统计年报表〔选取《国民经济行业分类》（GB/T 4754—2017）中通用设备制造业和专用设备制造业代码 3431–3435、3439、3511、3514、3515、3517 的数据〕，整理得到反映广西工程机械产业营业收入、利润、产品销售、研发费用投入、研发人员投入和专利产出等情况的数据。

从广西工程机械产业的营业收入情况可以看出，2018—2022 年，广西工程机械产业的营业收入总体上呈现上升趋势，营业收入介于 261.71 亿～ 401.25 亿元之间。这 5 年间的平均营业收入约为 326.06 亿元，营业收入最高为 2021 年的 401.25 亿元，最低为 2018 年的 261.71 亿元，年均增长率为 7.28%。营业收入增长最快的年份是 2021 年，与 2020 年相比，增长了 19.56%；2022 年营业收入有所下降，为 346.70 亿元，与 2021 年相比，下降了 13.60%（图 8-1）。

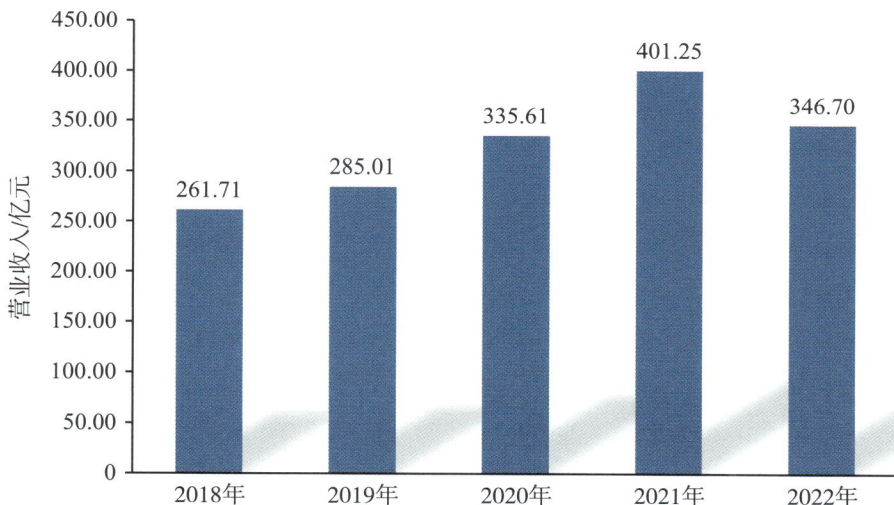

图 8-1   2018—2022 年广西工程机械产业营业收入情况

8.3   广西工程机械产业产品销售情况分析

从总体上看，广西工程机械产业的产品销售收入在 2018—2021 年呈现上升趋势，但在 2022 年出现了下降。2018—2022 年的产品销售收入分别为 256.18 亿元、280.41 亿元、329.87 亿元、392.42 亿元和 340.85 亿元，其中 2021 年达到了最高点，比 2018 年增长了 53.2%，而 2022 年比 2021 年下降了 13.1%（图 8-2）。

从新产品销售收入的角度看，广西工程机械产业的新产品销售收入在 2018—2020 年也呈现上升趋势，但在 2021—2022 年出现了波动。2018—2022 年的新产品销售收入分别为 166.77 亿元、179.45 亿元、216.35 亿元、195.69 亿元和 213.84 亿元，其中 2020 年达到了最高点，比 2018 年增长了 29.7%，而 2021 年比 2020 年下降了 9.6%，2022 年又比 2021 年增长了 9.3%（图 8-2）。

从高新技术产品销售收入的角度看，广西工程机械产业的高新技术产品销售收入在 2018—2021 年快速增长，但在 2022 年出现了下降。2018—2022 年的高新技术产品销售收入分别为 176.45 亿元、194.05 亿元、228.13 亿元、377.57 亿元和 330.97 亿元，其中 2021 年达到了最高点，比 2018 年增长了 113.9%，而 2022 年比 2021 年下降了 12.3%（图 8-2）。

图 8-2　2018—2022 年广西工程机械产业产品销售情况

从新产品销售收入和高新技术产品销售收入在产品销售收入中的占比来看，广西工程机械产业的新产品和高新技术产品在产品销售收入中的占比在 2018—2022 年都呈现上升趋势。2018—2022 年，新产品销售收入在产品销售收入中的占比分别为 65.1%、64.0%、65.6%、49.9% 和 62.7%，高新技术产品销售收入在产品销售收入中的占比分别为 68.9%、69.2%、69.2%、96.2% 和 97.1%。这说明广西工程机械产业通过不断推出新产品和高新技术产品，提高了产品的附加值和竞争力。同时，广西工程机械产业的高新技术产品销售收入的增长速度远高于新产品销售收入和产品销售收入，反映了广西工程机械产业在创新驱动发展战略的指导下，加强了科技创新和技术改造，提升了产业的技术水平和核心竞争力。

8.4　广西工程机械产业利润情况分析

从总体上看，2018—2022年，广西工程机械产业的利润呈现大幅下降趋势，利润位于4.11亿～26.04亿元区间（图8-3）。这5年间的平均利润为14.37亿元，利润最高为2020年的26.04亿元，最低为2022年的4.11亿元，年均下降率为25.88%。其中2021年和2022年的利润下降幅度最大，分别为46.19%和70.66%。这可能是受到市场竞争、成本上升、新冠疫情等因素的影响，导致利润大幅缩水。

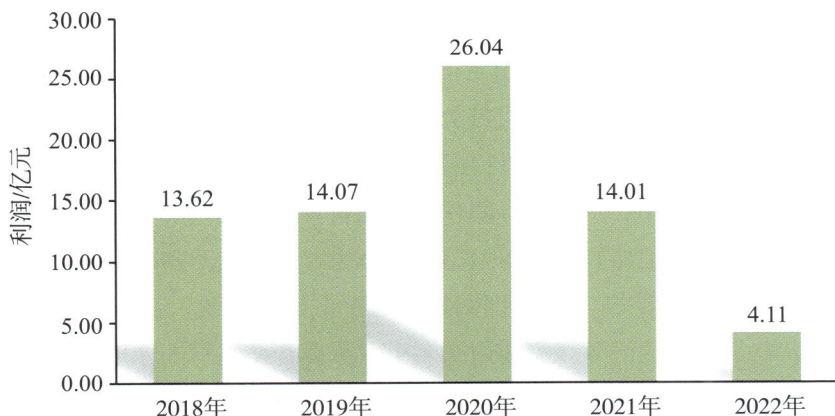

图8-3　2018—2022年广西工程机械产业利润情况

8.5　广西工程机械产业重点科研院校情况分析

8.5.1　广西大学机械工程学院

广西大学机械工程学院的前身是始建于1933年的广西大学机械系，1997年与原广西农业大学农业工程系合并，成为广西大学较大的工科院系之一。在复杂装备设计及故障诊断、智能农机、环保装备、精密制造、发动机设计等领域形成一定的优势学科方向，服务西南、辐射东盟。通过校企全方位深度合作，为玉柴、柳工股份、柳汽、柳钢、南糖等一批国内龙头企业长期提供蔗糖机械装备、丘陵智能农机装备、发动机设计等关键设备技术及人才支撑，实现科技成果向社会和教学的"双转化"。通过积极开展校企合作，实现学校与企业结合、教学与工程结合，先后与柳工股份、玉柴等知名企业共建 30 多个产学研基地、5 个大型工程实践教育中心和 2 个"校中厂""厂中校"，其中与玉柴共建了工程实践基地国家级工程实践教育中心。

8.5.2　广西科技大学机械工程学院

广西科技大学机械工程学院是广西科技大学办学较早、规模较大的学院之一，现设有机械工程及自动化（模具设计与制造方向）、机械工程及自动化（数控技术方向）、工业设计、机械电子工程 4 个本科专业，硕士研究生的机械设计及理论专业。其中，机械工程及自动化专业是广西科技大学首个国家级特色专业建设点、广西首批优质专业，机械制造及其自动化专业是自治区级重点建设学科。机械工程及自动化专业的教学团队也是自治区级教学团队。

8.5.3　广西机电职业技术学院机械工程学院

广西机电职业技术学院机械工程学院是广西机电职业技术学院办学历史最为悠久的二级学院，建设了一批机械类经典优势专业。经过 60 多年的历史积淀，现已建成 1 个全国职业院校装备制造类示范专业、2 个国家级教改试点专业、2 个国家高职示范建设项目重点培育院校重点建设专业等。学院与国内外知名企业结成了校企合作长效战略联盟，与西门子、华为、阿奇夏米尔、海克斯康等国际知名企业共建产业学院和实验实训基地，与上汽通用五菱、玉柴机器、柳工股份、上海特略、厦门捷昕等多家业内知名企业深度合作进行人才培养。积极推进科技成果转化，为柳工股份、柳汽等企业开展工艺优化等技术服务 28 项，服务到款 840 余万元；为企业和同行业提供新技术咨询和服务 45 次，完成校企合作应用技术研发项目 10 余项；围绕数字化设计、仿真和制造等技术领域，服务行业企业员工岗位能力、研发人员创新能力提升和职业院校师资培训等开展国家级、省级和社会培训共 5000 余人次。

8.6　广西工程机械产业创新平台建设情况分析

广西工程机械产业创新平台共有 11 个，其中国家级有 4 个，依托广西柳工机械股份有限公司组建的有 6 个，依托高校组建的有 1 个。广西工程机械产业相关的重要研发机构基本依托柳工股份建设，如 2001 年自治区首批博士后工作站、

2011 年工程机械行业首家国家级技术中心——国家土方机械工程技术研究中心和 2022 年认定的广西工程机械新能源与自主作业重点实验室等（表 8-2）。

表 8-2　广西工程机械产业创新平台情况

创新平台名称	依托单位	所在城市	级别
国家土方机械工程技术研究中心	广西柳工机械股份有限公司	柳州	国家级
国家级工业设计中心	广西柳工机械股份有限公司	柳州	国家级
国家级企业技术中心	广西柳工机械股份有限公司	柳州	国家级
中国极地科考工程机械实验室	广西柳工机械股份有限公司	柳州	国家级
广西工程机械工程技术研究中心	广西柳工机械股份有限公司	柳州	自治区级
广西工程机械新能源与自主作业重点实验室	广西柳工机械股份有限公司	柳州	自治区级
广西挖掘机工程技术研究中心	柳州柳工挖掘机有限公司	柳州	自治区级
广西特种矿运车工程技术研究中心	中国重汽集团柳州运力专用汽车有限公司	柳州	自治区级
广西中小型工程机械工程技术研究中心	广西玉柴重工有限责任公司	玉林	自治区级
广西制造系统与先进制造技术重点实验室	桂林电子科技大学、广西大学	桂林	自治区级
广西内燃机工程技术研究中心	广西玉柴机器股份有限公司	玉林	自治区级

8.6.1　国家土方机械工程技术研究中心

国家土方机械工程技术研究中心是广西第一家依托企业（柳工股份）组建的国家级工程技术研究中心，以土方机械的可靠性、节能、安全环保和关键零部件等重大关键性、基础性与共性技术为主要研究方向。该技术研究中心自组建以来，以开展技术攻关、土方机械产品研发、成果转化和技术服务为重点，搭建了面向土方机械行业的集研发、试验、信息管理、培训于一体，具有自主创新能力和强大技术成果转化能力的综合工程技术研究平台，为提高我国土方机械领域自主创新能力、推动行业技术进步和产业升级产生了积极作用。该技术研究中心依托柳工全球研发中心开展工作。柳工全球研发中心占地面积为 11 万平方米，包括全球研发大楼、全球实验中心，包含大型试验台如热平衡试验、发动机试验、结构件疲劳试验、半消声试验、材料试验等，还包含一个大型室外试验场。

8.6.2 广西工程机械新能源与自主作业重点实验室

2022 年，广西工程机械新能源与自主作业重点实验室依托柳工股份建设，主要开展与工程机械电驱动与自主作业相关的基础、核心和关键技术研究，并推动相关技术的产业化应用。实验室聚焦电动工程机械电池、电机、电控、智能网联、轻量化、整车应用六大核心领域的基础技术研究和技术开发，面向产品、施工作业的人工智能、关键控制技术、核心零部件技术、整车集成及检测评价等关键技术研究及推广应用等，搭建电动化、智能化工程机械技术和产品开发的研究体系，打造广西重要科技创新高地。建设期间将形成专利、标准等科技成果，推动整个行业的技术发展；同时基于实验室平台培养优秀专业科技人才，开展高水平学术交流，建成行业先进的电动、智能工程机械研发制造基地。

8.6.3 广西制造系统与先进制造技术重点实验室

广西制造系统与先进制造技术重点实验室成立于 2007 年，依托广西大学和桂林电子科技大学联合建设，是广西乃至国家制造业的基础研究、技术支撑和人才培养的重要基地之一。实验室研究方向主要有机电装备制造工艺过程优化与管理技术、机电装备的创新设计与性能优化、机电系统的动力与控制技术。实验室下设现代设计与先进制造技术实验室、机电一体化实验室、制造业信息化研究中心、微电子技术研究室等 6 个研究分室，依托机械工程、结构工程和制糖工程等学科，培养博士、硕士。

8.7 广西工程机械产业研发费用投入情况分析

2018—2022 年，广西工程机械产业研发费用投入金额总体上呈现增长趋势，投入金额范围位于 5.72 亿～ 12.76 亿元区间。这 5 年间的平均投入约为 10.08 亿元，研发费用投入金额最高为 2021 年的 12.76 亿元，最低为 2018 年的 5.72 亿元，年均增长率为 22.04%；增长最快的年份是 2019 年，为 8.3 亿元，与 2018 年相比，增长了 45.1%。2018—2022 年，研发费用投入在营业收入中的占比总体上呈现上升趋势，位于 2.19%～ 3.66% 区间。这 5 年间的平均占比约为 3.04%，研究费用投入占比最高为 2022 年的 3.66%，最低为 2018 年的 2.19%（图 8-4）。

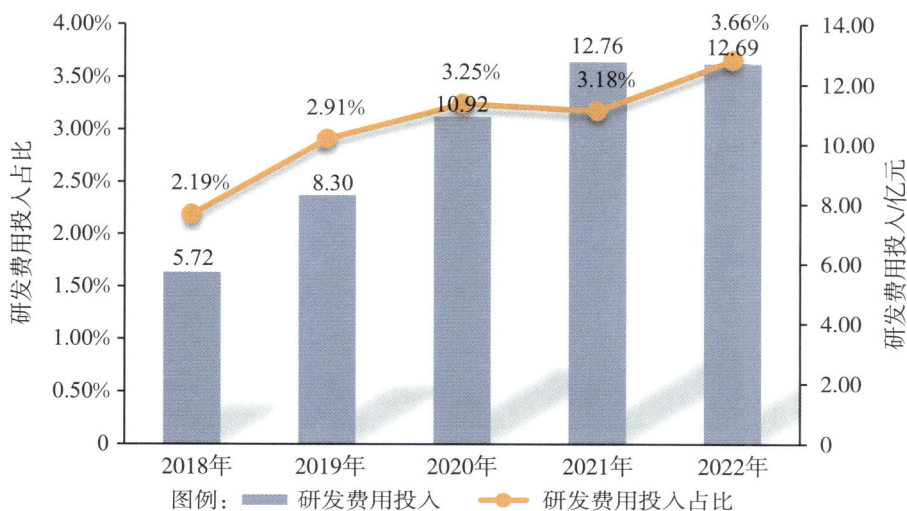

图 8-4　2018—2022 年广西工程机械产业研发费用投入情况

8.8　广西工程机械产业研发人员情况分析

2018—2022 年，广西工程机械产业的研发人员数量总体上呈现上升趋势，研发人员数量位于 1969 ~ 3140 人之间。这 5 年间研发人员数量平均约为 2541 人，研发人员数量最高为 2022 年的 3140 人，最低为 2018 年的 1969 人。研发人员数量增长最快的年份是 2019 年，为 2465 人，与 2018 年相比，增长了25.19%。从研发人员数量占比情况可以看出，2018—2022 年，研发人员数量占比总体上呈现波动趋势，介于 12.18% ~ 17.33% 之间，占比最高为 2019 年的17.33%，最低为 2020 年的 12.18%（图 8-5 ）。

从学历构成的角度看，广西工程机械产业中具有研究生学历（位）人员的总数在 5 年内呈现上升趋势，从 2018 年的 514 人增加到 2022 年的 1029 人，增长了 100.2%，年均增长率为 18.95%。其中，博士的数量在 5 年内波动较大，从2018 年的 20 人增加到 2019 年的 25 人，增长了 25%，但在 2020 年下降到 19人，降低了 24%，然后在 2021 年又上升到 31 人，增长了 63.2%，并持续到 2022年。总体来看，博士研究生的数量占比较低，从 2018 年的 3.9% 降低到 2022 年的 3.0%，平均每年降低了 0.2%。这说明广西工程机械产业的高端人才相对不足，需要进一步加强博士研究生的培养和引进。而硕士的数量在 5 年内稳定增长，从2018 年的 494 人增加到 2022 年的 998 人，增长了 102%，年均增长率为 19.22%

（图 8-6）。这说明广西工程机械产业的人才结构以硕士为主。

图 8-5 2018—2022 年广西工程机械产业研发人员情况

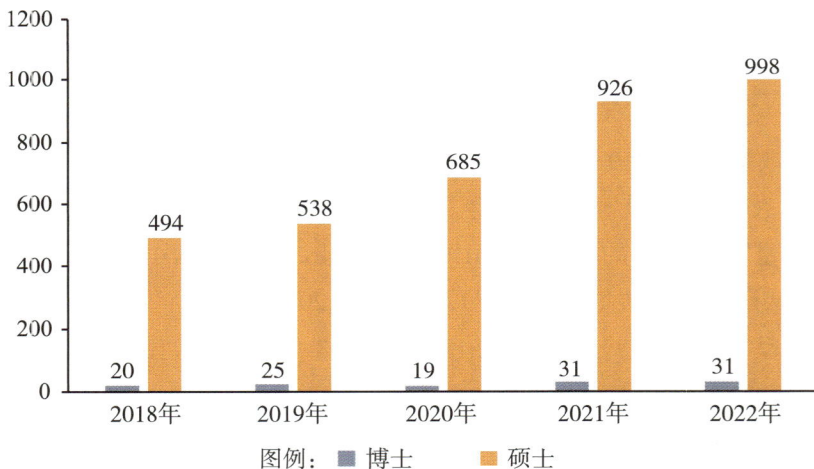

图 8-6 2018—2022 年广西工程机械产业中具有研究生学历（位）人员数量情况

8.9 广西工程机械产业科研项目立项情况分析

据统计，2018—2022 年，广西工程机械产业已立项项目包括广西重点研发计划、广西科技重大专项等 31 项，共投入经费近 1.22 亿元（表 8-3）。由此可见广西对工程机械领域科研的重视程度。

表 8-3　2018—2022 年广西工程机械产业立项情况

单位：万元

立项年度	项目名称	第一申报单位	金额
2022	智慧矿山无人驾驶工程机械云控平台研究及应用	广西柳工机械股份有限公司	150
	港口液化天然气接收储罐灌顶防爆起重机成套装备关键技术研究及应用	中船华南船舶机械有限公司	308
	超大吨位大型石化成套装备智慧吊装系统关键技术研究及应用	中国石油天然气第六建设有限公司	100
	起重机上车液压系统电液集成和缓冲控制技术研究与产品应用	柳州柳工液压件有限公司	200
	轮式装载机智能化静液压传动节能关键技术研究	柳工柳州传动件有限公司	104
	塔式起重机安全智能监测关键技术研究及其在建筑行业的应用	广西建工大都租赁有限公司	133
	高效智能非道路国四发动机及动力总成关键技术研究及产业化	广西玉柴机器股份有限公司	1024
	第一代新能源电驱动工程机械关键技术研究及产业化应用	广西柳工机械股份有限公司	800
	远程智能遥控工程机械研究及应用	广西柳工机械股份有限公司	900
	适于广西北部湾的海上风电配套装备关键技术研究与产业化应用	中船广西船舶及海洋工程有限公司	663
	超千米级悬索桥缆索体系制造与智能施工装备关键技术研究及产业化	柳州欧维姆机械股份有限公司	730
	高端工程机械装备用热轧钢板的开发与产业化应用	广西柳州钢铁集团有限公司	1200
2021	绿色土方机械关键技术研究	广西柳工机械股份有限公司	800
	中型推土机传动系统节能及可靠性技术研究及应用	柳工柳州传动件有限公司	100
	节能环保型水泥罐装自卸船研发与应用示范	广西中船北部湾船舶及海洋工程设计有限公司	100

续表

立项年度	项目名称	第一申报单位	金额
2020	北部湾涠洲近海边际油田移动式井口平台研发与工程示范应用	中船广西船舶及海洋工程有限公司	150
	急流钻机船钻孔爆破施工技术研究	广西新港湾工程有限公司	100
	基于"机器视觉"的大型矿山破碎机械焊接质量智能检测技术研究与装备开发	中船西江造船有限公司	80
	新型节能高效 H 型施工升降机的关键技术与装备	南宁市宏涛机械设备有限责任公司	80
	装载机电液比例控制负载敏感阀开发及系统匹配应用	柳州柳工液压件有限公司	50
	无人驾驶节能液压挖掘机关键技术研究与应用	广西柳工机械股份有限公司	300
2019	中型挖掘机行走与回转减速机成套技术与产品开发	柳工柳州传动件有限公司	90
	变电站悬式绝缘子检测与更换机器人研发	广西电网有限责任公司	30
	舒适型挖掘机的 NVH 正向设计与精确控制技术研究及应用	柳州柳工挖掘机有限公司	800
	智能园林环卫机器人关键技术研究及产业化应用示范	广西机械工业研究院有限责任公司	650
	先进功能履带式移动破碎筛分设备研发及产业化	广西美斯达工程机械设备有限公司	500
2018	工程机械系列履带梁的研发与产业化	柳州市银翔机械有限责任公司	80
	回转式智能立体车库新产品研究与应用	广西科技大学	50
	矿山安全节能型吸振共振筛关键技术研发与应用示范	广西安硕尔安全技术有限责任公司	80
	超大跨径钢管混凝土拱桥的材料、装备、设计及施工技术创新与示范	广西大学	800
	自感知预应力锚具和拉索产品及其状态评估系统的研制和产业化	桂林理工大学	1000

从立项年份看，2022 年立项 12 项，经费 6312 万元；2021 年立项 3 项，经费 1000 万元；2020 年立项 6 项，经费 760 万元；2019 年立项 5 项，经费 2070 万元；2018 年立项 5 项，经费 2010 万元。

从第一申报单位看，企业发挥着绝对主体作用，其中广西工程机械龙头企业——广西柳工机械股份有限公司及其子公司占据主导地位。广西柳工机械股份有限公司有 5 个项目立项，经费 2950 万元；柳工柳州传动件有限公司有 3 个项目立项，经费 294 万元；柳州柳工液压件有限公司有 2 个项目立项，经费 250 万元；其余单位都是承担 1 个项目，如在高等院校方面，桂林理工大学有 1 个项目立项，经费 1000 万元；广西大学有 1 个项目立项，经费 800 万元；广西科技大学有 1 个项目立项，经费 50 万元。

从研究的技术领域看，广西在数字化、智能化、绿色化、电动工程机械领域科研资助占据重要地位。其中，数字化、智能化工程机械领域有 10 个项目立项，经费 4093 万元；绿色、电动工程机械领域有 2 个项目立项，经费 1600 万元；工程机械核心零部件领域有 7 个项目立项，经费 1648 万元；工程机械材料领域有 1 个项目立项，经费 1200 万元。

部分已结题验收项目获得的成果如下：

"装载机电液比例控制负载敏感阀开发及系统匹配应用"项目申请发明专利和实用新型专利各 1 件，发表学术论文 1 篇；开发出电比例控制负载敏感阀，主要匹配应用于柳工 3–9T 欧美出口机型上，具有智能化、高效稳定、节能环保等特点。

"超大跨径钢管混凝土拱桥的材料、装备、设计及施工技术创新与示范"项目申请发明专利 29 件、软件著作权 4 项，其中获授权发明专利 8 件，发表学术论文 31 篇；提出了一种拱桥吊塔扣塔一体化设计及塔顶偏位高精度控制系统，塔架智能纠偏的位移控制精度≤20 毫米。

8.10　广西工程机械领域获奖情况分析

8.10.1　中国机械工业科学技术奖获奖情况分析

2002—2022 年，广西企业获得的中国机械工业科学技术奖项（工程机械领域）共计 19 项（表 8-4）。从获奖单位看，基本都是广西柳工机械股份有限公司；从获奖时间看，2014 年获奖的项目最多，整体获奖年度不连贯，有些年度没有获奖，如 2004 年、2010 年、2011 年、2016 年、2017 年、2019 年、2020 年、2021 年都没有获得奖项；从获奖等级看，获得的奖项基本是各类型的二等奖、三等奖，一等奖较少，其中技术发明奖二等奖 1 项、技术发明奖三等奖 1 项，以及科技进步奖一等奖 2 项、科技进步奖二等奖 5 项、科技进步奖三等奖 10 项。

表 8-4　2002—2022 年广西企业获得中国机械工业科学技术奖情况（工程机械领域）

项目名称	年份	获奖单位	奖项	等级
大功率工程机械动力传动系统绿色节能关键技术及产业化	2022	广西柳工机械股份有限公司	科技进步奖	二等奖
起重机负载敏感多路阀开发及其上车液压系统匹配应用	2018	广西柳工机械股份有限公司	技术发明奖	三等奖
环境友好型挖掘机关键共性技术研究及应用	2015	广西柳工机械股份有限公司	科技进步奖	三等奖
节能高效挖掘机电液控制关键技术及产业化应用	2014	广西柳工机械股份有限公司	技术发明奖	二等奖
面向工程机械机种特征的减振降噪共性关键技术与应用	2014	广西柳工机械股份有限公司	科技进步奖	一等奖
装载机绿色设计的关键技术攻关及产业化	2014	广西柳工机械股份有限公司	科技进步奖	三等奖
高效节能型 A 系列挖掘装载机关键技术研究及产业化	2014	广西柳工机械有限公司	科技进步奖	三等奖
节能环保型 D 系列挖掘机关键技术研究及产业化	2013	广西柳工机械股份有限公司	科技进步奖	二等奖
大型平地机关键技术研究及产业化	2013	广西柳工机械股份有限公司	科技进步奖	三等奖
CLG856 Ⅲ轮式装载机	2012	广西柳工机械股份有限公司	科技进步奖	二等奖
CLG766 挖掘装载机	2009	广西柳工机械股份有限公司	科技进步奖	三等奖
YC60 系列液压挖掘机	2009	广西玉柴重工有限公司	科技进步奖	三等奖
CLG877、CLG877 Ⅲ轮式装载机	2008	广西柳工机械股份有限公司	科技进步奖	三等奖

续表

项目名称	年份	获奖单位	奖项	等级
CLG375 滑移转向装载机	2007	广西柳工机械股份有限公司	科技进步奖	二等奖
CLG888、CLG862 轮式装载机	2006	广西柳工机械股份有限公司	科技进步奖	二等奖
C 系列液压挖掘机	2005	广西柳工机械股份有限公司	科技进步奖	三等奖
ZL40G 轮式装载机	2003	广西柳工机械股份有限公司	科技进步奖	三等奖
CLG230 履带式液压挖掘机	2003	广西柳工机械股份有限公司	科技进步奖	三等奖
ZLG50G（ZL50G）轮式装载机	2002	广西柳工机械股份有限公司	科技进步奖	一等奖

8.10.2　中国专利奖获奖情况分析

截至 2023 年中国专利奖已评选了 24 届，广西累计荣获中国专利奖 71 项。获奖类型以中国专利优秀奖为主，共计 60 项，占比 84.51%；另获中国专利金奖 2 项，其余 9 项为外观设计优秀奖。其中，涉及工程机械领域的只有 8 项，4 项是外观设计优秀奖，4 项是中国专利优秀奖（表 8-5）。

表 8-5　历年广西企业获得中国专利奖情况（工程机械领域）

届数	等级	专利号	专利名称	专利权人
第 24 届	专利优秀奖	ZL201210030063.2	自锁紧预应力锚固结构及竖向预应力锚固体系及施工方法	柳州欧维姆机械股份有限公司
第 24 届	专利优秀奖	ZL201410230232.6	装载机定变量液压系统	广西柳工机械股份有限公司
第 24 届	专利优秀奖	ZL201610088167.7	挖掘机液压控制系统及控制方法	柳州柳工挖掘机有限公司、柳工常州机械有限公司、广西柳工机械股份有限公司

续表

届数	等级	专利号	专利名称	专利权人
第 22 届	外观设计优秀奖	ZL201630356478.8	零位回转挖掘机	柳州柳工挖掘机有限公司、柳工常州机械有限公司、广西柳工机械股份有限公司
第 21 届	外观设计优秀奖	ZL201630260403.X	平地机（D 系列）	广西柳工机械股份有限公司
第 21 届	专利优秀奖	ZL201711007575.6	一种拱桥施工缆索吊塔架位移控制系统及使用方法	广西路桥工程集团有限公司
第 20 届	外观设计优秀奖	ZL201430441497.1	轮胎压路机（6520E）	广西柳工机械股份有限公司
第 14 届	外观设计优秀奖	ZL200830301874.6	滑移转向装载机	广西柳工机械股份有限公司

8.10.3 广西科学技术奖获奖情况分析

广西科学技术奖是自治区党委、政府为表彰对全区科技进步作出突出贡献的个人和组织而设立的一项奖励制度，是广西科技创新领域的最高荣誉。2017—2022 年，广西工程机械领域共获得奖励 28 项（表 8-6）。

一是获奖年度及数量。每年获奖数量约占工业类项目的 10%。其中，2017 年 7 项、2018 年 4 项、2019 年 5 项、2020 年 4 项、2021 年 7 项、2022 年 1 项。

二是获奖等级。基本是各类型的二等奖、三等奖，一等奖较少。其中，技术发明奖二等奖 9 项，技术发明奖三等奖 2 项；技术进步奖一等奖 3 项，技术进步奖二等奖 5 项，技术进步奖三等奖 9 项。

三是获奖项目的第一完成单位。广西柳工机械股份有限公司占比较大，高校和科研院所占比较少。其中，广西柳工机械股份有限公司 17 项；柳州欧维姆机械股份有限公司和中船华南船舶机械有限公司各 2 项；桂林航天工业学院、柳州欧维姆工程有限公司、广西玉柴机器股份有限公司、广西建工集团建筑机械制造有限责任公司、广西壮族自治区特种设备检验研究院、广西大学和广西科技大学各 1 项。

表8-6 2017—2021年广西科学技术奖工程机械领域获奖清单

年份	获奖等级	获奖项目名称	第一完成单位
2022	技术进步奖一等奖	工程机械石墨烯润滑剂关键技术创新与产业化	广西柳工机械股份有限公司
2021	技术发明奖二等奖	液力变矩器叶栅系列化关键设计技术及应用	广西柳工机械股份有限公司
	技术发明奖二等奖	装载机定变量液压系统关键节能技术及应用	广西柳工机械股份有限公司
	技术发明奖三等奖	工程机械核心传动部件试验与评价体系构建	广西柳工机械股份有限公司
	技术进步奖二等奖	液压凿岩掘进装备关键技术研究与应用	桂林航天工业学院
	技术进步奖三等奖	智能化大型轮式装载机开发与产业化	广西柳工机械股份有限公司
		绿色高效非道路用柴油机关键技术及产业化	广西玉柴机器股份有限公司
		大惯量挖掘机电液控制关键技术与应用	广西柳工机械股份有限公司
2020	技术发明奖二等奖	高能效矿用型液压挖掘机关键技术与产业化应用	广西柳工机械股份有限公司
		桥梁拉（吊）索智能检测和高效管养关键技术	柳州欧维姆机械股份有限公司
		悬索桥运架一体化缆载吊机的创新和应用	广西大学
	技术进步奖二等奖	大跨径悬索桥悬桥体系及锚固系统关键技术与应用	柳州欧维姆机械股份有限公司
2019	技术发明奖二等奖	液压挖掘机厘米级操控及微冲击关键技术与应用	广西柳工机械股份有限公司
	技术进步奖一等奖	面向物料多样化的铲装机械作业装置高效节能关键技术及应用	广西科技大学
	技术进步奖二等奖	工程机械性能数字样机关键技术研究与应用	广西柳工机械股份有限公司

续表

年份	获奖等级	获奖项目名称	第一完成单位
2019	技术进步奖二等奖	重型绕桩式风电安装起重机关键技术研究及应用	中船华南船舶机械有限公司
	技术进步奖三等奖	适用于极限工况的工程机械热管理关键技术与应用	广西柳工机械股份有限公司
2018	技术发明奖二等奖	起重机负载敏感多路阀开发及其上车液压系统匹配应用	广西柳工机械股份有限公司
	技术发明奖三等奖	大中型矿用自卸车液压系统关键技术的研究与应用	广西柳工机械股份有限公司
	技术进步奖三等奖	50吨级大型液压挖掘机关键技术创新	广西柳工机械股份有限公司
		高速铁路的大跨径超大吨位连续钢桁梁顶推施工关键装备的技术与应用	柳州欧维姆工程有限公司
2017	技术发明奖二等奖	装载机转向高压负荷敏感流量放大阀关键技术与应用	广西柳工机械股份有限公司
		国产装载机超越离合器10000小时安全设计及关键试验技术	广西柳工机械股份有限公司
	技术进步奖一等奖	超大型塔式起重机节能运行和安全保障关键技术及产业化	广西建工集团建筑机械制造有限责任公司
	技术进步奖二等奖	面向工程机械工况系列微合金非调质钢研发与推广应用	广西柳工机械股份有限公司
	技术进步奖三等奖	施工升降机结构损伤动态监测与节能关键技术的创新及产业化	广西壮族自治区特种设备检验研究院
		工程机械工作装置耐久性关键技术研发及应用	广西柳工机械股份有限公司
		桩腿式海洋起重机	中船华南船舶机械有限公司

部分获奖项目简介：

【液力变矩器叶栅系列化关键设计技术及应用】液力变矩器是工程机械最为关键的传动部件之一，通过叶栅参数优化设计，可与发动机匹配形成新的无级变速动力系统。叶栅系列化设计技术是通过叶栅直径与角度参数的规律性变化形成有限的产品系列，满足不同功率整车设计要求，大幅减少产品种类，降低制造成本。其主要技术创新点如下：

一是基于流体传动动力学特性，以叶轮直径、角度为研究对象，发明液力变矩器直径－角度叶栅系列化的方法，形成了国产工程机械液力变矩器设计型谱。

二是发明双涡轮液力变矩器的功率分流预测方法，并优化设计不同速比的汇流机构，提升整车动力性。

三是发明基于动载荷工况的液力变矩器轴承可靠性设计方法，预测轴承在动载荷作用下的可靠性，并根据预测结果提前优化结构设计，大幅提高产品可靠性。

液力变矩器叶栅系列化计算精度在 95% 以上；在同等发动机功率下，液力变矩器使柳工产品的牵引力超出对手 15%。自主研发的液力变矩器应用于全系列装载机、推土机产品中并通过国家质量检测认证；400kW 级大功率液力变矩器不再依赖进口，该型号液力变矩器于 2018 年作为"大国重器"被中央电视台报道。近三年，系列化整机销售额达 7.30 亿元，实现利润 1.18 亿元，税收 1258 万元。

【装载机定变量液压系统关键节能技术及应用】液压系统是控制装载机铲装作业的关键系统之一，其消耗的功率占发动机总输出功率的 70%。国产装载机大多使用定量泵控制系统，虽然成本较低，但平均效率仅为 50%，能量损失较大。国外装载机使用先进的负荷传感变量泵系统，平均节能 25%，但价格昂贵。基于上述两种系统的优点，广西柳工机械股份有限公司研发出一种定变量系统控制阀和新型定变量液压系统节能关键技术并实现国产化。该技术应用于公司全系列高端装载机产品，实现节能 18% ～ 25%，其主要技术创新点如下：

一是发明了转向负荷传感变量泵的排量短路控制方法。设计一个定变量系统控制阀，在铲斗举升时，将转向变量泵临时变成定量泵，并与工作装置的定量泵合流，缩短铲装循环时间，提升作业效率。

二是发明了工作装置液压系统低压卸荷控制方法。设计一个锁止液压回路，当铲斗负荷增大到设定安全值时，系统不再需要大流量，锁紧回路将工作装置的供油切断，定量泵从主系统退出，泵出的油以低压形式卸荷，解决了原定量系统高压溢流损失的问题。

三是发明了转向负荷传感变量泵排量自动复原的控制方法。当装载机转向作业时，转向变量泵由临时定量状态即时恢复为变量状态，既提升了装载机铲装效率，又可保障转向行车安全。

主要产品连续获得中国工程机械"金手指""金口碑"等行业最高奖，其中7吨级装载机的市场占有率从13.5%提高至74%，3年累计新增销售额2.98亿元，缴税607万元。

【液压凿岩掘进装备关键技术研究与应用】液压凿岩掘进装备在能源采掘、地质勘探、电力线路、城建基础等施工领域应用广泛。目前重要装备依赖进口，且价格昂贵。该项目通过攻关取得如下创新成果：

一是发明了防偏斜液压凿岩控制系统及其推进机构电液驱动装置，提出凿孔纠偏推进力控制方法，可较好地防止凿孔偏斜。

二是发明了液压凿岩状态辨识方法，可对装备凿岩状态进行辨识，辨识精度较高，具有良好的可行性和较高的工程应用价值。

三是针对山区复杂多变的岩土特征和基础施工现状，研制了多功能的液压钻机，采用多动力耦合驱动的凿岩掘进技术，实现主机和辅助装置最优配置及高效利用。

四是系统构建和发展了中深孔液压凿岩装备的设计理论体系，并对工程样机进行动力学研究和建模仿真分析。

五是研制了液压凿岩装备的性能测试系统及平台，在成果推广应用实践中，提出液压凿岩装备性能测试方法和标准。相关装备和产品累计销售总额达2.85亿元，解决了作业强度大、效率低且安全风险高的施工难题，保障国家重点工程的施工进度和质量。

8.11 广西工程机械专利申请情况分析

2018—2022年，广西工程机械产业期末拥有有效专利数量在这5年内呈现先下降后上升的趋势，从2018年的1689件下降到2019年的1152件，降低了31.8%，但在2020年上升到2165件，增长了87.9%，并在2021年和2022年持续增长，分别达到2671件和2988件，分别增长了23.4%和11.9%。这说明广西工程机械产业经历了一段创新能力和技术水平的调整期后，迅速恢复并展现出强劲的增长态势，反映了该产业的强大韧性和巨大潜力。

其中，拥有发明专利的数量在这5年内也呈现出先下降后上升的趋势，从2018年的593件下降到2019年的452件，降低了23.8%，但在2020年回升到715件，增长了58.2%，并在2021年和2022年持续增长，分别达到813件和

872 件，分别增长了 13.7% 和 7.3%。这说明广西工程机械产业的核心技术和创新能力也经历了一段低谷期，但随后得到迅速恢复。

　　拥有境外授权专利的数量在这 5 年内波动较大，从 2018 年的 11 件增加到 2020 年的 29 件，但在 2021 年下降到 17 件，并在 2022 年进一步下降到 8 件（表 8-7）。这可能与境外市场的需求和环境变化有关，也可能受到政策和成本的影响。从占比看，拥有境外授权专利的数量占期末拥有有效专利数量的比例较低，从 2018 年的 0.7% 增加到 2020 年的 1.3%，但在 2021 年和 2022 年持续下降，分别为 0.6% 和 0.3%，平均每年降低了 0.1%。这在一定程度上说明广西工程机械产业的国际化水平相对较低，需要进一步加强对境外专利的申请和保护工作。

表 8-7　2018—2022 年广西工程机械产业领域专利申请情况

单位：件

专利情况	2018 年	2019 年	2020 年	2021 年	2022 年
期末拥有有效专利	1689	1152	2165	2671	2988
拥有发明专利	593	452	715	813	872
拥有境外授权专利	11	14	29	17	8

8.11.1　广西工程机械专利申请趋势分析

　　广西自 1987 年开始申请工程机械领域的专利，1987—2006 年，除 2004 年的专利申请数量超过 10 件外，其他年份专利申请的数量都是个位数。2007—2016 年是广西工程机械专利申请数量第一次高速增长的阶段。专利申请数量从 2007 年的 13 件增长到 2016 年的 261 件，增长了超 20 倍，年均增长率为 39.55%。2017—2022 年是广西工程机械专利申请数量第二次高速增长的阶段。专利申请数量从 2017 年的 171 件增长到 2022 年的 428 件，增长了 2.5 倍，年均增长率为 20.14%。该阶段的增速较上一个阶段的增速而言有所放缓。综上所述，经过 30 多年的发展，广西工程机械领域的专利数量得到了大幅度增长，尤其是在 2007—2022 年这 15 年间保持了较高速度的增长态势（图 8-7）。

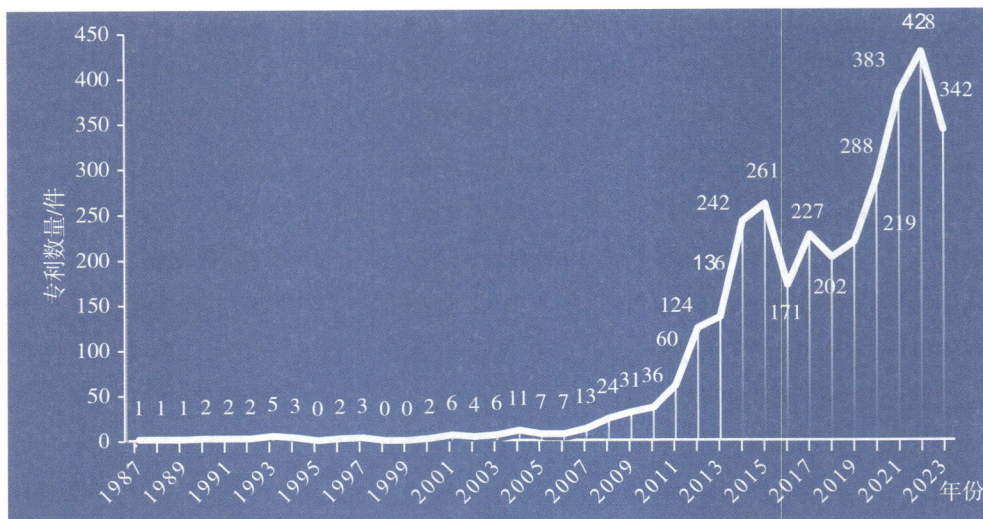

图 8-7 广西工程机械专利申请趋势

8.11.2 广西工程机械专利申请人类型分析

广西工程机械专利申请人类型共有 5 种，分别是企业、大专院校、个人和科研单位。其中，企业以 2230 件专利排名第一，显示出其在广西工程机械领域的主导地位和创新动力；排名第二的是大专院校，有 393 件专利；排名第三的是个人，有 328 件专利（图 8-8）。

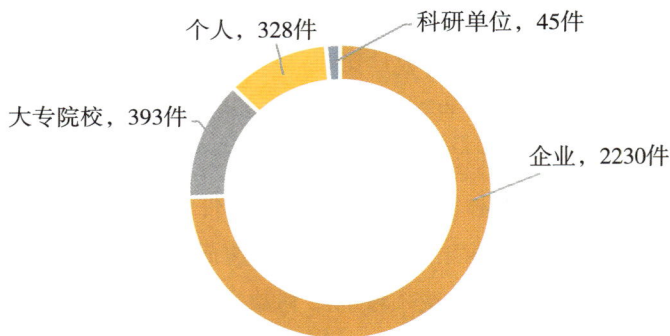

图 8-8 广西工程机械专利申请人类型情况

由此可见，广西工程机械专利申请人类型以企业为主，反映出企业在该领域技术创新和产业发展中的主导地位和显著优势。其他申请人类型在该领域的专利申请量和质量上存在差异与不平衡，这也反映了该领域技术创新和产业发展的多元性及在协同性方面存在的不足与不充分问题。

8.11.3 广西工程机械专利数量排名前二十的第一申请人分析

广西工程机械领域专利数量排名前二十的第一申请人共申请了 1932 件专利，其中广西柳工机械股份有限公司以 616 件专利排名第一，占总专利数量的 31.9%，显示出其在该领域的强大创新能力和竞争优势。排名第二的是柳州柳工挖掘机有限公司，拥有 302 件专利，占总专利数量的 15.6%，与排名第一的申请人属于同一集团，这说明该集团在工程机械领域有较高的研发投入和强烈的专利保护意识。排名第三的是广西大学，拥有 301 件专利，占总专利数量的 15.6%。广西大学是该领域专利数量最多的广西高等院校。

这 20 个第一申请人中，属于公司性质的有 14 个，共申请专利 1492 件，占总专利数量的 77.2%；属于科研院所性质的有 1 个，即广西壮族自治区特种设备检验研究院，申请专利 24 件，占总专利数量的 1.2%；属于高等院校的有 4 个，分别是广西大学、广西科技大学、桂林电子科技大学和钦州学院（今北部湾大学），共申请了 401 件专利，占总专利数量的 20.8%；属于个人的有 1 个，即唐忠盛，申请了 15 件专利，占总专利数量的 0.8%（图 8-9）。

单位：件

第一申请人	专利数量
广西柳工机械股份有限公司	616
柳州柳工挖掘机有限公司	302
广西大学	301
广西玉柴重工有限公司	158
中船华南船舶机械有限公司	99
广西建工集团建筑机械制造有限责任公司	87
柳工柳州传动件有限公司	46
广西科技大学	40
钦州学院	38
柳州正菱集团有限公司	29
广西路桥工程集团有限公司	28
柳州柳工液压件有限公司	25
广西壮族自治区特种设备检验研究院	24
广西美斯达工程机械设备有限公司	23
桂林电子科技大学	22
柳州市奥火工程机械有限公司	21
广西徐沃工程机械设备有限公司	21
玉林市川迪机器制造有限公司	20
广西玉林玉柴工程机械有限责任公司	17
唐忠盛	15

图 8-9 广西工程机械专利数量排名前二十的第一申请人

综上所述，广西工程机械领域专利数量排名前二十的申请人是以公司和高等院校为主。其中，广西柳工机械股份有限公司和柳州柳工挖掘机有限公司是该领域的领军企业，广西大学是该领域的重要高校。

8.11.4　广西各设区市工程机械专利数量情况分析

柳州市以 1411 件工程机械专利排名第一，其专利数量占总专利数量的 43.39%，远超其他设区市，显示出其在工程机械领域的技术创新和产业发展的领先地位。排名第二的是南宁市，拥有 918 件专利，占总专利数量的 28.23%，这说明南宁市也是该领域的重要力量。排名第三的是玉林市，拥有 294 件专利，占总专利数量的 9.04%（图 8-10）。

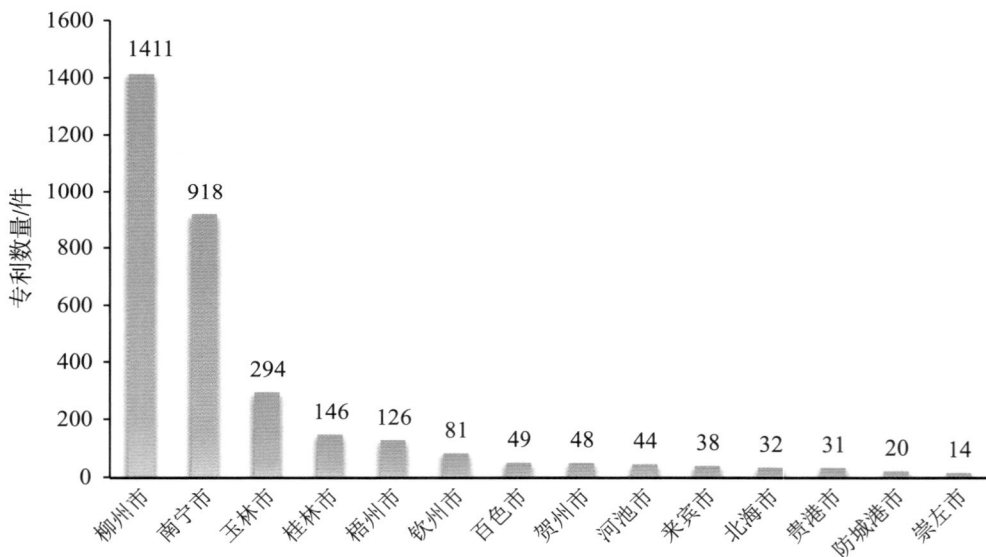

图 8-10　广西 14 个设区市工程机械专利数量情况

8.11.5　广西工程机械主要申请人专利价值度分析

从专利价值度看，广西工程机械专利公司企业性质的专利价值度比高等院校高。其中，广西柳工机械股份有限公司专利价值度为 9 的专利有 199 件，专利价值度为 8 的专利有 85 件，专利价值度为 7 的专利有 150 件；柳州柳工挖掘机有限公司专利价值度为 9 的专利有 96 件，专利价值度为 8 的专利有 49 件，专利价值度为 7 的专利有 86 件。而广西大学专利价值度为 4 的专利有 110 件，高价值度的专利数量不多；广西科技大学、钦州学院的专利价值度较低（表 8-8）。

表 8-8　广西工程机械专利排名前十的第一申请人专利价值度情况

单位名称	专利价值度								
	1	2	3	4	5	6	7	8	9
广西柳工机械股份有限公司		26	15	54	43	39	150	85	199
柳州柳工挖掘机有限公司		12	2	31	11	14	86	49	96
广西大学	13	27	36	110	42	8	26	2	30
广西玉柴重工有限公司		12	7	25	22	27	42	11	11
中船华南船舶机械有限公司	3	8	7	13	13	6	15	12	20
广西建工集团建筑机械制造有限责任公司		2	1		6	12	32	17	9
柳工柳州传动件有限公司					2	4	11	20	9
广西科技大学		4		5	5	5	3	9	9
柳州正菱集团有限公司	14	6	2	1	1		3		2
钦州学院		3	1	18	13	1			

8.11.6　广西工程机械主要申请人专利权利要求数量分析

从每件专利申请的权利要求书的权利要求项数角度看，广西柳工机械股份
有限公司、柳州柳工挖掘机有限公司等公司的权利要求项数基本为 6～10（表
8-9）。而广西大学和钦州学院的权利要求项数为 1 的专利数量最多，并且权利要
求项数最多的分别为 10、5。这在一定程度上说明这些高等院校主要是为了完成考
核任务，而不是为了实际的技术转化或维权，因此没有重视权利要求书的撰写。

表 8-9　广西工程机械专利数量排名前十的第一申请人权利要求项数情况

单位名称	权利要求项数						
	1 项	2 项	3～5 项	6～10 项	11～15 项	16～20 项	21～30 项
广西柳工机械股份有限公司	22	56	152	353	27	2	2
柳州柳工挖掘机有限公司	3	10	69	207	7	5	
广西大学	156	32	51	23			
广西玉柴重工有限公司	7	33	51	41			
中船华南船舶机械有限公司	7	11	24	38			
广西建工集团建筑机械制造有限责任公司	5	4	7	47			
柳工柳州传动件有限公司			2	42	1		
广西科技大学		1	10	22			
柳州正菱集团有限公司	18	5	6				
钦州学院	10	9	6				

9 广西主要工程机械企业创新情况

9.1 广西柳工机械股份有限公司

9.1.1 基本情况

广西柳工机械股份有限公司成立于 1958 年，是中国制造业五百强企业柳工集团的核心企业。从单一的装载机产品制造商起步，通过 65 年的发展与积淀，柳工股份已成长为拥有近 30 条产品线的国际化企业。在产品结构上，柳工股份已形成了铲土运输机械、挖掘机械、起重机械、高空作业机械、工业车辆、压实机械、路面施工与养护机械、桩工机械、林业机械、矿山机械十大类别的主机产品。此外，柳工股份还拥有融资租赁、备件供应、维修服务、设备再制造、二手设备销售、运营租赁等配套服务体系。近年来，柳工股份积极拓展业务范围，进军建筑机械、混凝土机械、农业机械等新领域。目前，柳工股份在全球拥有 20 个制造基地、5 个研发基地、17 个区域配件中心，拥有 16000 余名员工。在核心技术与产品开发上，柳工股份始终坚持自主创新战略，在持续强化液压、传动、结构、控制等传统技术的同时，加大电动化、智能化、信息化、数字化等领域新技术的研发与应用力度。2022 年，柳工股份共发布了 132 款新型主机产品和 22 件新型核心零部件。

从营业总收入情况看，2018—2022 年，柳工股份的营业总收入位于 180.85 亿～ 287.01 亿元区间，总体上呈现上升趋势。柳工股份 5 年间平均营业收入约为 236.84 亿元，营业总收入最高为 2021 年的 287.01 亿元，最低为 2018 年的 180.85 亿元，年均增长率为 10%。营业总收入增长最快的年份是 2020 年，为 259.79 亿元，与 2019 年相比，增长了 35.47%；下降最多的年份是 2022 年，为 264.80 亿元，与 2021 年相比，下降了 7.74%（图 9-1）。

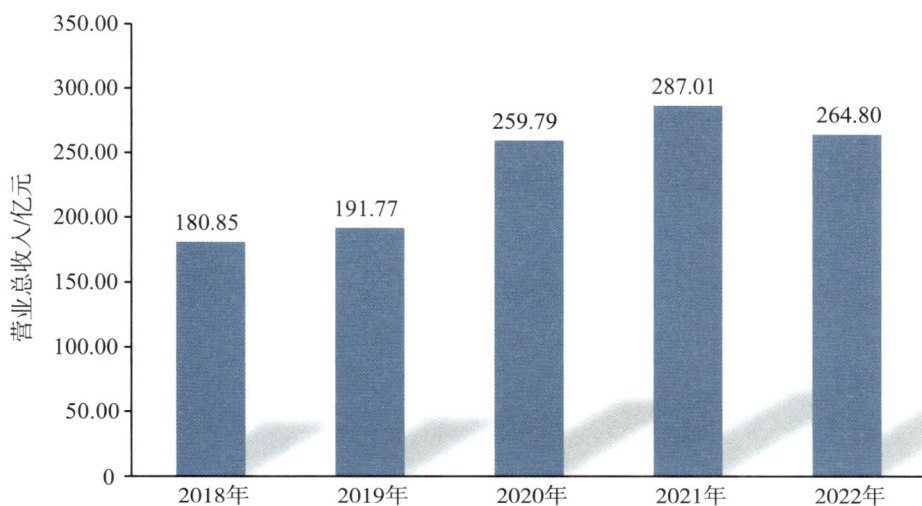

图 9-1　柳工股份 2018—2022 年营业总收入

　　从净利润情况看，2018—2022 年，柳工股份的净利润位于 6.47 亿～ 14.90 亿元区间，总体上呈下降趋势。这 5 年间的平均净利润约为 10.15 亿元，净利润最高为 2020 年的 14.90 亿元，最低为 2022 年的 6.47 亿元，年均下降了 63.50%。净利润增长最快的年份是 2020 年，为 14.90 亿元，与 2019 年相比，增长了 38.73%；下降最多的年份是 2022 年，为 6.47 亿元，与 2021 年相比，下降了 36.88%（图 9-2）。

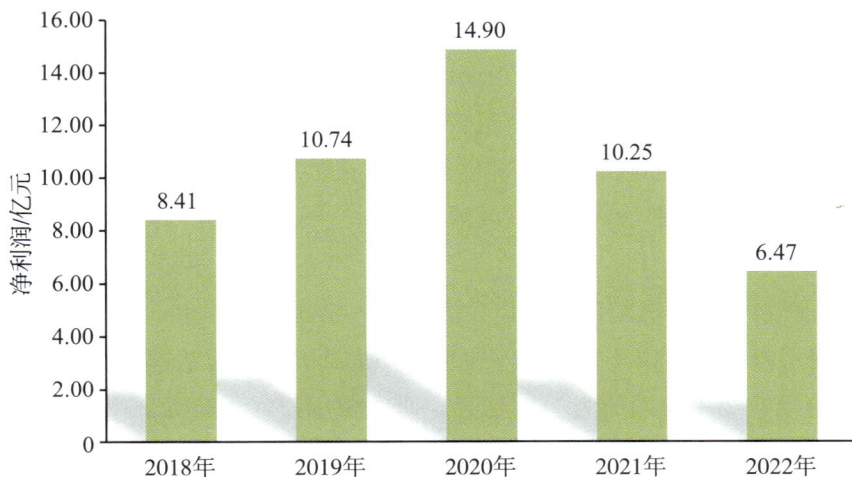

图 9-2　柳工股份 2018—2022 年净利润

从产品类型的营业收入占比看，2022年，土石方机械产品业务是柳工股份最主要的收入来源，排名第一，占营业总收入的58.75%；排名第二的是其他工程机械及零部件等产品业务，占营业总收入的31.90%；排名第三的是预应力机械产品业务，占营业总收入的7.85%；排名第四的是融资租赁业务，占营业总收入的1.49%（图9–3）。

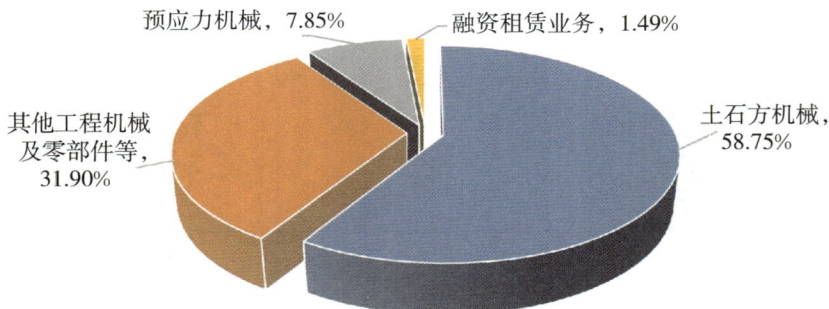

图9–3 2022年柳工股份细分业务产品占比情况

9.1.2 创新情况

一是研发创新平台体系建设情况。柳工股份建设了国家土方机械工程技术研究中心、国家级企业技术中心、院士工作站、国家工业设计中心、工程建设智能装备技术国家地方联合工程研究中心及中国国家合格评定认可委员会（CNAS）检测中心等科技创新平台；基于行业智能化、电动化、数字化、无人化、共享化发展趋势，成立AI技术＆控制应用研究所、电动技术与产品研究院、大数据所＆XR技术应用中心，构建了公司全球研发中心、产品研究院、零部件研究所、海外研究所等多位一体的研发机构体系，并在英国、美国、波兰、印度设立地区研发机构，形成国内外分工协作、协同与资源共享的研发体系。同时，构建了统一、先进的柳工股份新产品研发流程体系——LDP流程，有效地提升研发质量与效率。

二是研发费用投入情况。从研发费用投入情况看，2018—2022年，柳工股份研发费用投入金额位于5.59亿～9.37亿元区间，总体上呈现上升趋势。这5年间平均研发费用投入约为7.70亿元，研发费用投入最高为2022年的9.37亿元，最低为2018年的5.59亿元，年均增长率为13.8%。增长最快的年份是2021年，为9.35亿元，与2020年相比，增长了25.7%。

2018—2022年，柳工股份研发经费投入占比总体上呈现波动趋势，位于

3.09% ～ 3.54% 区间。5 年间平均占比约为 3.33%，研发费用投入占比最高为 2022 年的 3.54%，最低为 2018 年的 3.09%（图 9-4）。

图 9-4　柳工股份 2018—2022 年研发费用投入情况

三是研发人员情况。2018—2022 年，柳工股份研发人员数量位于 1008 ～ 1779 人区间，总体上呈现波动上升趋势。5 年间平均研发人员数量约为 1358 人，数量最多为 2021 年的 1779 人，最少为 2018 年的 1008 人。研发人员数量增长最快的年份是 2021 年，为 1779 人，与 2020 年相比，增长了 34.8%；下降最多的年份是 2022 年，为 1582 人，与 2021 年相比，下降了 11.1%。从研发人员数量占比情况可以看出，2018—2022 年，研发人员数量占比总体上呈现小幅波动趋势，位于 9.59% ～ 10.66% 区间，占比最高为 2019 年的 10.66%，最低为 2022 年的 9.59%（图 9-5）。

图 9-5　柳工股份 2018—2022 年研发人员情况

四是创新成果情况。在知识产权和标准建设方面，2022 年柳工股份申请专利 364 件，其中发明专利 126 件；目前拥有有效专利 2659 件（其中发明专利 776 件），软件著作权登记 174 项。2022 年参与 3 项国家标准、6 项行业标准、3 项团体标准的编制。获批发布 2 项国家标准，其中 ISO 标准 1 项，国家标准《GB/T 36696—2018 土方机械轮胎式装载机燃油消耗量试验方法》获中国机械工业科学技术奖二等奖，团体标准《T/LZBX 005—2019 极地工况工程机械带负载冷起动试验方法》、企业标准《Q/LG 3327—2021 液压挖掘机》获评"2022 年广西重要技术标准"。

在获奖荣誉方面，"液力变矩器叶栅系列化关键设计技术及应用""装载机定变量液压系统关键节能技术及应用""工程机械核心传动部件试验与评价体系构建"获广西科学技术发明奖，"大跨桥梁拉索抑振防护成套技术与工程应用""智能化大型轮式装载机开发与产业化""大惯量挖掘机电液控制关键技术与应用"获广西科学技术进步奖。2022 年中国工程机械年度产品排名前五十中，862H 装载机获最高奖项"金手指奖"，856E-MAX 电动装载机获"新能源金奖"，4260D 平地机和江汉建机获"TOP50 产品奖"。856H-EMAX 电动轮式装载机获评 CMIIC2022 "国之重器明星产品"，922F-E 电动挖掘机获评"新能源明星产品"，4180D 平地机获评"用户口碑明星产品"，江汉 SC200/200BB-MP-D 无人操作智能施工升降机获评"智能设备明星产品"。

9.2 广西玉柴重工有限公司

9.2.1 基本情况

广西玉柴重工有限公司是广西玉柴机器集团有限公司旗下的重要企业，是我国小型挖掘机主要的出口企业，是国家级高新技术企业和国家火炬计划重点高新技术企业。玉柴重工坚持履行"创造客户价值，成就人类梦想"的企业使命，建立了完善的销售与服务体系，体系覆盖国内 30 多个省、自治区、直辖市及全球 30 多个国家和地区。玉柴重工的主要产品有液压挖掘机、旋挖钻机、营林及木竹采伐机械。其中，液压挖掘机产品覆盖 0.8 ～ 36.0 吨，拥有标准和无尾 2 个系列、9 大平台、20 个品种。2004—2008 年成果产品较多，先后研发了 YC65 液压挖掘机、YC85 液压挖掘机、YC35-7 全液压挖掘机、YC25 液压挖掘机、YC30 液压挖掘机、YC45 液压挖掘机、YC60 液压挖掘机、YC60-8 液压挖掘机、YC60

型履带式液压挖掘机、YC35SR 液压挖掘机、YC20 系列液压挖掘机、玉柴叉车等产品。玉柴重工的产品以结构精巧、质量可靠、高效节能著称，产品的各项性能指标均达到国际先进水平，获得国家专利 300 多件，通过欧洲权威机构 CE 认证。

9.2.2 创新情况

玉柴重工拥有自治区级研发中心、工程技术研究中心及企业技术中心，建立了完善的产品研发体系及研发信息化平台，拥有强大的研发队伍，具备较强的自主创新研发能力，承担多项国家级、省级重大科研项目，参与多项国家标准及行业标准的制定，同时与国内外知名的科研机构建立长期合作伙伴关系，形成了全球研发布局。

一直以来，玉柴重工高度重视产品研发创新，连续多年获得多项荣誉。2006年，玉柴重工 YC55、YC60 系列液压挖掘机获 2006 年度自治区新产品优秀成果奖，YC45 型液压挖掘机荣获玉林市科学技术进步奖二等奖，YC60 型液压挖掘机荣获玉林市第三轮科技创新计划重大产品创新奖；玉柴重工 YC85-6 挖掘机获"2007 中国工程机械年度产品 TOP50"荣誉；"玉柴"工程机械荣获第五届（2008 年度）中国工程机械行业十大影响力品牌；2009 年度中国机械工业科学技术三等奖及玉林市科学技术进步奖一等奖；2020 年获"全国质量检验稳定合格产品""全国工程机械行业质量领先品牌"荣誉。在 2021 年第二届全国机械工业设计创新大赛获奖项目中，玉柴重工的 YCESV50 电驱集材运输车产品获得银奖，这是玉柴重工继 2020 年有 2 个产品分别获铜奖和优秀奖后再次有产品获奖。

9.3 广西徐沃工程机械设备有限公司

9.3.1 基本情况

广西徐沃工程机械设备有限公司于 2007 年成立，主要从事微型挖掘机、凿岩钻机、夹木机、伐木机、林业伸缩臂、移动筛分机等工程机械设备及配件的研发生产制造，产品销往全国各地，并远销俄罗斯、白俄罗斯、澳大利亚、美国、法国、柬埔寨、越南、阿根廷等国家。2019 年 8 月，广西涂沃被评为国家级高新技术企业；2021 年，广西涂沃凭借着高品质的产品及优质的服务，荣登 2021年度全球工程机械零部件优质供应商五十强榜单。广西涂沃主要工程机械产品见表 9-1。

表 9-1　广西涂沃主要工程机械产品

微型挖掘机	钻机系列	履带移动筛分、破碎站
沃源微型挖掘机 WY25	挖掘机改装钻机	XVS4515 履带移动重型筛分站
沃源微型挖掘机 WY20	WYZ75-8 全液压顶锤式钻机	XVS6015 履带移动筛分站
沃源微型挖掘机 WY13	ZEGA-D440 整体式液压潜孔钻机	XVF1213 履带移动反击式破碎站
沃源微型挖掘机 WY17U	ZEGA-D535 小型一体式潜孔钻机	XVE106 履带移动颚式破碎站
三沃微型挖掘机 SW25-8	ZEGA-D545 小型一体式潜孔钻	
三沃微型挖掘机 SW20-8	钻劈一体机	

9.3.2　创新情况

广西徐沃起初只是一家代理销售公司，但多年来持续加大自主创新力度，通过掌握具有自主知识产权的核心技术，牢牢掌握了发展的主动权。2021 年被认定为南宁市企业技术中心"专精特新"中小企业，2022 年被认定为自治区级企业技术中心、广西智能工厂示范企业、国家知识产权优势企业，2023 年与桂林航天工业学院、广西机械工程学会联合共建的广西特种工程装备与控制重点实验室获批自治区重点实验室。广西徐沃已累计拥有 4 件发明专利、53 件实用新型专利、13 件外观设计专利。

9.4　广西美斯达集团有限公司

9.4.1　基本情况

广西美斯达集团有限公司前身是 2009 年成立的广西美斯达工程机械设备有限公司。广西美斯达一直以来以"我们欠南宁一个世界级品牌"为使命，不断增强自主创新能力及核心竞争力，目前已发展成为一家具备科技创新、自主研发、智能化生产能力的科技创新型高端装备制造工程机械企业。根据移动筛分市场销售数据统计显示，广西美斯达 2019 年出货量接近 500 台，为全球出货量第一，连续 5 年成为移动破碎筛分设备市场的销量冠军，目前全国市场占有率超过 50%；2020 年，美斯达产品销售额突破 10 亿元。2021 年，广西美斯达成功入选南宁市瞪羚企业培育库以及《中国工程机械》杂志发布的"中国工程机械专业化制造商五十强""全球移动式破碎筛分设备制造商十强"，同时获得国家级专精特新"小巨人"企业荣誉称号。

广西美斯达致力于移动破碎筛分设备及上下游产品的研发、生产，目前已有 8 大品类、100 多款产品，涵盖物料处理链条的前、中、后端，覆盖全国，同时进入芬兰、俄罗斯、波兰、印度尼西亚、马来西亚、越南、印度等多个国家。至 2022 年，广西美斯达在南宁完成"一市、两区、三园、四基地"的产业布局。广西美斯达未来将建立工程机械制造产业链集群，形成新型工业化自主工业制造、研发创新、上下游供应链体系，建立以南宁为产业链中心的装配制造业基地，发展高端装配制造（移动式破碎装机、挖掘机、装载机）产业，实现前端挖掘机—中端移动式破碎装机—后端装载机（铲车）的全产业链布局，完成集团化产业聚集和具备国际化高端装配制造能力，成为在国内外具有影响力的工程机械生产制造集团。

9.4.2　创新情况

广西美斯达作为南宁市"瞪羚企业培育库"的企业、国家级专精特新"小巨人"企业、全球移动式破碎筛分设备制造商十强、广西工业龙头和制造业单项冠军企业，自成立以来，始终坚持把技术创新作为推动企业发展的第一动力。广西美斯达目前拥有百余人的核心技术团队，拥有超级转子、水平无固定放置破碎机技术、精准工业遥控技术等技术专利 43 件，以"一代产品在用、一代产品在产、一代产品在设计"的发展理念，领跑全球物料处理行业。2023 年，广西美斯达新能源轮式挖掘自卸车 ME-X13 荣获第三届全国机械工业设计创新大赛决赛银奖。

9.5　广西建工集团建筑机械制造有限责任公司

9.5.1　基本情况

广西建工集团建筑机械制造有限责任公司始建于 1958 年，是广西建工集团（世界五百强）旗下子公司，主要生产塔机、施工升降机等起重运输机械，液压式压桩机等桩工机械，以及混凝土布料机等混凝土施工机械共三大类 70 多种规格的建筑机械设备及配套部件。近年来，在塔式起重机、施工升降机等领域推出 43 款智能化新产品，7 项全国首创的重大技术填补行业空白，5 款新产品获评"广西名优工业产品"，2 款新产品获评行业"最具影响力产品"，新产品年均销售额占营业收入的比例超 74%。目前建立了覆盖全国，延伸至东南亚、中亚、西亚、非洲、欧洲和大洋洲的 50 多个国家及地区的销售服务网络，推动"广西制造""中国标准"走出去。广西建机的主要产品系列见表 9-2。

表 9-2 广西建机主要产品系列

施工升降机	塔式起重机
SC 通用施工升降机	N 系列平头塔式起重机
SC 可调角度施工升降机	T 系列超大型塔式起重机
SC 并道施工升降机	P 系列动臂式塔式起重机
SC 货用施工升降机	

9.5.2 创新情况

多年来，广西建机研制开发的部分产品先后荣获全国科学大会奖 1 项、国家科学技术进步奖 1 项、建设部科学技术进步奖 1 项、广西科学技术进步奖 4 项。QTZ1250 超大型塔式起重机被立项列入自治区"2010 年千亿产业重大科技攻关类工程项目"，并于 2014 年 9 月通过了验收；2014 年 7 月"动折臂塔式起重机"技术创新项目以"国内领先"技术通过了广西技术创新项目验收；2017 年 10 月，科研项目"数字化超大型塔式起重机安全节能关键技术及产业化"获 2017 年度中国机械工业科学技术三等奖；2018 年 4 月，"超大型塔式起重机节能运行和安全保障关键技术及产业化"项目获广西科学技术进步奖，为集团公司中首个获得该奖项的子公司；"施工升降机结构损伤动态监测与节能关键技术的创新及产业化"项目获广西科学技术进步奖三等奖；2021 年，与哈尔滨工业大学机电工程学院联合组建的建筑起重智能装备工程研究中心被认定为广西壮族自治区工程研究中心，这是继国家高新技术企业、自治区级企业技术中心和研发中心后，广西建机在高端技术研发平台建设取得的又一重大突破。此外，作为全国起重机械标准化技术委员会塔式起重机分技术委员会理事单位，广西建机参与编制并起草了《塔式起重机安全规程》(GB5144—2006)、《塔式起重机》(GB/T5031—2008) 两个国家标准。

10　广西工程机械产业创新发展存在的问题

10.1　研发投入不足，创新动能欠缺

研发费用投入是科技创新活动的基础和核心，而企业是研发费用投入的主体。虽然近年来广西加大对工程机械领域的创新支持和资金投入，使广西工程机械领域的研发费用投入不断增加，从 2018 年的 5.72 亿元增长到 2022 年的 12.69 亿元，研发费用投入占营业收入的比重从 2018 年的 2.19% 增长到 2021 年的 3.66%，但与优势地区头部企业的研发费用投入相比仍存在较大差距。例如，2022 年广西的研发费用投入为 12.69 亿元，而徐工集团为 57.50 亿元，三一重工为 78.26 亿元，中联重科为 34.44 亿元，差距在 3 ～ 6 倍（表 10-1），并且广西工程机械龙头企业柳工股份 2022 年的研发费用投入仅为 9.37 亿元（占广西全部研发费用投入的 73.84%），与上述 3 家公司的研发费用投入相比差距明显。从增长倍数看，广西的研发费用投入增长了 1.22 倍，而徐工集团增长了 1.85 倍，三一重工增长了 1.61 倍，中联重科增长了 2.19 倍。由此可知，广西工程机械产业的研发费用投入基本依靠柳工股份带动，并且无论是数额还是增速，广西工程机械产业的研发费用投入均严重不足，若不出台相关措施激励相关企业加大研发费用投入，未来差距会越来越大。

表 10-1　研发费用投入情况对比

单位：亿元

企业名称	2018 年	2019 年	2020 年	2021 年	2022 年
徐工集团	20.15	24.56	37.52	44.52	57.50
三一重工	30.01	46.99	62.59	76.97	78.26
中联重科	10.80	20.92	35.01	42.30	34.44
柳工股份	5.59（5.72）	6.74（8.30）	7.44（10.92）	9.35（12.76）	9.37（12.69）

注：括号内的数据为广西工程机械领域企业研发费用。

从研发费用投入占比情况看，广西及柳工股份的研发费用投入占比虽然总体呈现增加趋势，但与徐工集团、三一重工和中联重科等优势地区头部企业的研发费用投入占比相比，差距仍然明显。2018—2022 年，徐工集团的研发费用投入在营业收入中的占比增加了 0.35 倍，2022 年的占比达到 6.13%；三一重工增加了 0.82 倍，2022 年达到 9.78%；中联重科增加了 1.20 倍，2022 年达到 8.27%。广西工程机械产业的研发费用投入占比虽然增加了 0.67 倍，但到 2022 年占比也仅有 3.66%，与占比最低的徐工集团相比，仍然相差近 1 倍；柳工股份虽增加了 0.15 倍，但远低于平均水平（表 10-2）。

表 10-2　研发费用投入占比情况

企业名称	2018 年	2019 年	2020 年	2021 年	2022 年
徐工集团	4.54%	4.15%	5.07%	5.28%	6.13%
三一重工	5.38%	6.21%	6.30%	7.25%	9.78%
中联重科	3.76%	4.83%	5.38%	6.30%	8.27%
柳工股份	3.09%（2.19%）	3.51%（2.91%）	3.23%（3.25%）	3.26%（3.18%）	3.54%（3.66%）

注：括号内的数据为广西工程机械领域企业研发费用投入占比。

由此可知，无论是研发费用投入总额，还是研发费用投入占比，广西及柳工股份的研发费用投入规模和强度都明显低于徐工集团、三一重工、中联重科等龙头企业。虽然广西研发费用投入占比增速较快，但是极其微小，并且基数小，要赶上优势地区头部企业的研发费用投入依然任重道远。

10.2　高端平台缺乏，创新载体不足

创新平台是科技创新的重要载体。目前，湖南长沙工程机械行业拥有 6 家国家级企业技术中心、4 家国家级工程技术研究中心、1 家国家重点实验室、11 家企业院士工作站；江苏徐州建成全国行业唯一的省级高端工程机械及核心零部件制造业创新中心，拥有国家企业技术中心、工业设计中心、高端工程机械智能制造国家重点实验室等省级以上科技创新平台 65 家。而广西工程机械领域创新平台仅 11 家，其中国家级平台 4 家。广西的高水平创新平台建设数量和质量与湖南、江苏等地存在一定差距，难以有效引领和支撑工程机械产业创新发展。

10.3 专业人才短缺，创新驱动不足

近年来，广西工程机械领域研发人员数量有所增加，从 2018 年的 1969 人增加到 2022 年的 3140 人，高层次人才数量呈不断上升的趋势，其中硕士研究生从 2018 年的 494 人上升到 2022 年的 998 人，博士研究生从 2018 年的 20 人上升到 2022 年的 31 人（表 10-3）。但对比产业发展需求和区外情况，广西工程机械领域的研发人员依然严重短缺。

表 10-3　研发人员数量与构成情况对比

单位：人

企业名称		2018 年	2019 年	2020 年	2021 年	2022 年
徐工集团	研发人员数量	2370	2596	2818	2923	5767
	博士研究生数量	12	14	17	17	100
	硕士研究生数量	1297	1499	1664	1750	3467
三一重工	研发人员数量	2264	3204	5346	7231	7466
	博士研究生数量	29	49	123	157	149
	硕士研究生数量	1438	2434	3799	4368	4718
中联重科	研发人员数量	3119	4390	5992	7242	7511
	博士研究生数量	—	—	51	65	57
	硕士研究生数量	674	1228	1811	2305	2511
柳工股份	研发人员数量	1008（1969）	1102（2465）	1320（2441）	1779（2692）	1582（3140）
	博士研究生数量	15（20）	14（25）	15（19）	16（31）	20（31）
	硕士研究生数量	441（494）	551（538）	564（685）	872（926）	860（998）

注：括号内的数据为广西工程机械领域研发人员、博士研究生、硕士研究生数量。

从总体数量看，广西、柳工股份的研发人员数量都低于其他 3 家公司，尤其是在 2020 年之后，其他 3 家公司的研发人员数量都出现了较大的增长，而广西和柳工股份的研发人员数量的增长幅度相对较小。2022 年，广西和柳工股份的研发人员数量分别为 3140 人和 1582 人，而其他 3 家公司的研发人员数量分别为 5767 人、7466 人和 7511 人。广西和柳工股份在研发人员数量上与其他 3 家公司存在较大的差距。

从学历构成维度看，广西、柳工股份的博士研究生和硕士研究生数量都低于其他3家公司，在研发人员的学历水平上存在较大的差距。2022年，广西、柳工股份的博士研究生数量分别为31人和20人，而其他3家公司的博士研究生数量分别为100人、149人和57人。同样，2022年，广西、柳工股份的硕士研究生数量分别为998人和860人，而其他3家公司的硕士研究生数量分别为3467人、4718人和2511人，也存在较大的差距。

从研发人员数量在工程机械领域人员数量中的占比情况看，徐工集团、三一重工和中联重科的研发人员数量占比总体呈现上升趋势，而广西和柳工股份的研发人员数量占比却呈现下降趋势，广西、柳工股份研发人员投入比重均较低。另外，徐工集团、三一重工和中联重科的研发人员数量占比都高于广西、柳工股份，2022年，徐工集团、三一重工和中联重科的研发人员数量占比分别为21%、28.31%和29.71%，而广西和柳工股份的研发人员数量占比分别为13.72%和9.59%（表10-4）。

表 10-4　研发人员数量占比情况

企业名称	2018 年	2019 年	2020 年	2021 年	2022 年
徐工集团	16.55%	17.97%	18.55%	18.88%	21.00%
三一重工	13.02%	17.37%	21.74%	30.52%	28.31%
中联重科	20.63%	23.09%	25.47%	27.82%	29.71%
柳工股份	10.28% （13.74%）	10.66% （17.33%）	10.04% （12.18%）	10.39% （13.39%）	9.59% （13.72%）

注：括号内的数据为广西工程机械领域研发人员数量占比。

10.4　自主知识产权薄弱，创新潜力不足

现代企业的竞争在一定程度上是知识产权的竞争，而专利是知识产权最重要的载体，在一定程度上可以反映企业的创新发明实力。数据显示，广西工程机械行业期末拥有有效专利数量呈上升趋势，从2018年的1689件上升到2022年的2988件；但年度授权发明专利数量有所下降，从2018年的114件下降到2022年的62件。截至2022年底，柳工股份拥有有效专利2659件，其中发明专利776件；而徐工集团共拥有有效授权专利总数量为9742件，其中发明专利2458件，国际专利183件。三一重工2022年申请国内外专利2663件，授权专利1787件；

截至 2022 年，累计申请专利 15803 件，授权专利 10905 件。截至 2023 年 3 月底，中联重科累计申请专利 14372 件，其中发明专利 5875 件。

10.5　获奖价值不高，创新荣誉不足

从中国机械工业科学技术奖、广西科学技术奖和中国专利奖等获奖情况看，广西工程机械领域高质量标志性科研成果产出不足。自 2001 年开展中国机械工业科学技术奖评比以来，工程机械领域获奖项目 405 个，广西仅获得 19 个，占总量的 4.69%。其中，技术发明奖二等奖 1 项，技术发明奖三等奖 1 项；科技进步奖一等奖 2 项，科技进步奖二等奖 5 项，科技进步奖三等奖 10 项。从广西科学技术奖的获奖情况看，2017—2022 年工程机械领域共获得奖项 28 项，每年获奖数量约占工业类项目的 10%，获奖等级以各类型的二等奖、三等奖居多，一等奖较少。其中，技术发明奖二等奖、三等奖分别为 9 项、2 项，科学技术进步奖一等奖、二等奖、三等奖分别为 3 项、5 项、9 项。中国专利奖目前已评选了 24届，广西累计荣获中国专利奖 71 项，其中中国专利金奖 2 项、中国专利优秀奖 60 项以及外观设计优秀奖 9 项。工程机械领域只有 8 项获奖，其中外观设计优秀奖 4 项、中国专利优秀奖 4 项。广西工程机械领域的获奖数量和含金量不足，高质量标志性科研成果的产出有待加强。

11 广西工程机械产业创新驱动升级系统动力学模型构建

　　广西工程机械产业创新驱动升级系统是一个典型的非线性、高度复杂和多变量交织的动态复杂系统。该系统中影响产业创新升级的因素众多，主要包括市场需求、人才供给、资金投入等方面。这些因素之间不但相互影响，而且彼此紧密关联，形成了一个错综复杂的互动网络和反馈机制。传统的分析方法往往只从局部或静态的角度考察系统的特征，难以揭示系统的整体性和动态性。为了克服这一局限，本书利用系统科学的理论和方法，构建广西工程机械产业创新驱动升级的动力学模型，量化模拟系统的运行过程和变化趋势，分析各变量对系统运行机制的影响，从全局和动态的角度对广西工程机械产业创新驱动升级系统进行深入的研究。同时，本书还对不同的创新驱动升级策略进行了仿真实验，比较不同策略下系统的表现和效果，为制定广西工程机械产业创新驱动升级的对策和建议提供了有效的依据与参考。

11.1　建立流位流率系

　　建立系统动力学模型的常用方法有两种，一种是因果关系图至流图建模法，另一种是流率基本入树建模法。前者是通过绘制因果关系图来表示系统中各变量之间的影响关系，然后将其转化为流图来描述系统的动态行为。后者是先将系统划分为若干子系统，每个子系统用一个以流率为根的树模型来表示内部变量的因果关系，再通过嵌运算将各个子系统连接起来，形成完整的系统网络流图模型。广西工程机械产业创新驱动升级系统涉及因素众多，且影响关系错综复杂，如果直接采用因果关系图至流图建模法，可能会导致思路不清晰、仿真方程建立困难和系统调试难度大等问题。为了克服这些问题，本书采用了贾仁安于 1998 年提出的流率基本入树建模法。该方法以还原论为核心，结合图论和整体论，能够有效地简化复杂系统的建模过程，提高系统模型的可操作性和可靠性。

利用流率基本入树建模法建立广西工程机械产业创新驱动升级系统动力学模型。首先，根据广西工程机械产业创新现状和相关文献分析，确定了系统的流位流率系，包括产品销售收入、新产品销售收入、R&D 人员数量、R&D 费用和创新成果数。其中，产品销售收入是指在市场上销售产品所获得的收入，反映了产品的需求和市场情况；新产品销售收入是指新开发的产品在市场上的销售额，反映了产品的创新性和竞争力；R&D 人员数量是指产业中从事研发活动的人员数量，反映了产业的人力资源和人才结构；R&D 费用是指产业在研发活动中投入的资金，反映了产业的研发费用投入；创新成果数是指在研发活动中获得的专利数量，一定程度上反映了产业的创新能力水平。其次，根据流率基本入树建模法的原理和步骤，将系统划分为 5 个子系统，分别用流率基本入树模型来描述各子系统内部的因果关系。最后通过嵌运算将各子系统连接起来，得到系统的网络流图模型（表 11-1）。

表 11-1　流位和流率变量

流位变量	流率变量
产品销售收入 L1（t，亿元）	产品销售收入变化量 R1（t，亿元／年）
新产品销售收入 L2（t，亿元）	新产品销售收入变化量 R2（t，亿元／年）
R&D 人员数量 L3（t，人）	R&D 人员数量变化量 R3（t，人／年）
R&D 费用 L4（t，亿元）	R&D 费用变化量 R4（t，亿元／年）
创新成果数 L5（t，个）	创新成果数变化量 R5（t，个／年）

11.2　建立流率基本入树模型

11.2.1　产品销售收入流率基本入树 T1（t）模型建立

产品销售收入受到新产品销售收入、创新成果数和 R&D 费用的影响。其二部分图如图 11-1 所示，具体流率基本入树图如图 11-2 所示。

【树枝 1】新产品销售收入 L2（t）$\xrightarrow{+}$ 因子 M12（t）$\xrightarrow{+}$ 产品销售收入变化量 R1（t）

即新产品销售收入的增加可以提高产品的市场占有率和利润率，从而增加产品销售收入，对产品销售收入有正向的影响。

【树枝 2】R&D 费用 L4（t）$\xrightarrow{+}$ 因子 M12（t）$\xrightarrow{+}$ 产品销售收入变化

量 R1（t）

即 R&D 费用的增加可以提高企业的创新能力和水平，从而增加产品销售收入。但是，R&D 费用的过度增加也会降低企业的盈利能力和现金流，从而减少产品销售收入，其对产品销售收入有双向的影响。

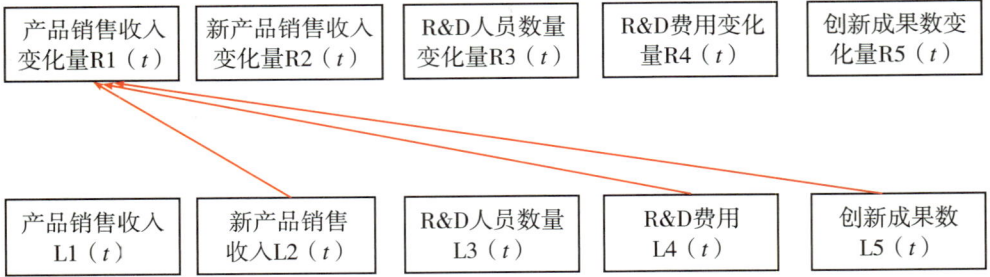

图 11-1　产品销售收入流率基本入树 T1（t）二部分图

【树枝 3】创新成果数 L5（t）$\xrightarrow{+}$ 因子 M12（t）$\xrightarrow{+}$ 产品销售收入变化量 R1（t）

即创新成果数的增加可以提高产品的技术含量和有助于塑造品牌形象，从而增加产品销售收入，对产品销售收入有正向的影响。

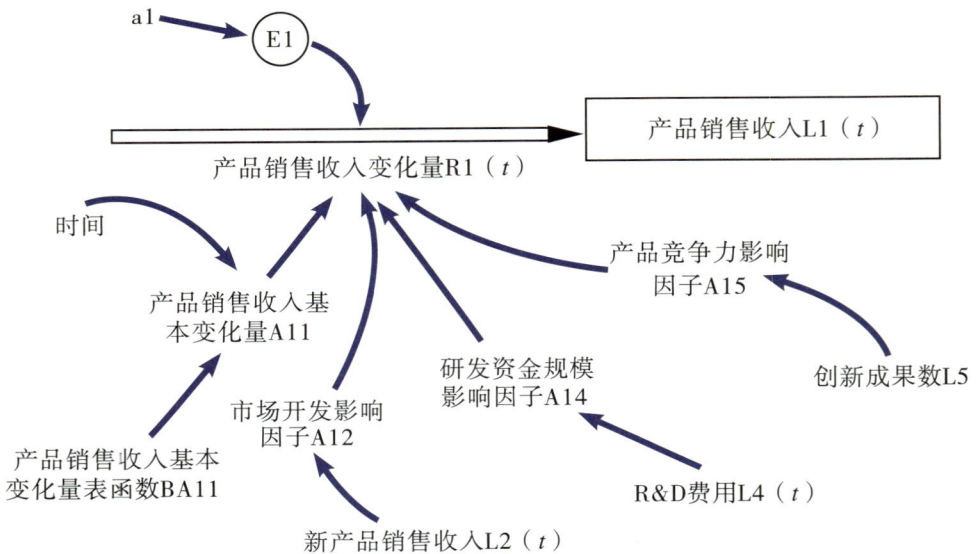

图 11-2　产品销售收入流率基本入树 T1（t）

11.2.2　新产品销售收入流率基本入树 T2（t）模型建立

新产品销售收入受产品销售收入、R&D 人员数量、R&D 费用和创新成果数的影响。其二部分图如图 11-3 所示，具体流率基本入树图如图 11-4 所示。

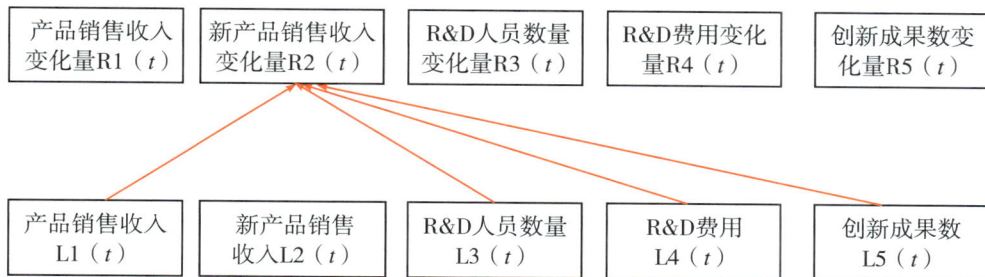

产品销售收入变化量R1（t）	新产品销售收入变化量R2（t）	R&D人员数量变化量R3（t）	R&D费用变化量R4（t）	创新成果数变化量R5（t）

产品销售收入L1（t）	新产品销售收入L2（t）	R&D人员数量L3（t）	R&D费用L4（t）	创新成果数L5（t）

图 11-3　新产品销售收入流率基本入树 T2（t）二部分图

【树枝 1】产品销售收入 L1（t）$\xrightarrow{+}$ 因子 M12（t）$\xrightarrow{+}$ 新产品销售收入变化量 R2（t）

即产品销售收入的增加可以提高企业的盈利能力和现金流，增加新产品的研发投入和推广力度，从而增加新产品销售收入。

【树枝 2】R&D 人员数量 L3（t）$\xrightarrow{+}$ 因子 M12（t）$\xrightarrow{+}$ 新产品销售收入变化量 R2（t）

即 R&D 人员数量的增加可以提高企业的研发效率和质量，提高新产品的开发速度和成功率，从而增加新产品销售收入。

【树枝 3】R&D 费用 L4（t）$\xrightarrow{+}$ 因子 M12（t）$\xrightarrow{+}$ 新产品销售收入变化量 R2（t）

即 R&D 费用的增加可以提高企业的研发能力和水平，增加新产品的创新性和竞争力，从而增加新产品销售收入。

【树枝 4】创新成果数 L5（t）$\xrightarrow{+}$ 因子 M12（t）$\xrightarrow{+}$ 新产品销售收入变化量 R2（t）

即创新成果数的增加可以提升企业的技术优势和增加知识产权积累，加强新产品的保护和转化，从而增加新产品销售收入。

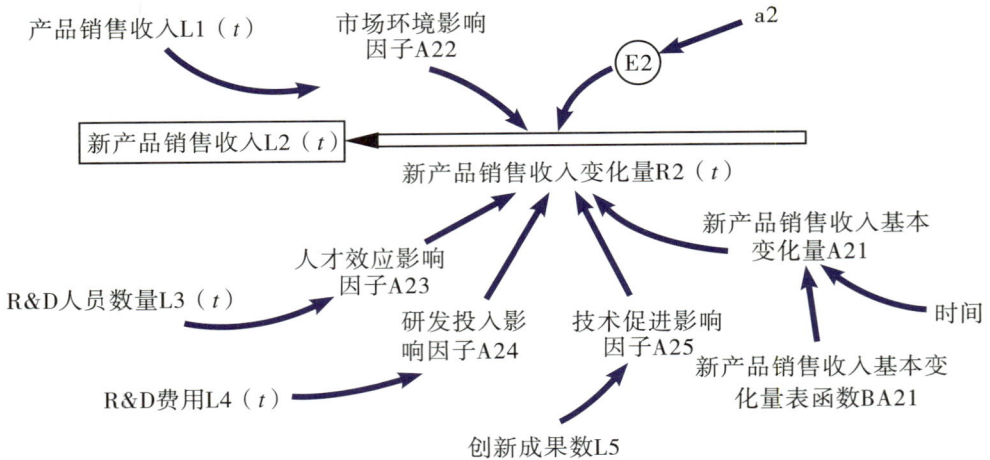

图 11-4　新产品销售收入流率基本入树 T2（t）

11.2.3　R&D 人员数量流率基本入树 T3（t）模型建立

R&D 人员数量受产品销售收入、新产品销售收入、R&D 费用和创新成果数的影响。其二部分图如图 11-5 所示，具体流率基本入树图如图 11-6 所示。

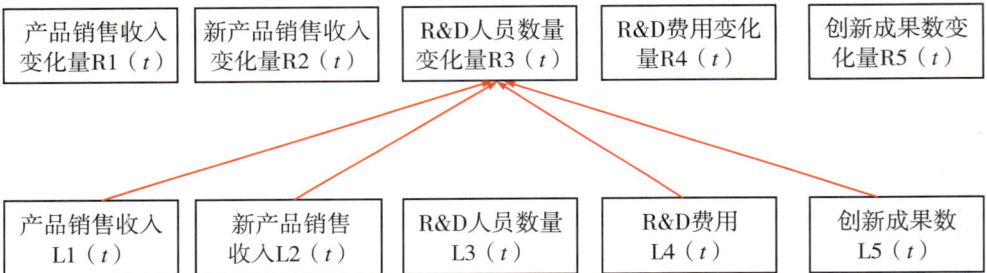

图 11-5　R&D 人员数量基本入树 T3（t）二部分图

【树枝 1】产品销售收入 L1（t）$\xrightarrow{+}$ 因子 M12（t）$\xrightarrow{+}$ R&D 人员数量变化量 R3（t）

即产品销售收入的增加可以提高企业的盈利能力和现金流，加大企业的人力资源投入和招聘力度，从而增加 R&D 人员数量。

【树枝 2】新产品销售收入 L2（t）$\xrightarrow{+}$ 因子 M12（t）$\xrightarrow{+}$ R&D 人员数量变化量 R3（t）

即新产品销售收入的增加可以提高企业的市场占有率和利润率，增加企业的人力资源需求和激励机制，从而增加 R&D 人员数量。

【树枝 3】R&D 费用 L4（t）$\xrightarrow{+}$ 因子 M12（t）$\xrightarrow{+}$ R&D 人员数量变化

量 R3（t）

即 R&D 费用的增加可以提高企业的研发能力和水平，增加企业的人力资源配置和培训计划，从而增加 R&D 人员数量。

【树枝 4】创新成果数 L5（t）$\xrightarrow{\quad+\quad}$ 因子 M12（t）$\xrightarrow{\quad+\quad}$ R&D 人员数量变化量 R3（t）

即创新成果数的增加可以提升企业的技术优势和增加知识产权积累，增加企业的人力资源吸引和留存，从而增加 R&D 人员数量。

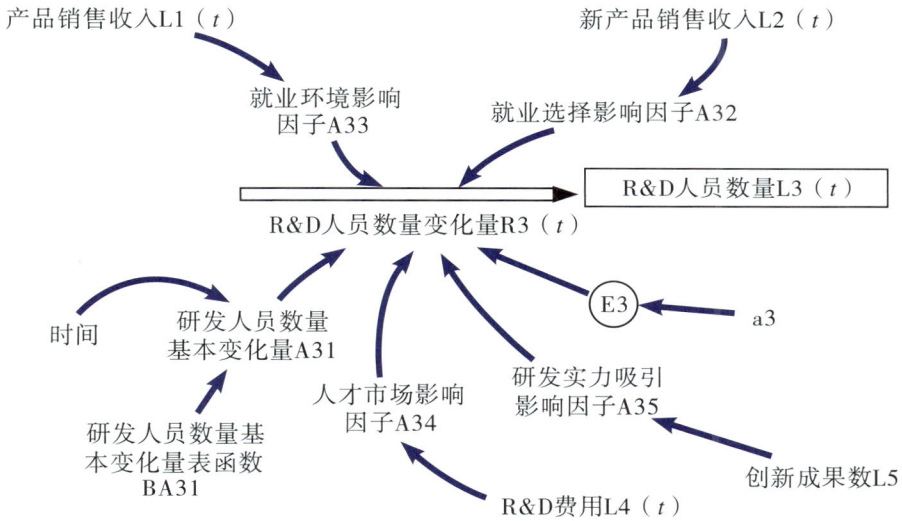

图 11-6　R&D 人员数量流率基本入树 T3（t）

11.2.4　R&D 费用流率基本入树 T4（t）模型建立

R&D 费用受产品销售收入、新产品销售收入、R&D 人员数量和创新成果数的影响。其二部分图如图 11-7 所示，具体流率基本入树图如图 11-8 所示。

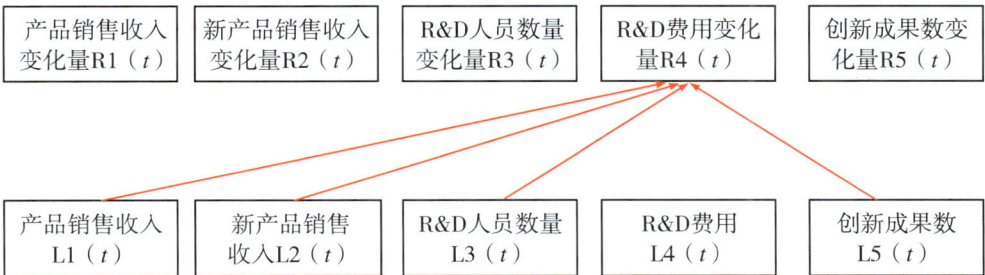

图 11-7　R&D 费用基本入树 T4（t）二部分图

【树枝1】产品销售收入 L1（t）$\xrightarrow{+}$ 因子 M12（t）$\xrightarrow{+}$ R&D 费用变化量 R4（t）

即产品销售收入的增加可以提高企业的盈利能力和现金流，增加企业的研发投入和预算，从而增加 R&D 费用。

【树枝2】新产品销售收入 L2（t）$\xrightarrow{+}$ 因子 M12（t）$\xrightarrow{+}$ R&D 费用变化量 R4（t）

即新产品销售收入的增加可以提高企业的市场占有率和利润率，增加企业的研发回报和动力，从而增加 R&D 费用。

【树枝3】R&D 人员数量 L3（t）$\xrightarrow{+}$ 因子 M12（t）$\xrightarrow{+}$ R&D 费用变化量 R4（t）

即 R&D 人员数量的增加可以提高企业的研发效率和质量，从而增加 R&D 费用。

【树枝4】创新成果数 L5（t）$\xrightarrow{+}$ 因子 M12（t）$\xrightarrow{+}$ R&D 费用变化量 R4（t）

即创新成果数的增加可以提升企业的技术优势和增加知识产权积累，从而增加 R&D 费用。

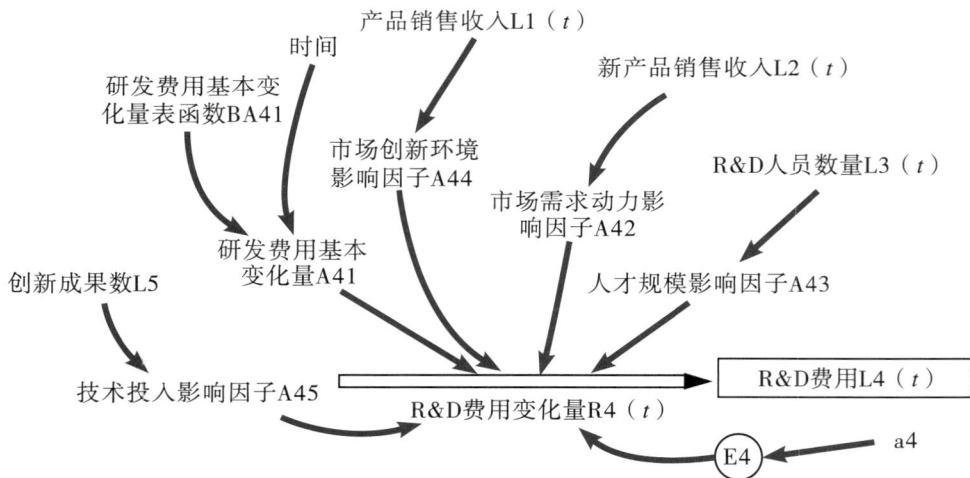

图 11-8　R&D 费用流率基本入树 T4（t）

11.2.5　创新成果数流率基本入树 T5（t）模型建立

创新成果数受产品销售收入、新产品销售收入、R&D 人员数量和 R&D 费用的影响。其二部分图如图 11-9 所示，具体流率基本入树图如图 11-10 所示。

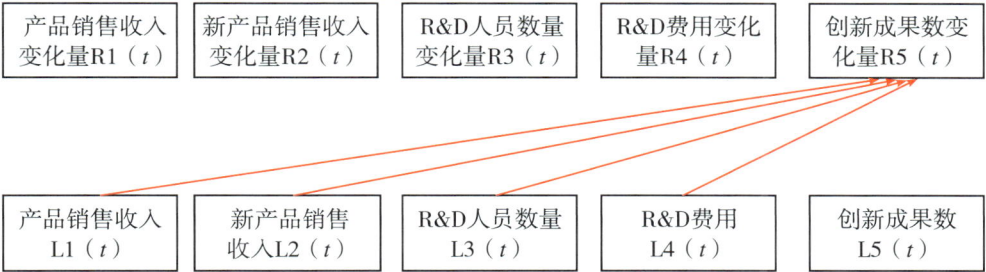

产品销售收入变化量R1（t）	新产品销售收入变化量R2（t）	R&D人员数量变化量R3（t）	R&D费用变化量R4（t）	创新成果数变化量R5（t）
产品销售收入L1（t）	新产品销售收入L2（t）	R&D人员数量L3（t）	R&D费用L4（t）	创新成果数L5（t）

图 11-9　创新成果数基本入树 T5（t）二部分图

【树枝 1】产品销售收入 L1（t）　——⁺→　因子 M12（t）　——⁺→　创新成果数变化量 R5（t）

即产品销售收入的增加可以提高企业的盈利能力和现金流，增加企业的研发费用投入和预算，从而增加创新成果数。

【树枝 2】新产品销售收入 L2（t）　——⁺→　因子 M12（t）　——⁺→　创新成果数变化量 R5（t）

即新产品销售收入的增加可以提高企业的市场占有率和利润率，增加企业的研发回报和动力，从而增加创新成果数。

【树枝 3】R&D 人员数量 L3（t）　——⁺→　因子 M12（t）　——⁺→　创新成果数变化量 R5（t）

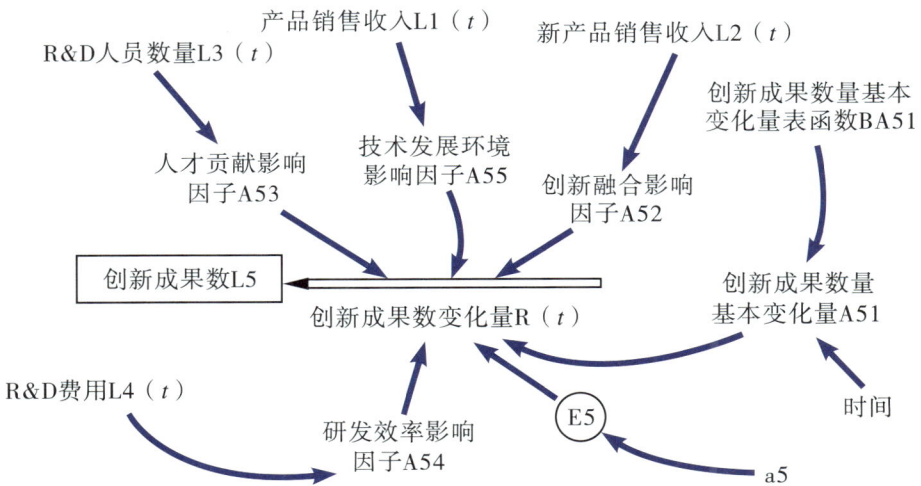

图 11-10　创新成果数流率基本入树 T5（t）

即 R&D 人员数量的增加可以提高企业的研发效率和质量，从而增加 R&D 费用。

【树枝 4】R&D 费用 L4（t）$\xrightarrow{+}$ 因子 M12（t）$\xrightarrow{+}$ 创新成果数变化量 R5（t）

即 R&D 费用的增加可以提高企业的研发能力和水平，增强创新成果的创新性和竞争力，从而增加创新成果数。

11.3 建立总体系统模型

合并上文所建立的 5 个入树模型相同的顶点，得到了如图 11–11 所示的广西工程机械产业创新驱动升级的总体系统模型。

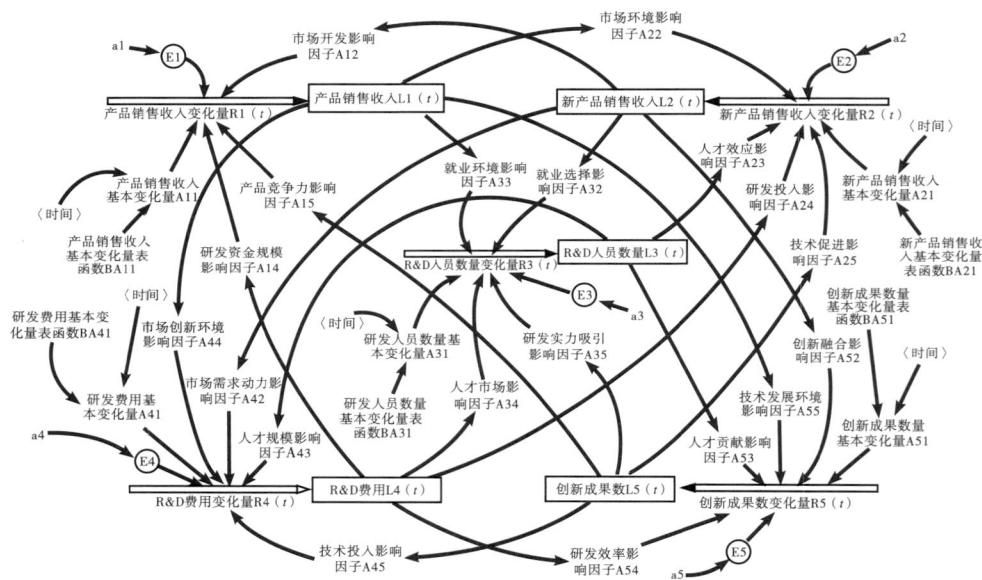

图 11–11 广西工程机械产业创新驱动升级流图总体系统模型

11.4 建立相关仿真方程

系统动力学模型在一定程度上是用来描述和分析复杂系统的动态行为及演化规律的一种数学模型。为了能够对系统进行定量的分析和预测，需要构建仿真方程来表示系统中各变量之间的数量关系和变化规律。仿真方程是系统动力学模型的核心部分，通过仿真方程，可以利用计算机软件对系统进行模拟运行，观察系统的状态变化和输出结果，从而对系统的性能和行为进行评估与优化。因此，构建仿真方程是系统动力学模型的重要步骤，也是系统动力学研究的基础。

由于广西工程机械相关产业数据没有专门机构进行统计，根据相关部门收集的高新技术企业统计年报表，选取《国民经济行业分类》（GB/T 4754—2017）中通用设备制造业和专用设备制造业代码为 3431—3435、3439、3511、3514、3515、3517 的数据，经过整理得到反映广西工程机械产业营业收入、利润、产品销售、研发费用投入、研发人员投入、专利产出等情况的数据。建立方程时考虑到实际情况和变化趋势，对变量关系进行多次反复分析后，构建以下变量仿真方程：

（1）产品销售收入 L1（t）=INTEG［产品销售收入变化量 R1（t），256.18］，单位：亿元。

（2）产品销售收入变化量 R1（t）= 产品销售收入基本变化量 A11（t）× 市场开发影响因子 A12（t）× 研发资金规模影响因子 A14（t）× 产品竞争力影响因子 A15（t）× E1，单位：无量纲。

（3）产品销售收入基本变化量 A11（t）= 产品销售收入基本变化量表函数值 WITH LOOKUP B11（t）= ｛［（0，0）–（3000，3000）］，（2018，5.33），（2019，14.48），（2020，9.75），（2021，–6.82）｝，单位：无量纲。

（4）市场开发影响因子 A12（t）=WITH LOOKUP–L2A12（t）= ｛［（0，0）–（217，3）］，（166.77，1.59），（179.45，1.65），（195.69，1.89），（216.35，2.12）｝，单位：无量纲。

（5）研发资金规模影响因子 A14（t）=WITH LOOKUP–L4A14（t）= ｛［（0，0）–（200，3）］，（5.72，1.56），（8.3，2.13），（10.92，2.46），（12.76，2.65）｝，单位：无量纲。

（6）研发资金规模影响因子 A15（t）=WITH LOOKUP–L5A15（t）= ｛［（0，0）–（262，2）］，（130，0.99），（177，1.23），（217，1.51），（262，1.88）｝，单位：无量纲。

（7）新产品销售收入 L2（t）=INTEG［产品销售收入变化量 R2（t），166.77］，单位：亿元。

（8）产品销售收入变化量 R2（t）= 新产品销售收入基本变化量 A21（t）× 市场环境影响因子 A22（t）× 人才效应影响因子 A23（t）× 研发投入影响因子

A24（t）× 技术促进影响因子 A25（t）×E2，单位：无量纲。

（9）新产品销售收入基本变化量 A21（t）= 新产品销售收入基本变化量表函数值 WITH LOOKUP B21（t）= {[（0,0）-（3000,3000）]，（2018,1.96），（2019,4.4），（2020，-1.5），（2021,0.87）}，单位：无量纲。

（10）市场环境影响因子 A22（t）=WITH LOOKUP-L1A22（t）= {[（0，0）-（393，3）]，（256.18，1.66），（280.41，1.76），（329.87，2.11），（392.42，2.21）}，单位：无量纲。

（11）人才效应影响因子 A23(t)=WITH LOOKUP-L3A23(t)={[（0,0）-（2692，3）]，（1969，1.36），（2441，2.16），（2465，2.26），（2692，2.36）}，单位：无量纲。

（12）研发投入影响因子 A24（t）=WITH LOOKUP-L4A24（t）= {[（0,0）-（200，3）]，（5.72，1.56），（8.3，2.13），（10.92，2.46），（12.76，2.65）}，单位：无量纲。

（13）技术促进影响因子 A25=WITH LOOKUP-L5A25(t)={[（0,0）-（262，2）]，（130，0.99），（177，1.23），（217，1.51），（262，1.88）}，单位：无量纲。

（14）R&D 人员数量 L3（t）=INTEG［R&D 人员变化量 R3（t），1969］，单位：人。

（15）R&D 人员变化量 R3（t）=R&D 人员基本变化量 A31（t）× 就业选择影响因子 A32（t）× 就业环境影响因子 A33（t）× 人才市场影响因子 A34（t）× 研发实力吸引影响因子 A35（t）×E3，单位：无量纲。

（16）R&D 人员基本变化量 A31（t）=R&D 人员基本变化量表函数值 WITH LOOKUP B31（t）= {[（0,0）-（3000,3000）]，（2018,65.76），（2019,-4），（2020,18.55），（2021，26.8）}，单位：无量纲。

（17）就业选择影响因子 A32（t）=WITH LOOKUP-L2A32（t）= {[（0，0）-（217，3）]，（166.77，1.59），（179.45，1.65），（195.69，1.89），（216.35，2.12）}，单位：无量纲。

（18）就业环境影响因子 A33（t）=WITH LOOKUP-L1A33（t）= {[（0，0）-（393，3）]，（256.18，1.66），（280.41，1.76），（329.87，2.11），（392.42，2.21）}，单位：无量纲。

（19）人才市场影响因子 A34（t）=WITH LOOKUP-L4A34（t）= {[（0,0）-

（200，3）］，（5.72，1.56），（8.3，2.13），（10.92，2.46），（12.76，2.65）｝，单位：无量纲。

（20）研发实力吸引影响因子 A35(t)=WITH LOOKUP–L5A35(t)={［（0,0）–（262，2）］，（130，0.99），（177，1.23），（217，1.51），（262，1.88）｝，单位：无量纲。

（21）R&D 费用 L4(t)=INTEG［R&D 费用变化量 R4(t)，5.72］，单位：亿元。

（22）R&D 费用变化量 R4(t)=R&D 费用基本变化量 A41(t) × 市场需求动力影响因子 A42(t) × 人才规模影响因子 A43(t) × 市场创新环境影响因子 A44(t) × 技术投入影响因子 A45(t) ×E4，单位：无量纲。

（23）R&D 费用基本变化量 A41(t)=R&D 费用基本变化量表函数值 WITH LOOKUP B41(t)={［（0,0）–（3000，2）］，（2018,0.38），（2019,0.41），（2020，0.155），（2021，–0.0047）｝，单位：无量纲。

（24）市场需求动力影响因子 A42(t)=WITH LOOKUP–L2A42(t)={［（0,0）–（217，3）］，（166.77，1.59），（179.45，1.65），（195.69，1.89），（216.35，2.12）｝，单位：无量纲。

（25）人才规模影响因子 A43(t)=WITH LOOKUP–L3A43(t)={［（0,0）–（2692，3）］，（1969,1.36），（2441，2.16），（2465，2.26），（2692，2.36）｝，单位：无量纲。

（26）市场创新环境影响因子 A44(t)=WITH LOOKUP–L1A44(t)={［（0,0）–（393，3）］，（256.18，1.66），（280.41，1.76），（329.87，2.11），（392.42，2.21）｝，单位：无量纲。

（27）技术投入影响因子 A45(t)=WITH LOOKUP–L5A45(t)={［（0,0）–（262，2）］，（130，0.99），（177，1.23），（217，1.51），（262，1.88）｝，单位：无量纲。

（28）创新成果数 L5(t)=INTEG［创新成果数变化量 R5(t)，262］，单位：个。

（29）创新成果数变化量 R5(t)=创新成果数基本变化量 A51(t) × 创新融合影响因子 A52(t) × 人才贡献影响因子 A53(t) × 研发效率影响因子 A54(t) × 技术发展环境影响因子 A55(t) ×E5，单位：无量纲。

（30）创新成果数基本变化量 A51(t)=创新成果数基本变化量表函数值

WITH LOOKUP B51 (t) =｛［（0,0）–（3000,3000）］，（2018，–24.2），（2019，3.424），（2020，1.683），（2021，–2.03）｝，单位：无量纲。

（31）创新融合影响因子 A52 (t) =WITH LOOKUP–L2A52 (t) = ｛［（0，0）–（393，3）］，（256.18，1.66），（280.41，1.76），（329.87，2.11），（392.42，2.21）｝，单位：无量纲。

（32）人才贡献影响因子 A53 (t) =WITH LOOKUP–L3A53 (t) =｛（0,0）–（2692，3）］，（1969，1.36），（2441，2.16），（2465，2.26），（2692，2.36）｝，单位：无量纲。

（33）研发效率影响因子 A54 (t) =WITH LOOKUP–L4A54 (t) = ｛［（0,0）–（200，3）］，（5.72，1.56），（8.3，2.13），（10.92，2.46），（12.76，2.65）｝，单位：无量纲。

（34）技术发展环境影响因子 A55 (t) =WITH LOOKUP–L1A55 (t) = ｛［（0,0）–（393，3）］，（256.18，1.66），（280.41，1.76），（329.87，2.11），（392.42，2.21）｝，单位：无量纲。

11.5 模型检验分析

广西工程机械产业创新驱动升级系统模型构建完毕和仿真方程建立完成后，需要进行验证。通过将实际数据与模型的运行仿真结果进行对比，以检验模型是否能准确描述广西工程机械产业的发展状况，并确认其是否符合实际情况。如果两者之间的偏差超过预定的偏差水平，则需对模型进行相应的调整，直到偏差降到最低，以保证模型的精确性和适用性。本书采用 2018 年广西工程机械产业相关数据作为起始点，并设置 DT=1 来进行 2018—2022 年的仿真模拟。根据仿真结果，发现偏差率均低于 5%，表明构建的系统动力学模型与广西工程机械产业的发展状况高度吻合，能够有效地描绘广西工程机械产业创新升级的结构和动态变化（表 11–2）。

表 11-2 模型拟合比较分析

数据类型		2018 年	2019 年	2020 年	2021 年	2022 年
产品销售收入 L1 / 亿元	实际值	256.18	280.41	329.87	392.42	340.85
	仿真值	256.18	281.00	331.47	395.48	343.54
	误差	0	0.21%	0.48%	0.78%	0.79%
新产品销售收入 L2 / 亿元	实际值	166.77	179.45	216.35	195.69	213.84
	仿真值	166.77	179.75	216.78	195.54	223.93
	误差	0	0.17%	0.2%	0.08%	4.72%
R&D 人员数量 L3 / 人	实际值	1969	2465	2441	2692	3140
	仿真值	1969	2478	2453	2703	3294
	误差	0	0.53%	0.49%	0.41%	4.9%
R&D 费用 L4 / 亿元	实际值	5.72	8.30	10.92	12.76	12.69
	仿真值	5.72	8.28	10.97	12.90	12.81
	误差	0	0.24%	0.46%	1.10%	0.95%
创新成果数 L5 / 个	实际值	262	130	177	217	164
	仿真值	262	126	175	218	158
	误差	0	3.08%	1.13%	0.46%	3.66%

11.6 趋势预测分析

以 2018—2022 年的数据为基础，在原有的创新条件下对广西工程机械产业 2023—2028 年的发展进行仿真预测，其预测结果如图 11-12 所示，具体数据见表 11-3。

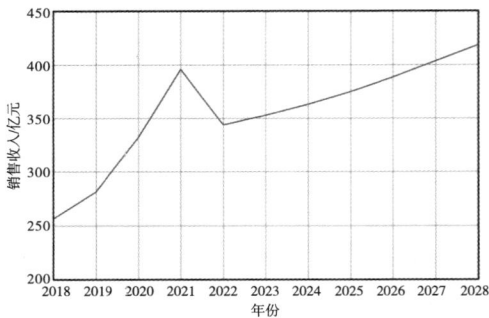

a. 产品销售收入趋势仿真结果

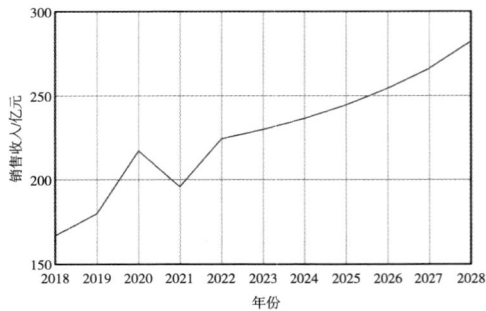

b. 新产品销售收入趋势仿真结果

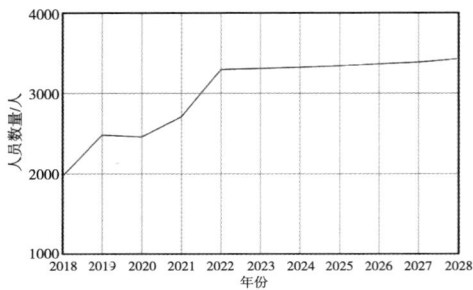

c. R&D 人员数量趋势仿真结果

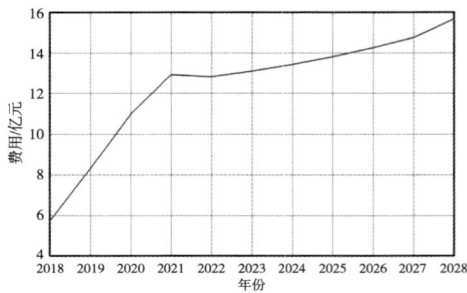

d. R&D 费用趋势仿真结果

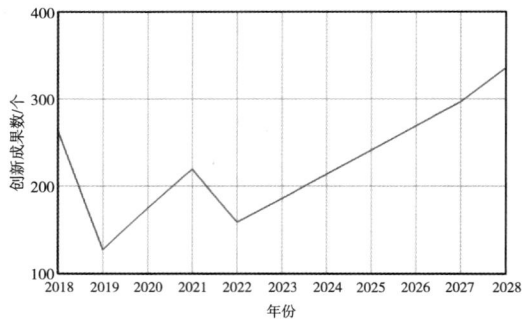

e. 创新成果数趋势仿真结果

图 11-12　2018—2028 年广西工程机械产业仿真结果

表 11-3　2023—2028 年广西工程机械产业预测值

预测项目	2023 年	2024 年	2025 年	2026 年	2027 年	2028 年
产品销售收入 L1 (t) / 亿元	352.56	362.80	374.57	388.08	403.03	417.98
新产品销售收入 L2 (t) / 亿元	229.47	236.12	244.21	254.11	265.82	281.76
R&D 人员数量 L3 (t) / 人	3307	3323	3341	3362	3385	3427
R&D 费用 L4 (t) / 亿元	13.08	13.42	13.80	14.24	14.74	15.64
创新成果数 L5 (t) / 个	185	213	240	268	296	334

（1）2023—2028 年，广西工程机械产业产品销售收入将继续保持增长态势，预计到 2028 年达到 417.98 亿元，与 2018—2022 年的最高值 395.48 亿元相比，增加了 22.5 亿元，年均增长率为 4.34%，与 2018—2022 年的年均增长率 7.62% 相比，降低了 3.28%。这说明广西工程机械产业保持了稳定的发展水平，但增长速度有所放缓，需要继续加强市场开拓和产品竞争力。

（2）2023—2028 年，广西工程机械产业新产品销售收入将继续保持增长态势，预计到 2028 年达到 281.76 亿元，与 2018—2022 年的最高值 223.93 亿元相比，增加了 57.83 亿元，年均增长率为 4.19%，与 2018—2022 年的年均增长率 7.63% 相比，降低了 3.44%。此外，广西工程机械产业新产品销售收入占产品销售收入的比例将逐年提高，从 2018 年的 65.13% 增加到 2028 年的 67.38%，但增幅不大。这说明广西工程机械产业的创新能力和新产品开发能力还有待加强。

（3）2023—2028 年，广西工程机械产业 R&D 人员数量将继续保持增长态势，预计到 2028 年达到 3427 人，与 2018—2022 年的最高值 3294 人相比，增加了 133 人，年均增长率为 0.72%，与 2018—2022 年的年均增长率 13.72% 相比，降低了 13%。这说明广西工程机械产业的人才引进和人才培养速度明显减缓，可能面临人才短缺和流失的问题，需要加大人力资源的投入和管理，提高人才的激励和留存。

（4）2023—2028 年，广西工程机械产业 R&D 费用将继续保持增长态势，预计到 2028 年达到 15.64 亿元，与 2018—2022 年的最高值 12.9 亿元相比，增加了 2.74 亿元，年均增长率为 2.69%，与 2018—2022 年的年均增长率 22.33% 相比，降低了 19.64%。此外，广西工程机械产业 R&D 费用占产品销售收入的比例将逐年下降，从 2018 年的 2.23% 降低到 2028 年的 1.87%。这说明广西工程机械产业的 R&D 费用投入下降，需加大研发费用投入力度。

（5）2023—2028 年，广西工程机械产业创新成果数将继续保持增长态势，预计到 2028 年达到 334 个，与 2018—2022 年的最高值 262 个相比，增加了 72 个，年均增长率为 12.59%，与 2018—2022 年的年均增长率 –11.06% 相比，升高了 23.65%。这说明该产业的创新活力和成果水平有了显著的提升，但由于基数小，提升的幅度较小，同时也需要注意创新成果的转化和应用，以实现产业的实际效益和社会价值。

综上所述，广西工程机械产业在 2023—2028 年整体呈现出稳中有升的发展态势，但也存在一些问题和挑战，如新产品开发能力较弱、人才短缺和研发费用投入降低等，需要进一步分析原因和影响，提出相应的对策和建议，以实现产业的可持续发展和创新驱动升级。

11.7　广西工程机械产业不同创新驱动升级方案模拟仿真分析

系统动力学仿真的优势之一在于能够直观地对比和观察不同调控方案策略等干预对系统的影响效果，可为广西工程机械产业创新驱动升级的对策与建议提供有力的支撑和依据。根据前面章节的分析结果，从市场发展水平、研发人员投入、研发经费投入及创新能力提升等方面，可设计 4 种不同的调控模拟方案。在模拟过程中，只改变部分参数的值，保持其他参数的一致性，以便更清楚地看出各参数变化对系统的影响。具体的调控模拟方案见表 11–4。

表 11–4　广西工程机械产业创新驱动升级调控模拟方案

调控值	A1	A2	A3	A4	A5
初始值	1	1	1	1	1
方案一	1.2	—	—	—	—
方案二	—	—	1.3	—	—
方案三	—	—	—	1.2	—
方案四	—	—	—	—	1.3

11.7.1　方案一：提升市场发展水平模拟仿真分析

方案一仅对市场发展水平参数 A1 进行调整，即将参数水平从 1 调控为 1.2，表示提升广西工程机械产业的市场发展水平。通过仿真分析得到提升广西工程机

械产业的市场发展水平后对新产品销售收入 L2（t）、R&D 人员数量 L3（t）、R&D
费用 L4（t）和创新成果数 L5（t）的影响（图 11-13）。

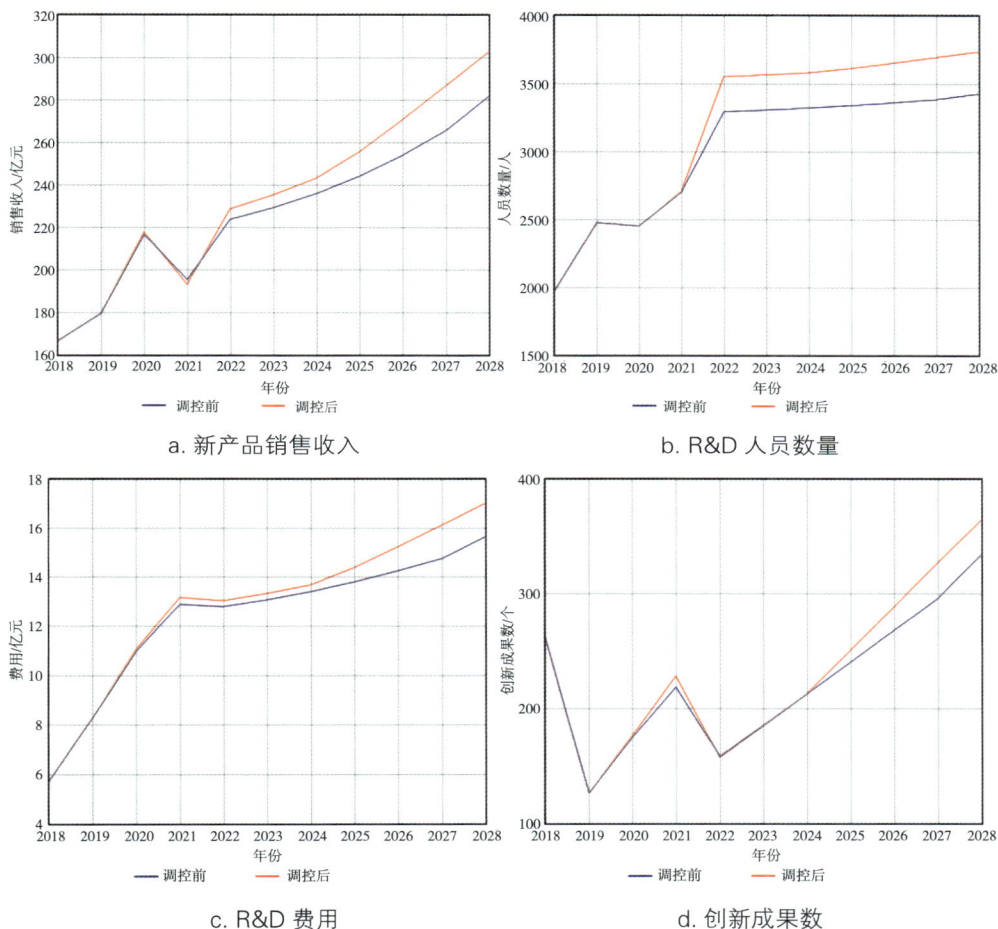

a. 新产品销售收入

b. R&D 人员数量

c. R&D 费用

d. 创新成果数

图 11-13　提升市场发展水平调控前后模拟结果

　　通过上图可以看出，调控后新产品销售收入在大多数年份有所提升，尤其是
在 2021 年后的增长更为明显。这表明市场发展水平的提升有助于新产品的销售，
也可能因为市场环境更加成熟，消费者对新产品的接受度提高。调控后 R&D 人
员数量每年均有所增加，尤其是从 2021 年开始，增长速度加快。这意味着随着
市场的发展，企业更加重视研发，投入更多的人力资源以促进技术创新和产品改
进，提升市场发展水平可以吸引更多 R&D 的人才加入。调控后，R&D 费用在整
个时间序列中也呈现出上升趋势，反映随着市场发展，企业愿意投入更多资金用

于研发，以求在竞争激烈的市场中保持竞争力。创新成果数量在大多数年份有所增加，这可能是更多的 R&D 投入和研发人员投入所产生的效果。市场发展促进了创新活动，增加了创新成果的数量，这与提升市场发展水平的目标相符。

综上，通过对比调控前后的数据，发现提升市场发展水平对新产品销售收入、R&D 人员数量、R&D 费用和创新成果数均产生了正向影响，即提升市场发展水平参数，可以增加新产品的销售收入，吸引更多 R&D 人才，增加 R&D 投入，并促进创新成果的产出。这表明通过有效的市场调控策略，可以促进工程机械产业的整体发展和技术创新，从而推动产业的升级和转型。

11.7.2　方案二：扩大研发人员数量模拟仿真分析

方案二仅对研发人员数量参数 A3 进行调整，参数水平从 1 调控为 1.3，表示提升广西工程机械产业的研发人员数量。通过仿真分析得到增加广西工程机械产业的研发人员数量后对产品销售收入 L1（t）、新产品销售收入 L2（t）、R&D 费用 L4（t）和创新成果数 L5（t）的影响（图 11-14）。

调控后，产品销售收入在多数年份有所提升，表明增加研发人员数量对增加产品销售收入有一定的正向促进作用，更多的研发人员可能带来更多的创新点和促进产品优化，从而提升产品的市场吸引力。调控后，新产品销售收入几乎在所有年份都有所提升，尤其是在 2022 年及之后的增长更为显著。由此证明，扩大研发队伍对新产品开发和销售收入增长具有重要影响，因为增加的研发人员带来了更多的新产品开发，或提高了现有新产品的质量和市场竞争力。采取方案二后，R&D 费用整体呈上升趋势，这是人员增加导致的人力成本上升。然而，这种投资通常是为了长远的技术创新和产品升级，最终可能带来更高的收益。调控后，创新成果数在大多数年份均有所增加。这表明增加研发人员对于创新产出有积极影响，更多的研发人员和思想碰撞可能产生更多的创新点与解决方案。

综上，从仿真分析结果可以看出，增加研发人员数量对工程机械产业创新驱动升级而言是一个重要的策略。这不仅能够直接提升产品的质量和市场竞争力，也能间接地推动整个产业的技术创新和发展。通过增加研发人员，可以促进新产品的开发，提高产品销售收入和新产品销售收入，同时也能增加创新成果的数量。这不仅提升了企业的技术创新能力，还有助于推动整个产业的升级和发展。

a. 产品销售收入

b. 新产品销售收入

c. R&D 费用

d. 创新成果数

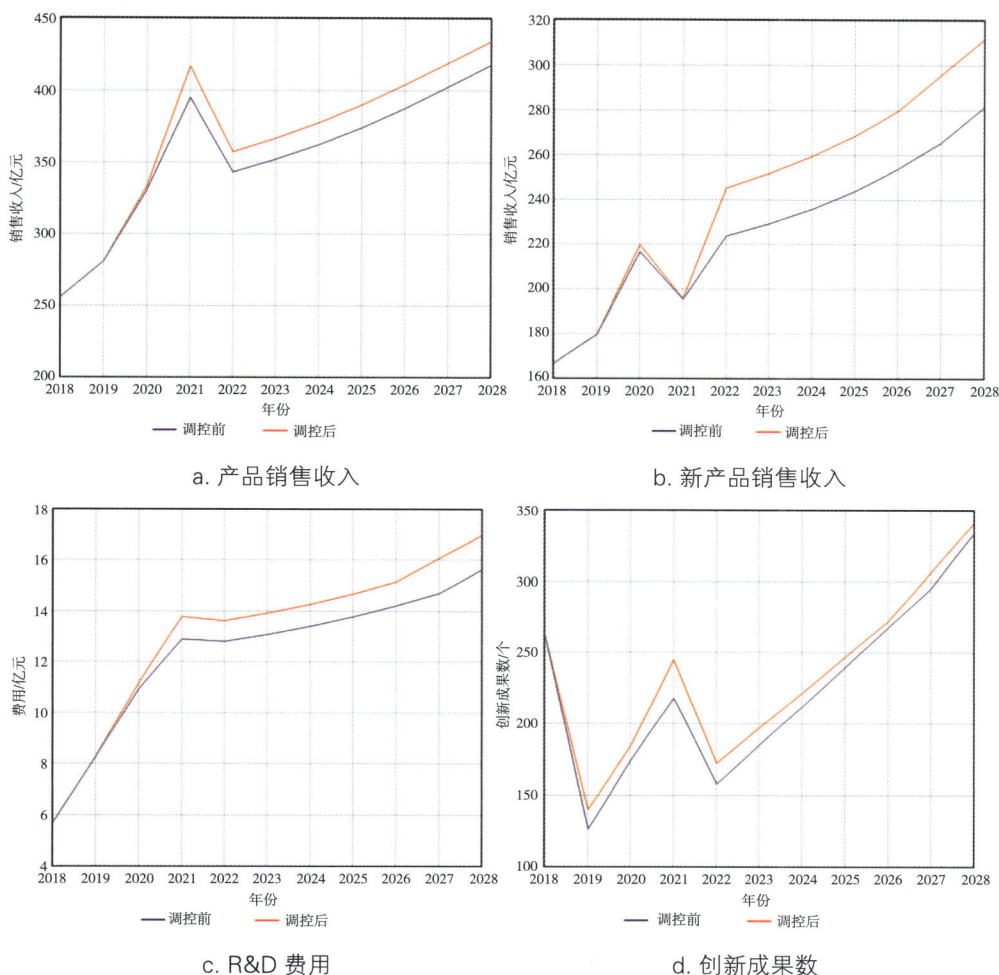

图 11-14　扩大研发人员数量调控前后模拟结果

11.7.3　方案三：加大研发经费投入模拟仿真分析

方案三仅对研发费用参数 A4 进行调整，参数水平从 1 调控为 1.2，表示提升广西工程机械产业的研发费用。通过仿真分析得到提高广西工程机械产业的研发费用后对产品销售收入 L1（t）、新产品销售收入 L2（t）、R&D 人员数量 L3（t）和创新成果数 L5（t）的影响（图 11-15）。

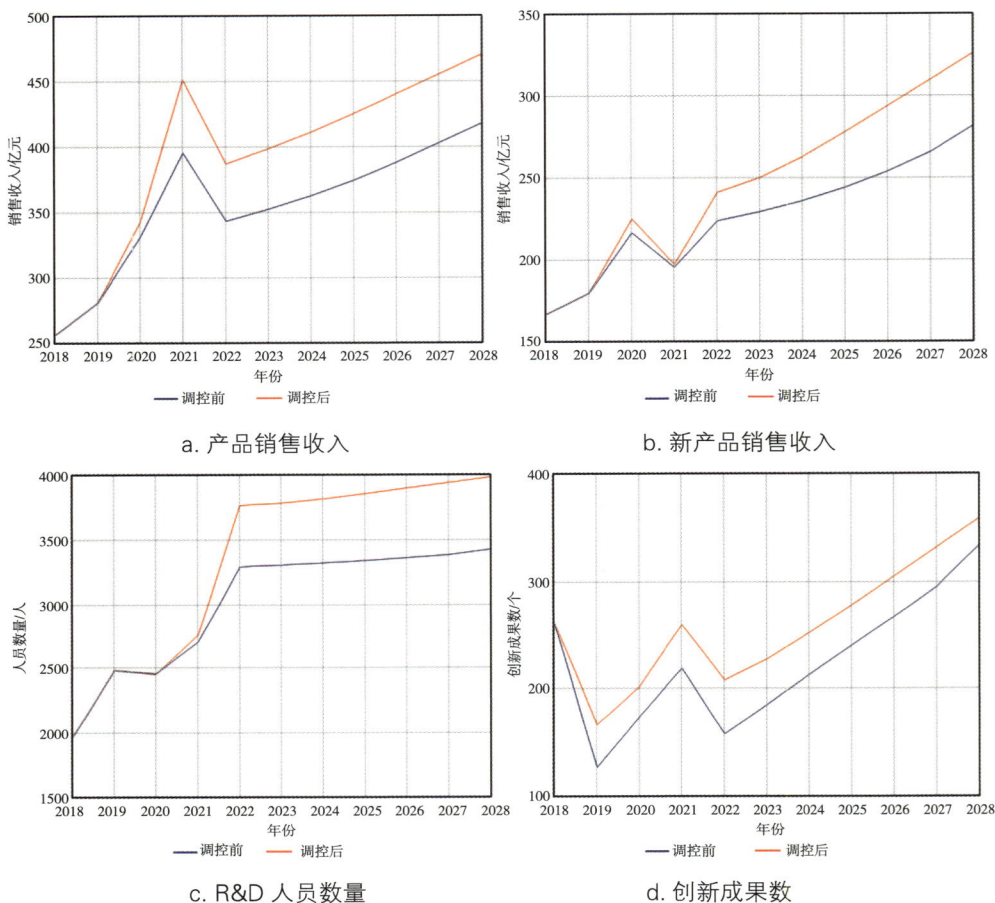

a. 产品销售收入

b. 新产品销售收入

c. R&D 人员数量

d. 创新成果数

图 11-15　加大研发经费投入调控前后模拟结果

调控后，产品销售收入整体呈上升趋势。例如，在 2020 年调控前的销售收入为 331.468 亿元，而调控后增长到 342.997 亿元。同样，在 2028 年，调控前的销售收入为 417.975 亿元，调控后增长到 470.379 亿元。这表明增加研发费用能显著提升产品的市场销售表现，由于更多的资金投入促进了产品的创新和质量提升，因此提高了产品的市场竞争力。调控后，新产品销售收入也明显增长。例如，在 2020 年调控前的新产品销售收入为 216.779 亿元，而调控后增长到 225.245 亿元；到 2028 年，调控前的新产品销售收入为 281.758 亿元，调控后增长到 325.961 亿元。这反映了增加研发费用对新产品开发和市场表现的积极影响，表明增加的研发费用不仅有助于改进现有产品，还可能促进新产品的开发，从而提高了新产品的市场表现。在采取方案三后，R&D 人员数量也有所增加。这可能是因为随着研发投资的增加，企业有能力招聘更多的研发人员来开展更广泛的研发活动。调控后，创新成果数量在大多数年份有所提高。例如，在 2020 年调控前的创新成果数为 175 个，而调控后增加到 202 个；在 2028 年，调控前的数量为 334 个，调控后增长到 359 个。这表明增加研发费用投入有效地促进了技术创新和成果产出。由于拥有更多的资金，研发团队能够进行更多的实验，探索新的技术和解决方案。

从仿真分析结果可以看出，增加研发费用是刺激企业创新活力、产出创新成果的重要手段，并且能够吸引更多的技术人才，提高产品质量和创新能力，从而推动产业的发展。通过这种方式，企业能够在竞争激烈的市场中获得更强的竞争力，并促进整个行业的技术进步和产业升级。

11.7.4　方案四：提高产业创新能力模拟仿真分析

方案四仅对创新能力参数 A5 进行调整，参数水平从 1 调控为 1.2，表示提升广西工程机械产业的创新能力。通过仿真分析得到提高广西工程机械产业的创新能力后对产品销售收入 L1 (t)、新产品销售收入 L2 (t)、R&D 人员数量 L3 (t)、R&D 费用 L4 (t) 的影响（图 11–16）。

采取方案四后，2021—2028 年期间产品销售收入的增长速度明显快于调控前，尤其是 2021 年后的增幅更为显著，这说明创新能力的提升对产品销售收入有显著的正向影响。这表明通过创新驱动，企业能够改善现有产品、开发新产品，从而满足市场需求，提高销售额。此外，创新还可能帮助企业开拓新市场、提高定价能力，进而增加销售收入。新产品销售收入 L2 (t) 在创新能力提升后同样呈现出显著增长趋势，特别是从 2020 年开始，创新能力的提升对新产品市场的影响巨大。这说明创新不仅提高了现有产品的市场竞争力，还成功推动了新产品的研发和推广。新产品的推出可能满足了未被现有产品覆盖的市场需求，或以更高的技术优势吸引了消费者。R&D 人员数量 L3 (t) 在创新能力提升后逐年增长，表明提高创新能力更有利于吸引 R&D 人才加入，也在一定程度上反映企业为了加强创新能力而在研发人才上的持续投入，带来更多的创新思路和解决方案，为企业带来更长远的发展潜力。R&D 费用 L4 (t) 在创新能力提升后也显示出显著的增长趋势，表明提高创新能力可以增加 R&D 投入。

a. 产品销售收入

b. 新产品销售收入

c. R&D 人员数量

d. R&D 费用

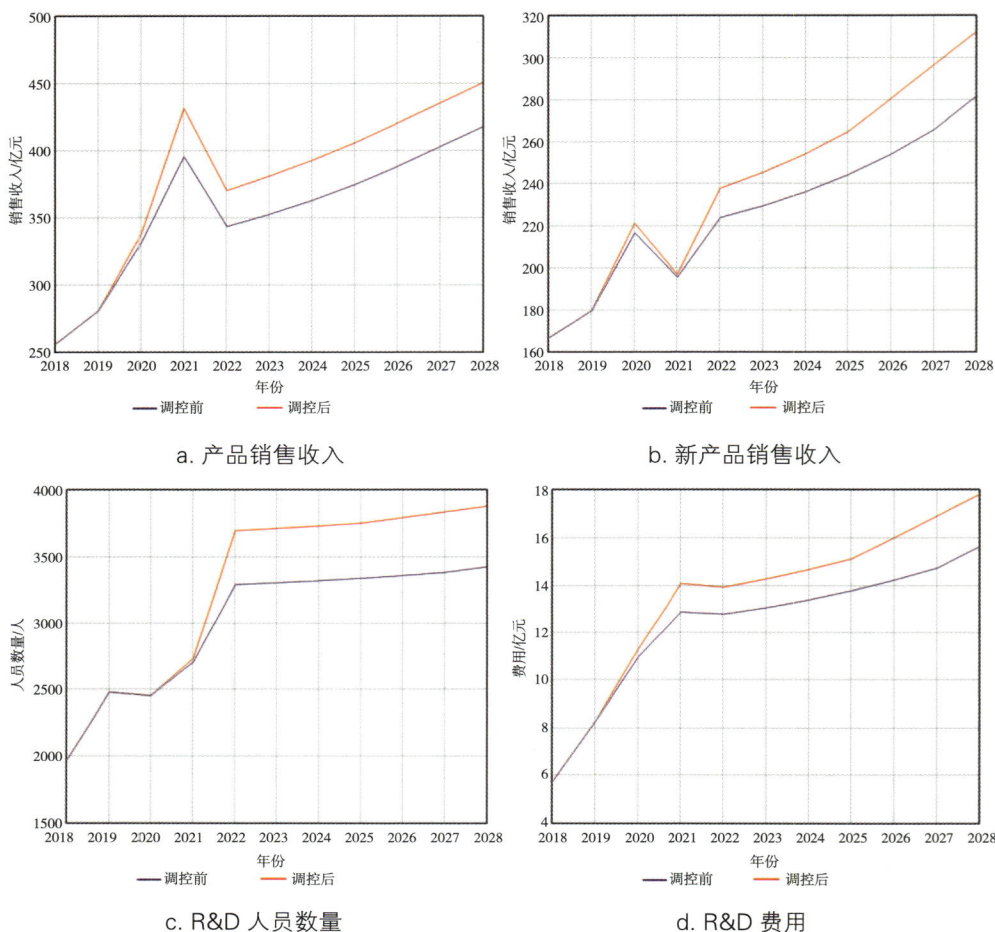

图 11-16　提高创新能力调控前后模拟结果

综上所述，通过提升广西工程机械产业的创新能力，可以观察到其对产品销售收入 L1（t）、新产品销售收入 L2（t）的正向影响，以及 R&D 人员数量 L3（t）、R&D 费用 L4（t）的持续增长。这表明创新是推动产业增长的重要驱动力，不仅直接影响产品的销售和市场表现，还对企业的人才储备和研发费用投入产生深远影响，证明了创新能力对推动产业发展的重要作用。

12 广西工程机械产业创新驱动升级对策

稳步、高速、高质发展是广西工程机械产业发展的主旋律。近年来，广西着力贯彻实施工业强桂战略，在《广西机械产业转型升级实施方案》《广西工程机械及内燃机产业集群及产业链发展方案》《广西机械和高端装备制造产业集群发展"十四五"规划》等政策措施的指导下，及"三百二千"等科技创新工程的支持下，广西工程机械产业加强技术创新和产品研发，提升了市场开拓能力和品牌影响力，增强了整体创新能力与市场竞争力。然而，与国内外先进地区相比，目前广西工程机械产业创新发展仍面临诸多挑战，下一步该如何促进创新驱动升级，加快广西工程机械产业高质量发展的步伐，需要补齐在研发费用投入、创新资源集聚、实施关键核心技术攻关行动、知识产权创造与保护等制约创新驱动发展方面的短板。

12.1 强化龙头扶持，提升产业实力

龙头企业是指在某一行业或领域具有较强竞争力和影响力的企业，通常拥有先进的技术、优质的产品、良好的信誉和稳定的市场份额，在稳定宏观经济大盘、示范带动上下游产业和中小企业协同发展、引领行业产业高质量发展等方面具有不可替代的重要作用。加大对龙头企业的扶持力度，可以促进它们加快技术进步、提高产品质量、拓展市场渠道、增强核心竞争力，从而提高整个行业的发展水平。持续加强工程机械产业龙头企业扶持力度是广西工程机械产业工作的重点。

12.1.1 为龙头企业在本土发展壮大创造良好条件

继续加大对柳州、玉林等地工程机械产业园区的建设和规划，为龙头企业提供优质的基础设施和公共服务，降低企业运营成本，提高企业竞争力。加强对广西工程机械产业的统筹协调，推动产业集群发展，形成规模效应和协同效应，提升产业整体水平。此外，全面梳理省、自治区、直辖市的各类惠企政策，定期将政策推送给企业，帮助企业对接各级政策资源，使企业应享尽享政策红利。出台

更多企业扩张和技术改造的奖励政策，支持工程机械企业实施重大技术改造和扩建项目，在符合环保要求和土地利用总体规划的前提下，安排合理的用地指标，加快工程机械龙头企业的壮大发展。

12.1.2 鼓励龙头企业积极开拓国际市场

利用广西面向东盟国家开放合作前沿窗口和"一带一路"有机衔接重要门户的独特区位优势，推动广西工程机械产业与"一带一路"国家的合作，大力支持工程机械龙头企业"走出去"，开拓新兴市场。支持广西工程机械龙头企业参加境外展览会、开展境外商标注册和专利申请，鼓励企业开展国际产能合作，在有条件的国家投资建厂，完善运营维护服务网络建设，开拓和巩固海外市场，实施海外售后服务补贴政策。支持有条件的企业设立海外研发中心、并购国外优势企业、建设合作园区和平台基地。出台进出口信用保险和贸易融资政策，给予龙头企业开拓和巩固海外市场一定的风险补偿。

12.1.3 加强龙头企业的品牌建设和宣传力度

在广西工程机械龙头企业中，柳工股份和欧维姆等企业已具备一定的品牌影响力。下一步，要在政策和资金上给予支持，帮助这些企业进一步加强品牌战略的制定和实施，使企业品牌向国际一流品牌靠拢，不断提升企业的知名度和美誉度。同时，要帮助企业加强品牌文化建设和传播，塑造独特的品牌形象和丰富品牌内涵。支持龙头企业利用媒体和网络平台加大品牌宣传推广力度，扩大品牌辐射范围，以提高品牌的影响力和公信力。通过制定相关政策或设立品牌培育基金，对广西新兴工程机械品牌如美斯达给予扶持和培育，鼓励和支持这些新兴品牌加强品牌文化建设，明确品牌定位，塑造独特的品牌形象。

12.1.4 加大金融支持力度，完善龙头企业多元化融资体系

要引导和鼓励广西本地银行业金融机构针对工程机械行业特点，创新信贷产品和服务，出台差异化的信贷政策，继续加大对广西工程机械龙头企业的信贷投放力度。同时，要运用贴息政策、风险补偿机制，并灵活调整存贷比及准备金比例下调等多种金融工具，持续引导金融机构为广西工程机械龙头企业健康发展提供中长期稳定的信贷支持。此外，还要鼓励和引导广西工程机械龙头企业，通过发行企业债券、中期票据等方式，直接面向资本市场融资。对于实力雄厚、信誉良好的广西工程机械龙头企业，要争取国家和广西相关政策支持，助力企业在境内外上市融资。

12.1.5　强化龙头企业的质量管理和质量保证

质量管理和质量保证是工程机械产业的重要环节，也是龙头企业的重要职责。广西要利用本地质量检测认证平台，支持工程机械龙头企业建立健全质量管理体系和质量保证体系。要制定并执行严格的产品和服务质量标准，加强质量过程控制，实施全员参与、全程控制的质量管理方针。要支持龙头企业加大质量管理和质量保证投入，广泛应用先进的质量检测设备和数字化质量信息平台，以强化对产品质量安全的监控与预警。此外，还要引导龙头企业建立完善的质量评价和持续改进机制，不断提高质量管理和质量保证的规范化水平。

12.2　完善产业配套，推动协同发展

配套完善的产业是广西工程机械产业创新发展的重要支撑。首先，配套完善的产业可以为工程机械主机企业提供多样化、高品质、低成本的关键零部件，满足不同客户的需求和标准，提高工程机械产品的性能和附加值，增强工程机械产品的市场竞争力和抗风险能力。其次，配套完善的产业可以带动上下游产业的协同发展，形成产业链的良性循环，增加产业链的附加值和效益，促进产业链的规模化和集约化，提升产业链的完整性和稳定性。最后，配套完善的产业可以促进工程机械产业的技术升级和结构优化，增强工程机械产业的创新能力和发展潜力，推动工程机械产业的数字化、智能化、绿色化和国际化，构建工程机械产业的可持续发展体系，从而提升整个行业的市场竞争力。

12.2.1　加强核心企业与配套企业的合作

鼓励柳工股份、玉柴和美斯达等核心企业通过裂变方式及形成专业配套企业，或是鼓励核心企业通过对关键零部件制造项目进行投资参股、技术入股和提供技术、标准、管理等方式，与配套企业开展合作，可以实现核心企业与配套企业的利益联结，促进技术、品质、服务等方面的标准统一，提高配套产品的质量和可靠性，降低采购成本和风险，增强核心企业的市场竞争力，也可以促进技术溢出和扩散，从而提高广西工程机械产业的整体核心竞争力。通过政策引导，鼓励龙头企业通过订单扶持、技术指导、资金支持等方式对中小企业进行帮扶，促进中小企业的健康发展。通过优化产业链、强化供应链、激发创新链活力等方式，实现上下游的协调和联动，提高产业的整体竞争力。

12.2.2 培育和扶持中小配套企业

鼓励南宁市精祥仪表有限责任公司等广西中小企业积极为工程机械主机配套，引导零部件企业与核心企业建立紧密的配套关系，并鼓励中小企业通过产学研用相结合的方式开发配套产品。通过这种方式，不仅可以拓宽中小企业的市场渠道，提升中小企业的创新能力和生产效率，促进中小企业的转型升级和健康发展，还可以为核心企业提供多样化、个性化的配套产品，满足不同客户的需求。同时，要加大对中小配套企业的政策支持和金融扶持，为中小配套企业提供优惠的税收、贷款、补贴等政策，以及提供技术、人才、市场等方面的服务和帮助，为中小配套企业创造良好的发展环境。

12.2.3 引进和吸收先进的配套产品与技术

通过"整体打包"策略和给予引进政策、人才政策、扶持政策及"一事一议"等方式，优先引进恒立液压和宁德时代等顶尖企业，以提供工程机械零部件的整体解决方案，填补广西工程机械配套产业的空白，提升广西工程机械配套产业的水平和规模，增强广西工程机械配套产业的集聚效应和辐射带动作用。加强与国内外先进的配套企业的合作和交流，引进和吸收先进的配套产品与技术，提高广西配套产品的技术含量和创新水平，增强广西配套产品的市场竞争力和适应能力。

12.2.4 提升配套产业的国际化和品牌化

加强与湖南长沙、江苏徐州等国际知名集群建立对标合作机制，积极开展集群治理、人才培训、技术研发、品牌运营等方面的交流合作。借鉴和引进国际先进的管理经验、技术水平、品牌理念等，提升广西工程机械配套产业的国际化水平，增强国际竞争力，拓展广西工程机械配套产业的国际市场。加强与国际认证机构的对接，推动建立工程机械配套产品检测结果互认机制，促进广西配套产品"走出去"。此外，加强配套产品的品牌建设和宣传，提高配套产品的知名度和美誉度，树立配套产品的品牌形象和价值，增强配套产品的市场影响力和吸引力。

12.3 引才育才并举，夯实人才根基

人才是产业发展的关键因素，是激发产业创新的主体。没有人才的支撑，产业创新就无法实现。因此，引进、培养和留住高层次与高技能的创新人才，是推

动产业发展的重要战略。目前，广西工程机械产业研发人员数量和高层次专业研发人员与其他省份差距较大。

12.3.1　高层次人才引留方面

一是用好用活《关于开展"技能广西行动"加强新时代技能人才队伍建设实施方案》《关于加强和改进新时代人才工作的实施意见》《广西高层次人才集聚三年行动计划（2023—2025 年）》《自治区人才计划优化整合方案》《加强企业人力资源服务支持实体经济发展若干措施》等政策，以及"八桂青年拔尖人才项目""东盟杰出青年科学家来华入桂工作计划""广西杰出人才培养项目""八桂学者项目""自治区特聘专家项目""港澳台高层次人才聚桂工作项目"等人才计划项目，设立引进高层次人才的专项资金。加大对工程机械高层次创新人才的引进和激励，重点引进一批能够突破关键技术、发展新兴产业、带动技术创新的海内外工程机械领军人才，形成"引进一个人才、带来一个技术、形成一个成果"的新格局，建设具有国际竞争力的一流工程机械人才队伍。二是建立以创新能力和贡献为导向的人才评价体系，突出人才的创新绩效，充分激发人才的创新潜力；同时，提高人才的待遇和优化发展空间，为人才提供优质的教育、医疗、社保等公共服务，营造良好的人才生态环境，以留住人才；加强人才队伍建设的督导检查和评估考核，建立人才引进、培养、任用、留任的动态监测和信息反馈机制，及时发现和解决人才工作中存在的问题与困难，不断完善和优化人才政策与服务，提高人才工作的针对性和实效性。三是加强企业内部的人才培养和管理，建立企业首席技术官、技术专家、技术骨干等人才梯队，提高企业研发人员的专业水平和创新能力。同时，建立人才的职业发展通道，为人才提供多元化的发展平台，鼓励人才跨部门、跨领域、跨行业的流动和交流，促进人才的成长和发展。四是利用好"广西人才网"等平台，加强对海外、沿海地区人才的宣传和推介，展示广西的发展机遇和人才优惠政策，吸引更多的工程机械领域的高层次人才来桂创新创业，吸引高端人才回流，同时加强与省市级人才服务机构的沟通和协调，建立人才信息共享和服务对接的机制，为人才提供便捷的咨询、指导、安置等服务，提高人才的满意度和留存率，进一步壮大广西工程机械产业人才队伍。

12.3.2　技能人才培养方面

建议广西加快建设现代化的职业教育体系，培养高技能人才，为工程机械产业创新发展提供人才支撑。一是支持广西机电职业技术学院、广西工业职业技术学院、广西建设职业技术学院、广西交通职业技术学院、广西柳工职业技术学院等高职院校对接工程机械产业需求，设置专业点，培养高素质技术技能人才。具体而言，要加大对相关高职院校的投入，提高高职院校的办学水平和教学质量，加强高职院校的师资队伍建设，引进和培养一批具有工程机械专业背景与实践经验的教师，同时加强高职院校的教学设备和实验室建设，提供先进的工程机械设备和技术，为学生提供良好的实践教学条件，提高学生的技能水平和就业能力。二是深化产教融合。聚焦工程机械等经济高质量发展的关键领域，建设培育一批产教融合型企业，给予"金融＋财政＋土地＋信用"的组合式激励，对兴办职业教育并符合投资条件的相关企业，可按投资金额的30%抵免该企业当年应缴教育费附加税和地方教育附加税。具体而言，要加强对产教融合型企业的认定和支持，鼓励企业与高职院校、职业技能培训机构等合作，开展与工程机械相关的职业教育和培训，提高企业员工的技能水平和创新能力，同时为高职院校、培训机构提供实习、实训、实践等场所和设备，促进培训对象的实践能力和就业能力的提升。三是鼓励全区机械类的高职院校与全区机械龙头企业紧密合作，设立产业学院，推进现代学徒制，推广订单式人才培养，促进校企协同育人，为本土工程机械企业培养实用、好用、够用的技能人才。具体而言，要鼓励高职院校与工程机械企业共建产业学院，加强对产业学院的支持和指导，共同制订人才培养方案，共同开展教学和科研活动，共同管理和使用教学资源，共同培养和使用人才，实现校企双赢，同时推进现代学徒制的试点和示范建设，建立以企业为主导、以岗位为导向、以订单为约定的人才培养模式。

12.4　加大研发费用投入，激发创新动能

研发费用投入是衡量一个企业或一个国家在科技领域的创新能力和竞争力的重要指标。加大研发费用投入可以促进企业开发出更优质、更高效、更有附加值的产品或服务，从而在国际市场上占据更大的份额，提高产业的竞争力；可以促进产业从低端、低附加值的领域向高端、高附加值的领域转移，实现产业的优化和调整，提高产业的综合效益；可以促进产业的技术创新和技术引进，提高产业的技术水平和技术含量，增加产业的技术储备和技术壁垒；可以激励创新意识和创新精神，培养产业的创新人才和创新团队，形成产业的创新文化和创新氛围。目前，广西工程机械产业面临着技术创新投入不足等问题，制约了产业的高质量

发展。尤其是在龙头企业中，其研发费用的投入比例低于国内外同行业水平，导致技术创新能力不足和竞争力较弱。加大研发费用的投入是促进广西工程机械产业技术创新发展的重要举措。

12.4.1　充分用好优惠政策，引导企业加大研发费用投入

梳理各类科技惠企政策，针对性开展政策宣传解读工作，让企业对扶持政策应知尽知、应享尽享。开展送政策入企、全覆盖走访服务行动，精准推送与企业相匹配但企业未享受的政策信息，进一步发挥《广西壮族自治区人民政府关于促进全社会加大研发经费投入的实施意见》《广西壮族自治区激励企业加大研发经费投入财政奖补实施办法（修订）》等政策的激励作用，加大对企业科技研发经费补助力度，让政策发挥最大效能并惠及更多企业。同时，加强政策的监督和考核，确保政策的落实和执行，防止政策资源的流失和滥用，提高政策实施的效率和效果。

12.4.2　设立工程机械产业研发专项基金，激励企业增加研发费用的投入

在充分考虑广西工程机械产业市场需求、技术水平、发展潜力等特点和需求的前提下，设立符合广西工程机械产业实际的专项基金，激励企业增加研发费用的投入，提高研发的积极性。支持和引导龙头企业加大研发费用的投入比例，达到或超过国内外同行业水平。对符合条件的工程机械产业中小型企业和项目给予资金支持，鼓励企业加大研发费用投入，提高研发效率和质量。进一步改进和实施以工程机械中小企业为重点的创新政策，盘活科技资源，扩大创新政策覆盖面，促进企业与高等院校、科研院所之间的产学研合作，有效解决企业特别是中小企业研发经费投入不足的问题。同时，加强对专项基金的管理和运营，建立健全专项基金的申报、评审、拨付、监督、考核、奖惩等制度，确保专项基金的合理使用和有效利用，提高专项基金的投入产出比。

12.4.3　探索企业创新积分综合评价

充分考虑广西工程机械产业的发展水平和发展目标，结合广西工程机械产业的实际数据和情况，探索、研究和设计广西工程机械企业创新积分评价指标体系、评价模型和应用场景，将当年研发费用投入金额、研发费用占营业收入的比例、研发费用同比增速等与研发费用投入密切相关的数据作为重点评价指标，推动创新资源向积分高的企业倾斜，引导企业树立研发费用投入意识。制订工程机械企业创新指数排名制度，每年根据企业的创新指数进行评分，将创新指数排名

前列的工程机械企业或个人列入科技创新红榜名单,对其进行表彰授牌,并给予奖金、荣誉、晋升、股权等形式的奖励和激励,表彰和鼓励优秀的研发人才,以培养和吸引更多的研发人才;设立创新投入评价降档制度,将创新指数排名后列的广西工程机械企业或个人列入科技创新黑榜名单,对其进行通报批评,并给予罚款、警告、降级、解聘等形式的惩罚和约束,督促和促进企业与个人提高研发费用投入,改善研发环境。

12.4.4 建立工程机械产业研发费用的保险制度

充分考虑广西工程机械产业的风险特征和风险需求,结合广西工程机械产业的实际情况和案例,科学合理地确定保险产品的保障范围和保障水平,引导和推动保险机构开发和提供针对广西工程机械产业研发的保险产品,对研发过程中可能出现的风险和损失给予保险赔付和补偿,降低企业和个人的研发风险,增加研发的安全性和信心。建立工程机械产业研发费用的风险补偿机制,对在工程机械产业研发过程中遇到的技术难题、市场风险、知识产权纠纷等问题,给予企业和个人一定的风险补偿,以减轻研发的风险压力,增强研发的信心和动力。同时,加强对保险机构的监管和指导,确保保险产品的合规性和合理性,防范保险机构的不良行为和风险传染,增强保险市场的健康性和稳定性。

12.4.5 促进工程机械产业研发融资渠道的多元化

结合广西工程机械产业的发展阶段和发展潜力,制定符合广西工程机械产业实际的融资政策和融资方案;协调和支持金融机构如银行、证券、基金等,为工程机械产业研发提供多种形式的融资服务如贷款、股权、债券、众筹等;扩大企业和个人的研发资金来源,降低研发的资金压力和门槛。鼓励和引导工程机械产业的上市和融资,以提高工程机械产业的资本化水平,增加工程机械产业的资金流动性和可持续性。推动和支持工程机械产业的创新型企业与项目,如高新技术企业、科技型中小企业、科技创新板等,使其享受更多的金融优惠和便利,提高工程机械产业的创新活力和竞争力。同时,加强对金融机构的监督和规范,确保金融服务安全和有效,防范金融风险和金融泡沫,提高金融效率和效益。

12.5 集聚创新资源,营造高地环境

创新资源集聚是指在一定的空间范围内,通过各种方式和机制,将企业、科研院所、高等院校等创新主体的创新要素(如人才、技术、资金、信息等)集中

到一起，形成高效率、高效果的创新区域或网络。创新资源集聚可以促进不同创新主体之间的密切协作，产生更多原始创新，实现"1+1＞2"的规模效应和聚合效应，从而降低创新成本，提高创新效率，促进知识和技术的快速扩散。强化创新资源集聚，是提高产业自主创新能力、实现产业转型升级的重要途径，对于区域和国家的可持续发展具有重大战略意义。

12.5.1　加快科技创新平台共建

目前，广西工程机械产业领域高水平创新平台的建设数量、质量和科技战略布局与湖南、江苏等地区有一定差距，产业发展核心竞争力不强。为了促进广西工程机械产业的技术创新和发展，建议加强与科学技术、工业和信息化、发展改革委等部门的协作，鼓励和支持柳工股份、广西建机、美斯达、欧维姆等广西工程机械龙头企业加强与广西大学、广西科技大学等高校合作，根据广西工程机械产业的发展需求和特点，共建涵盖智能制造、智能控制、新材料、新能源等方面的国家工程研究中心、工程技术研究中心、企业技术中心、新型研发机构、技术创新中心等平台，集中优势资源开展工程机械核心技术和共性关键技术攻关，提升产业技术创新能力。同时，建设工程机械产业技术成果转化中心，支持技术成果产业化，孵化培育工程机械领域创新创业团队。

12.5.2　创建产学研创新联盟

广西工程机械产业拥有一批具有较强实力和影响力的龙头企业，如柳工股份、广西建机、美斯达、欧维姆等，也有一批具有较高水平和潜力的科研机构、高等院校、中小企业等，形成了较为完整的产业链和创新链。然而，目前广西工程机械产业创新主体之间的合作还不够密切和深入，创新资源和能力还没有得到充分的整合和利用，创新效果和效益还没有得到充分的体现。为促进广西工程机械产业的创新联动和协同，建议充分发挥柳工股份、广西建机、美斯达、欧维姆等龙头企业引领作用，打造工程机械技术创新联盟，加强与国内外科研机构、高等院校、行业龙头企业的技术合作，推动上下游企业合作成立产业创新联盟，积极追踪国内外相关产业发展态势，深入了解区外竞争对手的发展动向，并围绕产业技术创新的关键问题，开展核心技术联合攻关，提升区域全产业链整体创新能力，加速科技成果的转移转化，提升产业整体竞争力。

12.6 实施攻关行动，驱动技术突破

经过多年的发展，广西工程机械产业目前已经实现部分关键核心技术自主可控，但在高端化、智能化、数字化和关键核心零部件等关键核心技术方面还存在不足。关键核心技术是要不来、买不来、讨不来的。只有把核心技术掌握在自己手中，才能真正掌握竞争和发展的主动权。通过实施关键核心技术攻关行动，掌握关键核心技术，不仅能提高企业的自主创新能力，推动产品持续升级，培养创新型人才，还能增强整个广西工程机械产业的竞争力，在激烈的市场竞争中占据更有利的地位，实现更高质量的发展，为广西经济转型升级做出更重要的贡献。实施工程机械产业关键核心技术攻关行动无疑是广西工程机械产业高质量发展的重要突破口和发力点。

12.6.1 加强关键共性技术攻关

发挥好政府在关键核心技术攻关中的组织作用，引导柳工股份、玉柴、柳钢等科技领军企业、科研单位等与省自然科学基金设立联合基金，加大基础研究费用投入，强化工程机械领域基础零部件和元器件（液压阀、高压油缸和电池等）、基础材料、基础制造工艺及装备等共性基础技术攻关。此外，需瞄准技术制高点，抢占先发优势，制定工程机械领域关键共性技术基础研究十年行动规划，强化原始创新能力培育，加强前沿原创引领技术突破，争当新一轮科技革命和产业变革的引领者。

12.6.2 每年滚动部署实施重大科技攻关行动

聚焦新技术发展形势，在低碳数智工程机械领域围绕新能源、数字化和智能化等核心攻关方向，梳理"卡脖子"技术和遴选核心技术需求等清单，滚动编制广西工程机械产业关键技术产品攻关项目清单，通过"揭榜挂帅""赛马制""军令状"等重大科研任务组织方式，每年部署实施10项左右"广西工程机械产业重大科技攻关行动"。支持柳工股份等产业链龙头企业联合其他企业和高校院所集中优势资源开展攻关，力求在较短时间内获得关键核心技术突破，形成一批原创性、引领性关键技术，不断强化原创技术供给，为广西工程机械产业高质量发展提供科技支撑。

12.7 保护知识产权，激发创新活力

习近平总书记多次强调，创新是引领发展的第一动力。保护知识产权就是保护创新，就是激励创新。广西工程机械产业的年末有效专利数量虽然呈现出快速增长的态势，但是与国内外先进地区相比，专利数量基数相对较小，反映出产业的创新发明实力不足。

12.7.1 引导企业建立知识产权战略意识，加强专利布局

一是推动企业由制造型向创造型转型。引导工程机械企业特别是龙头企业，由过去单纯的制造型企业转变为同时重视原创性技术研发的创造型企业。鼓励和支持企业从产品研发起步阶段开始，就规划好知识产权和专利布局，通过技术创新和知识产权运用，增强企业的核心竞争力。二是建立健全企业知识产权保护体系。广西工程机械产业涉及多个领域和行业，产品结构和功能复杂，知识产权类型多样，需要建立适应多元化需求的保护机制，防止知识产权流失和防范侵权行为。鼓励和支持企业制定完善的知识产权战略与保护体系，对企业的关键核心技术、科研成果等进行有效保护，特别要重视对软件作品、工业设计、集成电路布图设计等新类别知识产权客体的保护。

12.7.2 依托龙头企业带动，促进产业链知识产权保护

一是提升龙头企业自身知识产权保护能力。柳工股份、玉柴等广西工程机械产业的龙头企业在国内外市场占有一定份额，但在知识产权领域还有较大的发展潜力和提升空间，需要加强知识产权的战略规划和管理，提高知识产权的创造、运用、保护和转化能力。要通过加大研发费用投入、建立知识产权中心、完善激励机制等措施，推动这些工程机械龙头企业进一步加大知识产权布局和保护力度，获取更多高价值专利，以提升企业技术创新水平和产业地位。二是发挥龙头企业的辐射和带动作用。广西工程机械产业的中小企业数量众多，但知识产权意识和能力较低，需要借鉴和学习龙头企业的经验与做法，提高知识产权保护的水平和效率。鼓励龙头企业通过技术转让、人才培训等方式，向产业链上下游特别是向中小企业传播知识产权保护理念。推动形成产学研用战略合作联盟，建立知识产权管理服务平台，以实施知识产权保护的产业集群战略。同时，要加强与高等院校、科研院所、行业协会等合作，共享知识产权资源和信息，提升产业链的整体创新能力和竞争力。

12.7.3　支持企业推进知识产权国际化保护

一是扶持企业开展境外知识产权保护。广西工程机械产业的产品具有较强的出口竞争力，在东南亚、非洲、中东等地区有较大的市场份额，但相关企业在知识产权国际化保护方面还存在不足，需要加强对目标市场的知识产权法律法规的了解和遵循，提高对境外知识产权的申请和注册的积极性，增强企业的国际影响力和提高品牌价值。制定鼓励性政策，支持工程机械龙头企业开展境外展览交流、商标注册、境外专利申请等活动，以助力企业实现知识产权全球化保护，拓展全球知名度。二是建立境外知识产权维权帮助机制。广西工程机械产业的产品在境外市场频繁遭遇知识产权侵权和不正当竞争挑战，这些问题给企业造成经济损失和声誉损害，亟须加强对境外知识产权维权的支持和保障，提高企业的维权意识和能力，维护企业的合法权益和市场秩序。要为工程机械企业特别是龙头企业开展境外知识产权维权提供政策支持和资金帮助。同时，要积极协调有关部门在涉外知识产权纠纷或维权过程中给予企业法律咨询和证据保全等方面的帮助。这可以帮助企业更好地应对境外知识产权侵权行为，维护企业海外利益。

12.8　推动智改数转，赋能提质增效

在当前的工业 4.0 时代背景下，推动智能化改造和数字化转型是广西工程机械产业提质增效的关键。智能化改造指的是通过引入先进的自动化设备和智能制造系统，提高生产效率和产品质量，减少人力成本和资源浪费。数字化转型则是指利用大数据、云计算、物联网等信息技术，实现生产管理和服务流程的数字化，提高决策的科学性和企业的市场响应速度。通过智改数转能够提升产业的核心竞争力和市场竞争力。但一些广西工程机械企业还存在在转型过程中"不敢转、不愿转、不能转、不会转、不善转"等现实困境。

12.8.1　加速龙头企业数字化、智能化改造，示范引领产业升级

重点支持柳工股份、广西建机、美斯达等龙头企业带头推进生产设备数字化改造、生产过程智能化、供应链和生产管理智能化，加快向数字化、智能化制造转型。一是实施生产设备数字化改造计划。鼓励龙头企业通过政府补贴、税收优惠等政策支持，更新传统生产设备，引进数字化控制系统和智能化生产线。同时，加强与国内外知名设备供应商的合作，引入先进的数字化生产设备和技术。二是推进生产过程智能化升级。支持龙头企业在生产过程中应用机器人自动化、

智能传感器、大数据分析等智能化技术，提高生产效率和产品质量，降低能耗和成本。三是优化供应链和生产管理智能化。鼓励龙头企业利用物联网、云计算等信息技术，实现供应链的实时监控和智能管理，提高供应链的响应速度和灵活性。同时，推动生产管理系统的智能化升级，实现生产调度、库存管理、物流配送等环节的自动化和智能化。四是创建数字化、智能化制造示范工程。选择具有代表性的生产线或车间，建设一批数字化、智能化制造示范工程。通过示范工程的建设和运行，展示数字化转型的成效，为其他企业提供可借鉴的经验。同时，建立示范工程评价和推广机制，定期发布示范工程的运行数据和改造效果，以吸引更多企业参与数字化、智能化改造。

12.8.2　建立产业数字化、智能化升级联盟

围绕龙头企业，建立广西工程机械产业数字化、智能化升级联盟，建设智能云服务平台等，整合产业链上下游企业的资源和能力，共同推进数字化、智能化技术的研发和应用，形成产业协同效应，提升整个产业的数字化、智能化水平。此外，需加强配套企业的数据采集和分析，利用大数据、云计算、物联网等技术，实现配套产品的智能设计、智能制造、智能检测、智能维修等，提高配套产品的智能化水平和价值，提高配套企业的生产效率和质量，降低配套企业的生产成本和能耗，提高配套企业的灵活性和响应速度，实现配套企业的智能化管理和运营。

13 工程机械产业关键核心技术攻关方向及广西攻关立项建议

为深入贯彻落实党的二十大重要决策部署,把有限的科技经费集中到"针尖""刀刃"上,充分发挥工程机械行业龙头企业创新主体作用,奋力攻克一批关键核心技术,开发一批具有核心竞争力的产品,加快推进广西工程机械和高端装备制造产业集群发展。本章主要分析工程机械新能源化、智能化、数字化和关键核心零部件技术发展趋势,梳理相应的关键核心技术清单,并提出相应的科技攻关行动项目立项方向建议,为相关部门科学决策提供参考。

13.1 工程机械产业关键核心技术攻关方向

13.1.1 工程机械新能源化技术攻关方向

近年来,随着全球节能减排与碳中和目标的不断推进,工程机械新能源化无疑是大势所趋,工程机械行业也在加快向新能源化转型。未来 5 ～ 10 年内,电动化、混合动力化、氢燃料化等技术将不断成熟,并深度融合智能管理,共同推动工程机械行业的绿色转型。这不仅能减少污染排放,还有助于提高设备的整体能源利用效率,为构建可持续发展的建设体系做出重要贡献。

一是电动化技术。电动化无疑是工程机械新能源化的核心技术方向。随着动力电池、电机驱动等关键零部件的不断发展,电动挖掘机、电动装载机等工程机械设备正在快速实现电气化改造。相比传统柴油机,电动机械不仅无污染排放、噪声更低,使用成本也越来越具备竞争力。未来,电动工程机械将成为主流产品。

二是混合动力化技术。除了纯电动方案,混合动力也是工程机械新能源化的一个重要选择。柴油发动机和电动机的组合,可以充分发挥二者各自的优势,在保证作业性能的同时显著降低油耗和排放。同时,混合动力系统还可以实现动力再生制动,进一步提高整体能源利用效率。

三是氢燃料化技术。氢能作为一种清洁高效的新能源，正逐步应用于工程机械领域。通过燃料电池技术，氢能可直接转化为电能驱动工程机械设备，其排放物仅为水，环保性能非常出色。目前，国内外一些企业已经开始研发氢燃料电池挖掘机、装载机等样机，未来这种技术有望进一步推广。

四是智能能源管理。无论是电动、混合动力还是氢燃料，工程机械新能源系统的智能化管理都是关键所在。通过先进的能源管理系统，可以动态调配不同动力单元的功率输出，优化整体的能源利用效率。同时，系统还可以实时监测电池、燃料电池等关键部件的运行状态，提前预警并诊断故障，延长设备的使用寿命。

13.1.2 工程机械智能化、数字化技术攻关方向

随着新一代信息技术不断融合创新，工程机械智能化和数字化技术成为发展的必然趋势。这将大幅提升设备性能、降低运营成本、提高工作安全性，从而增强行业整体的竞争力。

在智能化技术方面，工程机械行业近年来正在向智能化方向快速发展，主要体现在以下三个方面。一是自动驾驶技术的快速进步。通过融合传感器、人工智能等技术，工程机械设备能够实现自动检测周围环境、规划作业路径、自主操作等功能，大幅提高工作效率和安全性。譬如，近年来逐渐普及的无人驾驶挖掘机和装载机，能够在狭小或危险作业环境中发挥重要作用。二是远程监控与智能诊断系统的广泛应用。工程机械设备通过物联网技术与云平台连接，其运行状态可以被实时监测和分析，并给出故障诊断和维修建议，最大限度地降低设备停机时间和维护成本。这种远程管理模式正在逐步取代传统的人工巡检方式。三是机器学习在设备维护中的应用。通过收集大量设备历史运行数据，结合机器学习算法，可以准确预测设备故障发生的时间和部位，有利于针对性的预防性维护，从而大幅提高设备可靠性。这种基于数据驱动的设备健康管理成为未来发展的方向。

在数字化技术方面，工程机械行业正经历从机械化到数字化的深刻变革，主要体现以下四个方面：一是设计制造数字化。通过 CAD、CAM、BIM 等技术，工程机械设备的设计、仿真、制造全流程实现数字化，大幅提高设计效率和产品质量。二是工艺过程数字化。借助物联网、大数据、云计算等技术，工程机械生产线实现了全过程数据采集和分析，为生产优化等提供依据。三是施工过程数字

化。通过物联网传感器、机器视觉等技术，实现对施工现场设备运行状态、材料消耗、作业进度等关键数据的实时监测和分析。借助大数据分析，可以及时发现施工中的问题，提高现场管理效率。同时，AR、VR 技术也开始应用于施工现场，为施工人员提供沉浸式可视化指引。四是信息管理数字化。通过建立集研发、生产、销售、服务于一体的数字化信息平台，实现了全生命周期的信息高效管理，有助于提升整体运营效率。

13.1.3 工程机械关键核心零部件技术攻关方向

随着工程机械智能化、数字化、新能源化的不断发展，相应的关键零部件技术正朝着高效、节能、智能的方向不断优化升级。未来，这些关键零部件核心技术的深度融合，将进一步推动工程机械行业实现全面的技术变革，满足用户对设备性能、经济性和环保性不断提升的需求。

一是发动机技术。作为传统工程机械的心脏，发动机技术的发展始终占据重要地位。近年来，柴油发动机正朝着高效能、低排放、轻量化的方向不断优化。通过采用先进的燃料喷射系统、增压技术、废气再利用等措施，可以显著提高发动机的功率和热效率，同时大幅降低油耗和排放。

二是传动系统技术。工程机械的传动系统也在不断升级。自动变速箱和无级变速箱的应用越来越广泛，可以根据工况自动优化传动比，提高整机的燃油经济性和作业效率。此外，电液协调控制技术的应用，也能实现传动系统与发动机 / 电机的协同优化控制。

三是液压系统技术。液压系统是工程机械的重要动力源之一。近年来，高压大流量、节能环保型液压系统正快速发展。通过采用变量泵、节流阀等关键部件，可以实现精确流量控制和能量回收，大幅降低液压系统的能耗。同时，电液比例伺服控制技术的应用也使液压系统具备更灵活的操控性能。

四是电气电子系统技术。随着工程机械向智能化发展，电气电子系统技术变得日益重要。先进的传感器、控制器和执行机构的应用，使设备具备自动化操作、远程诊断等功能。未来，基于 5G、物联网的高速数据传输技术，将进一步提升工程机械电气电子系统的智能化水平。

五是材料技术。工程机械零部件的材料技术在不断创新，高强度、轻质的先进钢材、铝合金及复合材料，广泛应用于关键部件的制造，有效减轻整机重量，提高载重能力和燃油经济性。此外，耐磨、抗腐蚀的特种合金材料也在提高工件使用寿命和可靠性方面发挥重要作用。

13.2 工程机械产业关键核心技术攻关清单梳理

13.2.1 工程机械绿色低碳关键核心技术攻关清单梳理

2021 年全国两会明确提出"双碳"目标。传统的工程机械产品在市场保有量持续增长的同时带来更高能耗的挑战，在此大环境和趋势的影响下，以纯电动、氢能源动力为代表的工程机械绿色低碳产品时代已经开启。本书根据文献调研方法，通过整理分析得到工程机械领域绿色低碳关键核心技术攻关方向清单39 项（表 13-1）。

表 13-1 绿色低碳关键核心技术攻关方向清单

序号	绿色低碳关键核心技术	序号	绿色低碳关键核心技术
1	工程机械纯电驱动技术	17	工程机械小界限尺寸、大承载回转支承技术
2	工程机械碳吸收（生态固碳）技术	18	工程机械双动力闭式液压系统及控制技术
3	工程机械用电动执行装置开发	19	工程机械液压油散热器的制备技术
4	工程机械氢燃料电池制备技术	20	工程机械自动怠速控制系统开发
5	工程机械氢燃料内燃机技术	21	工程机械动力传动系统减振技术
6	工程机械用混合动力驱动技术	22	工程机械排气消声器制备技术
7	工程机械液化天然气动力技术	23	工程机械臂架减振及智能臂架技术
8	工程机械智能集中润滑系统开发	24	工程机械煤气化技术
9	工程机械用碳纸基摩擦片制备技术	25	工程机械负载能量回收技术
10	工程机械密封中的减摩降耗技术	26	工程机械一体化整机能量管理技术
11	工程机械液压元件绿色清洗技术	27	工程机械高效节能空调系统开发
12	工程机械组装膜金属耐腐蚀防护技术	28	工程机械污染物排放控制技术
13	工程机械基于重载、降压损控制技术	29	工程机械热能管理系统
14	工程机械工作装置优化技术	30	工程机械液压混合动力动势能回收与再生控制
15	工程机械冷却系统热管理技术	31	工程机械内燃机效率提升技术
16	工程机械全工况液压系统冲击抑制技术	32	工程机械光伏及风能利用技术

续表

序号	绿色低碳关键核心技术	序号	绿色低碳关键核心技术
33	工程机械润滑油提效技术	37	新型液压混合动力耦合关键零部件开发设计技术
34	基于能源多样化的节能技术	38	势能与制动能量回收及再生控制策略
35	动力及传动系统节能技术	39	高效高质绿色焊接工艺及装备
36	整机液压混合动力系统设计与动力匹配技术		

13.2.2 工程机械智能化、数字化关键核心技术攻关清单梳理

工程机械智能化、数字化是将信息技术、智能控制技术、计算机技术等集成在机械设备中，融合了多信息感知、故障诊断、高精度定位导航等技术的新型施工机械。20 世纪末，我国在科学家蒋新松的倡导下，从工程机械机器人化、挖掘机智能化、推土机智能化和自动牵引车技术四个方面开展研究。按智能对象数量划分，包括单机智能化与机群智能化两个层面。单机智能化主要包括无人驾驶技术、机器视觉技术、人工智能技术、智能自动控制技术等。机群智能化则交叉运用统计、运筹、计算机、人工智能等多学科技术，从整体上优化机群作业管理方式，从而达到节约、高效、优质的作业效果。本书根据文献调研方法，通过整理分析得到工程机械领域智能化、数字化关键技术攻关方向清单 29 项（表13–2）。

表 13-2　智能化、数字化关键技术攻关方向清单

序号	智能化、数字化关键技术
1	智能功率自匹配控制、最佳作业参数自调节技术
2	人机交互、辅助驾驶作业技术
3	基于无人机、机器视觉、激光、3D 图像建模等智能辅助作业方案决策技术
4	基于大数据在线监测、故障自我诊断、健康度预测、维修保护技术
5	远程设备故障智能诊断技术
6	能量智能回收利用技术
7	基于机器视觉、机器学习的作业环境智能感知及预报警技术
8	智能避障、防撞、识别倾覆等安全防护技术
9	智能变速（换挡）、牵引技术

续表

序号	智能化、数字化关键技术
10	自动减振、降噪技术
11	基于卫星、视觉、激光、雷达、蓝牙等多源数据融合定位、导航技术
12	多传感器融合的智能感知技术
13	设备状态、姿态智能感知技术
14	机群智能管理、控制、调度技术
15	数字化整机热管理控制技术（自动散热、过热保护、冷却）
16	卫星、5G 等远程无线通信组网技术
17	基于大数据、物联网、云计算等技术的工业云管理服务平台
18	无人控制、驾驶技术
19	基于（力反馈式、穿戴式）的远程控制技术
20	无线远距离遥控技术
21	智能化生产线（数字孪生工厂）技术
22	自动配料技术
23	机电液一体化自动控制技术
24	作业自动监测、纠偏技术
25	高精度控制算法
26	多目标轨迹优化技术
27	数字化、系统化设计技术
28	基于产品全生命周期的工程机械数据集成管理服务平台
29	智能化调平技术

13.2.3　工程机械关键零部件攻关清单梳理

高端制造业离不开强大的配套件产业，核心零部件则是配套产业的关键。与工程机械整机市场形成鲜明对比的是，我国基础零部件产能过剩，而核心零部件自主研发能力不足，特别是液压件、发动机、电控系统这工程机械的三大核心零部件长期依赖进口，严重制约了中国工程机械高端技术产品的发展。本书根据文献调研方法，通过整理分析得到工程机械领域关键零部件技术攻关方向清单28项（表13-3）。

表 13-3　关键零部件技术攻关方向清单

序号	关键零部件	
1	工程机械发动机设计与制造	
2	高性能液压泵、液压缸、液压阀设计及制造技术	
3	超大吨位履带起重机和挖掘机用大型高扭矩密度行走驱动系统	
4	超大型旋挖钻机多马达驱动功率合流卷扬驱动单元	
5	高效率旋挖钻机动力头驱动单元	
6	高效率隧道掘进机刀盘双速比驱动单元	
7	电液比例全自动换挡变速箱	
8	高吨位重型 AT 变速器	
9	工程机械用安全型控制器	
10	涡轮闭锁液力变矩器	
11	工程机械高频响数字多路阀	
12	高频伺服作动器	
13	电动直线作动器	
14	外置传感器数字挖掘机油缸	
15	阀口独立控制型大流量液压阀	
16	高性能电液插装阀	
17	闭环控制数字阀	
18	大型盾构机主轴及刀盘密封	
19	工程机械用重载高扭矩行星齿轮减速机	
20	动力换挡变速器设计及制造技术	
21	电动工程机械换电系统	
22	电动工程机械用电池	
23	驱动桥设计及制造技术	
24	驱动电机设计及制造技术	
25	密封装置设计及制造技术	
26	履带总成设计及制造技术	
27	润滑系统的设计及制造技术	
28	冷却系统的设计及制造技术	

13.3 广西工程机械产业技术攻关立项方向建议

结合当前工程机械产业的国内外现状和发展趋势，以及广西工程机械产业的现有工作基础，建议广西工程机械产业可在工程机械电动化技术研究、工程机械智能化技术研究、工程机械数字化施工技术研究和工程机械零部件关键技术与材料开发等方向开展科技攻关行动。

13.3.1 方向一：工程机械电动化技术研究

一是工程机械电驱动系统研究。针对不同作业环境，研发高效、可靠的电动驱动系统。优化电力电子技术，提高系统转换效率和动态响应性能。开发先进的电机控制策略，满足工程机械多样化的负载特性。研发电液比全自动换挡变速箱。研发全电控智能装载机整机产品。

二是电池管理及充电技术研究。研究针对工程机械应用的高能量密度、长续航里程的电池系统。开发智能电池管理系统，实现电池状态实时监测和精确控制。开发整机能量管理的控制软件。设计高功率、高效率的充电设备，缩短充电时间。

三是工程机械整机电动化集成技术。研究整机电动化方案，实现动力系统、液压系统等的电动化改造。开发工程机械整机协调控制技术，保证电动系统的协调工作。优化整机布局设计，提高电动化系统的集成度和可靠性。

13.3.2 方向二：工程机械智能化技术研究

一是工程机械智能感知技术研究。开发先进的传感器系统，实现对工作环境、负荷状态、障碍物等的全面感知。基于机器视觉、雷达等技术的智能感知算法，提高识别准确性和鲁棒性。

二是工程机械智能决策与控制技术。研究多传感器融合技术，实现支持环境感知和障碍物识别。研究单机自主循迹及自动避障技术，实现设备自主作业。开发基于人工智能的工况分析与故障诊断算法，提高故障预测能力。研究面向工程机械的智能决策控制策略，实现自主运行和优化控制。

三是工程机械人机交互技术。开发基于自然语言处理、增强现实等技术的人机交互界面。研究基于人工智能的辅助驾驶功能，提升驾驶员操控体验。

四是工程机械全生命周期管理技术。建立基于大数据、云计算的工程机械全生命周期数字化管理平台。建立基于物联网的智能运维与管理平台，提升工程机械使用效率。

13.3.3 方向三：工程机械数字化施工技术研究

一是施工现场数字化感知技术。研发基于物联网、机器视觉等技术的施工现场实时监测系统。开发智能安全监测与预警技术，提高施工现场的安全性。

二是施工机械数字孪生技术。开发基于 BIM、GIS 等技术的作业环境数字化建模与分析方法。研究基于多智能体的协同作业规划与控制技术，提高作业效率。

三是自动化施工技术。研究基于自主智能装卸、搬运等自动化作业技术。开发面向关键施工环节的自动化施工系统，提高施工效率。

13.3.4 方向四：工程机械零部件关键技术与材料开发

一是高性能电机技术。研发高功率、高效率的电机。开发基于新型磁性材料和电机拓扑的创新电机技术。

二是先进液压元件和控制技术。开发基于新型材料和结构的高可靠性液压泵、液压缸等核心部件。研究基于微纳米加工的高精度液压伺服阀等部件。开发基于智能控制的液压系统优化技术。

三是轻量化材料及结构设计。开发基于复合材料、金属基复合材料等的轻量化零部件。研究基于拓扑优化、3D 打印等技术的轻量化设计方法。

参考文献

［1］崔文杰，夏飞龙.关于产业升级的文献综述［J］.现代管理科学，2018（5）：30-32.

［2］张耀辉.产业创新：新经济下的产业升级模式［J］.数量经济技术经济研究，2002，19（1）：14-17.

［3］李占国，符磊，江心英.垂直专业化分工与产业升级［J］.产经评论，2018，9（3）：97-114.

［4］次成晋美.产业升级与经济增长的理论研究［J］.中国商贸，2013（33）：134，136.

［5］张衔，范静媛.比较优势还是绝对优势［J］.当代经济研究，2022，325（9）：5-21.

［6］李曼.比较优势理论视角下"腾笼换鸟"战略的再思考［J］.学习月刊，2010（14）：14-15.

［7］李清泉.比较优势理论在国际贸易中的应用浅议［J］.新商务周刊，2019（12）：89-90.

［8］林毅夫，付才辉.比较优势与竞争优势：新结构经济学的视角［J］.经济研究，2022，57（5）：23-33.

［9］蔡继明，陈臣，王勇，等.论技术进步对贸易模式和贸易利益的影响：一个不同于萨缪尔森的分析框架［J］.国际贸易问题，2021（12）：1-18.

［10］纪玉俊，尹晓婧.交易成本、地区比较优势与大国雁阵式产业集聚［J］.湖北经济学院学报，2020，18（4）：58-68.

［11］杨青龙，伍世安.综合成本、比较优势与产业升级［J］.当代财经，2021（9）：101-112.

［12］刘晓静，李春艳，陈艺毛，等.东北地区产业升级路径依赖研究：基于比较优势演化视角［J］.经济问题，2017（11）：11-19.

［13］邓向荣，曹红.产业升级路径选择：遵循抑或偏离比较优势：基于产品空

间结构的实证分析［J］.中国工业经济，2016（2）：52-67.

［14］盛朝迅.比较优势动态化与我国产业结构调整：兼论中国产业升级的方向
与路径［J］.当代经济研究，2012（9）：63-67.

［15］李晓阳，吴彦艳，王雅林.基于比较优势和企业能力理论视角的产业升级
路径选择研究：以我国汽车产业为例［J］.北京交通大学学报（社会科学
版），2010，9（2）：23-27.

［16］李军.改革开放40年之产业结构升级：基于Citespace的文献计量分析［J］.
技术经济与管理研究，2019（6）：100-107.

［17］柳婷.天海同步科技有限公司市场竞争战略研究［D］.天津：天津师范
大学，2018.

［18］胡峰，裘讯，俞荣建，等.后发装备制造企业价值链转型升级路径分析：
逃离"俘获型"价值链［J］.科研管理，2021，42（3）：23-34.

［19］黄光灿，马莉莉.工业互联赋能制造业服务化的转型逻辑与治理实践［J］.
国际商务研究，2023，44（5）：98-110.

［20］陈伟宏，王娟，张鹏，等.全球价值链下技术溢出对产业升级路径研究：
基于服务化投入异质性视角［J］.科研管理，2021，42（9）：79-86.

［21］凌永辉，刘志彪.横向竞争视角下全球价值链治理结构变动及产业升级
［J］.江西社会科学，2021，41（2）：37-48.

［22］赵蓉，赵立祥，苏映雪.全球价值链嵌入、区域融合发展与制造业产业升
级：基于双循环新发展格局的思考［J］.南方经济，2020（10）：1-19.

［23］王锋正，孙玥，赵宇霞.全球价值链嵌入、开放式创新与资源型产业升级
［J］.科学学研究，2020，38（9）：1706-1718.

［24］邓洲，李童.依托全球价值链实现产业升级转型的国际经验与启示［J］.
海外投资与出口信贷，2020（4）：18-22.

［25］付彤杰，张衔.企业家精神、市场结构竞争演进与中国经济增长［J］.经
济问题，2023（11）：65-72.

［26］封凯栋.国家创新系统：制度与演化的视角［J］.国家行政学院学报，
2011（3）：120-124.

［27］刘振环，白非.私有制效率的决定因素：制度组织形式：马克思与科斯、
诺斯的比较［J］.经济问题，2008（11）：17-20，34.

［28］谭晓萌.颠覆性技术创新研究［D］.郑州：郑州大学，2019.

［29］何妮，姚聪莉.创新驱动发展的理论基础、内在逻辑和实践路径［J］.理论导刊，2023（6）：89-94.

［30］马锋，李文艺.创新的扩散：理论演进与研究进展［J］.新闻知识，2023（10）：19-26，93.

［31］李维维，于贵芳，温珂.关键核心技术攻关中的政府角色：学习型创新网络形成与发展的动态视角：美、日半导体产业研发联盟的比较案例分析及对我国的启示［J］.中国软科学，2021（12）：50-60.

［32］万敏.自组织理论视角下区域创新生态系统共生演化机理研究：以上海市杨浦区为例［J］.上海市经济管理干部学院学报，2023，21（5）：40-47.

［33］DOMANSKI D，HOWALDT J，KALETKA C. A comprehensive concept of social innovation and its implications for the local context-on the growing importance of social innovation ecosystems and infrastructures［J］. European Planning Studies，2020，28（3）：454-474.

［34］卫玲，梁炜.以创新驱动推进"一带一路"产业升级［J］.江苏社会科学，2017（5）：32-40.

［35］王新红，李世婷.基于创新驱动的产业升级能力影响因素分析［J］.技术与创新管理，2017，38（2）：109-114.

［36］梁双陆，侯泽华.资源型产业升级的创新驱动研究：以中西部地区为例［J］.产经评论，2020，11（2）：55-67.

［37］敖明.创新驱动视角下的我国传统产业升级路径探讨［J］.新西部，2020（6）：67，80.

［38］王其藩.系统动力学的历史、现状与发展展望［C］//第二届中国管理科学与工程论坛论文集.上海：上海交通大学，2004：91-100.

［39］郭韬，曹路苹，乔晗.互补性资产、技术商业化能力与科技型在位企业商业模式创新：基于商业模式冰山理论的系统动力学仿真分析［J］.系统工程理论与实践，2023，43（7）：2122-2141.

［40］SWINERD C，MCNAUGHT R K. Design classes for hybrid simulations involving agent-based and system dynamics models［J］. Simulation modelling practice and theory：International journal of the Federation of European Simulation

Societies，2012，25（1）：118-133.

［41］OSCAR S S，HANNA C W，ILSE B，et al. Implementing online group model building to unravel complex geriatric problems，a methodological description［J］. BMC Geriatrics，2023，23（1）：431.

［42］周馥隆．任重道远的电动工程机械［J］.工程机械与维修，2022（2）：4.

［43］陆亮，吴军凯，孙宁，等．智能建造：工程机械智能化［J］.液压与气动，2022，46（6）：1-9.